高等职业教育汽车类专业校企合作"互联网+"创新型教材

# 汽车顾问式销售

主 编 王 尚
副主编 兰晓婕
参 编 岳玉莘 王力夫

机械工业出版社

本书基于汽车销售企业对从业人员职业素质的要求，在对学生应具备的知识结构和能力结构进行精准定位的基础上编写而成。本书内容分10个项目，包含汽车销售业务全流程和对应的学习工作页。全书配有丰富的教学资源（含PPT、微课视频、学生学习工作页题解、教学文件等）、二维码，方便教师授课和学生课外学习。

本书可读性强，注重实际操作，是针对高职高专汽车技术服务与营销专业的专业课教材，也可以作为汽车营销职业培训教材，供汽车销售服务从业人员岗前培训使用。

## 图书在版编目（CIP）数据

汽车顾问式销售／王尚主编．—北京：机械工业出版社，2022.12
高等职业教育汽车类专业校企合作"互联网+"创新型教材
ISBN 978-7-111-71966-3

Ⅰ.①汽… Ⅱ.①王… Ⅲ.①汽车–销售–高等职业教育–教材
Ⅳ.①F766

中国版本图书馆CIP数据核字（2022）第206972号

机械工业出版社（北京市百万庄大街22号　邮政编码100037）
策划编辑：蓝伙金　　　　责任编辑：谢熠萌　单元花
责任校对：张亚楠　李　婷　封面设计：鞠　杨
责任印制：邰　敏
中煤（北京）印务有限公司印刷
2023年2月第1版第1次印刷
184mm×260mm·13.25印张·320千字
标准书号：ISBN 978-7-111-71966-3
定价：45.00元

电话服务　　　　　　　网络服务
客服电话：010-88361066　机　工　官　网：www.cmpbook.com
　　　　　010-88379833　机　工　官　博：weibo.com/cmp1952
　　　　　010-68326294　金　书　网：www.golden-book.com
**封底无防伪标均为盗版**　机工教育服务网：www.cmpedu.com

# 序 言

教材是教学过程的主要载体，加强教材建设是深化教学改革的有效途径，是推进人才培养模式改革的重要条件，也是保障教学基本质量、培养高端技能型人才和技术应用型人才的重要基础。

为了落实党中央、国务院关于教材建设的决策部署和《国家职业教育改革实施方案》的有关要求，弘扬劳动光荣、技能宝贵、创造伟大的时代风尚；深化职业教育"三教"改革，突出职业教育的类型特点，统筹推进教师、教材、教法改革，深化产教融合、校企合作；适应新时期汽车行业的快速发展和汽车产业转型升级需要，实现"专业设置与产业需求对接、课程内容与职业标准对接、教学过程与生产过程对接"，推进高等职业教育汽车类专业的高质量发展，我们在市场调研和专家论证的基础上，组建了由一批优秀高职院校名师和一线企业专家组成的编写委员会，以校企合作形式，共同编写了本套"高等职业教育汽车类专业校企合作'互联网+'创新型教材"。

## 一、编写依据、指导思想和编写原则

### 1. 编写依据

本套教材以教育部《关于组织开展"十三五"职业教育国家规划教材建设工作的通知》（教职成司函〔2019〕94号）文件精神和《职业教育专业目录（2021年）》为编写依据，结合汽车行业发展，重点开发新能源汽车、智能网联汽车等急需紧缺的战略性新兴领域。

### 2. 指导思想

本套教材以"一主线、三融合、四服务"的思路进行构建。"一主线"，即以能力培养目标为主线；"三融合"，即融合企业职业标准，融合知识、能力及素质培养，融合线上线下+课内课外学习；"四服务"，即内容体系为认识规律服务，理论基础为技术应用服务，媒体资源为教学（自主学习）服务，教学模式为教学目标达成服务。

### 3. 编写原则

以"必需、够用"为编写原则，以企业需求为基本依据，兼顾行业升级需要和降低城市雾霾等环境保护的新要求，突出新能源汽车和智能网联汽车等新知识、新技术、新工艺和新方法。

## 二、教材特色

从企业实际出发，以培养技术应用型人才为主，在总结多年教学经验和已有教材知识的基础上，充分吸取先进职教理念和方法，形成如下特点：

### 1. 突出职教特色，坚持质量为先

遵循技术技能人才成长规律，知识传授与技术技能培养并重。配合推进三教（教师、教材、教法）改革，创新编写模式。以"理实一体"为编写理念，以企业需求和岗位需要

为依据，对接职业标准和岗位要求，突出职业岗位核心能力的培养，加强技能训练。

**2. 突出"校企合作，产教融合"，提高与行业企业的契合度**

坚持产教融合，校企双元开发。强化行业指导、企业参与，注重吸收行业企业技术人员、能工巧匠等深度参与教材编写。课程以最新专业目录为依据，结合产业转型升级需要，及时将产业发展的新技术、新工艺、新规范，包括智能网联汽车、新能源汽车技术、汽车智能制造技术等融入教材。

**3. 体现"互联网+职业教育"，提高师生的满意度**

围绕"互联网+职业教育"发展需求，探索配套资源开发、信息技术应用，统筹推进的新形态一体化教材。配套多种形式的数字化教学资源教材，为教学组织提供较大的选择空间。

**三、教材编写队伍**

本系列教材由机械工业出版社出版，由广东交通职业技术学院、哈尔滨工业大学（威海）、深圳职业技术学院、韶关学院、顺德职业技术学院、广东机电职业技术学院、广州科技贸易职业技术学院、东莞职业技术学院、河源职业技术学院、广东农工商职业技术学院等10多所职业院校和广州丰田汽车特约维修有限公司、深圳深业汽车集团、柯柏文（深圳）科技有限公司、南京奥吉汽车研究院、深圳风向标教育资源股份有限公司等一线企业、研究单位组织编写，编写团队包括院校院长/校长、专业名师、学科带头人、骨干教师和企业高管、企业专家、技术骨干，结合高职院校"双高计划"、一流专业等建设项目，充分体现了"产教结合，校企合作"的开发特色，有利于教材反映最新的技术和最新的教学成果，为保证教材的质量、水平提供了丰富的资源支持，为保证教材的质量、水平奠定了良好基础。

**高等职业教育汽车类专业校企合作"互联网+"创新型教材**
**编写委员会**

# 前言

本书以汽车销售工作实际需求为出发点，按照汽车销售企业对从业人员职业素质的要求，在调研了日产、丰田、大众、本田、比亚迪等品牌的汽车销售服务岗位的基础上编写而成。故本书以汽车销售的实际工作过程为教学主线，包括汽车销售认识、售前准备、客户开发及管理、客户接待、需求分析、车辆推荐、试乘试驾、异议处理和议价成交、车辆交付、售后跟踪共10个项目。每个项目在知识储备的基础上，重点锻炼学生解决问题的能力和技巧的运用。故每个项目配有学习工作页，每个学习工作页将职业技能目标和素质目标作为实训目标，包含测试题和技能训练两部分内容，测试题可以考察学生的理论知识，技能训练可以让学生进行实践操作演练，进一步对教学内容和职业技能进行巩固和提升。本书主要培养学生运用专业知识解决实际问题的能力，让学生逐渐形成汽车销售及相关服务所需的职业能力，将来就业能很快适应汽车销售岗位，并能实现零距离上岗。

本书主要特点如下：

1. 以基本职业能力培养目标为主线，融合行业企业职业标准，融合知识、能力及素质培养，融合线上线下+课内课外学习，组织内容编写。

2. 本书内容分为理论知识和学习工作页两部分。学习工作页包括教材相应单元的测试题和技能训练。

3. 配套丰富的在线立体化教材资源与素材。在理论知识部分，融入了素质教育内容，通过知识加油站塑造和培养学生的价值观。同时书中还运用了"互联网+"技术，在部分知识点设置了二维码，使用者用智能手机进行扫描，便可在手机屏幕上显示和教学资料相关的多媒体内容，方便读者理解相关知识，以便更深入地学习。

本书由广东交通职业技术学院王尚主编，兰晓婕副主编。参与本书编写的人员还有岳玉革、王力夫。黄允祖、王洁、江伟健、樊力泓、陈昌儒等协助完成教材图片的编辑制作工作。

本书的出版得到了机械工业出版社的大力支持和热情帮助，在此表示衷心感谢。对于本书所引用文献资料的作者表示敬意和感谢。

由于编者水平有限，书中难免存在疏漏和不足之处，欢迎读者批评指正，以便再版时修改更正。

编　者

# 二维码清单

| 名　　称 | 二　维　码 | 名　　称 | 二　维　码 |
|---|---|---|---|
| 1. 汽车销售认识 | | 5. FAB 介绍法 | |
| 2. 产品知识-比亚迪汉为例 | | 6. 六方位绕车法 | |
| 3. 汽车销售流程概述 | | 7. 竞品对比法 | |
| 4. 初次来店接待 | | 8. 客户异议处理技巧 | |

# 目 录

序 言
前 言
二维码清单

**项目1　汽车销售认识** ………………… 1
　任务1　汽车顾问式销售岗位认识 ………… 1
**项目2　售前准备** ……………………… 9
　任务2-1　展厅准备 ……………………… 9
　任务2-2　个人准备 …………………… 12
　任务2-3　汽车专业术语与知识准备 …… 19
**项目3　客户开发及管理** ……………… 31
　任务3-1　客户开发 …………………… 31
　任务3-2　客户管理 …………………… 38
**项目4　客户接待** ……………………… 46
　任务4-1　电话客户接待 ……………… 46
　任务4-2　展厅客户接待 ……………… 52
**项目5　需求分析** ……………………… 63
　任务5　需求分析应用 ………………… 63
**项目6　车辆推荐** ……………………… 74

　任务6-1　选择车辆推荐方法 …………… 74
　任务6-2　六方位绕车介绍 ……………… 83
**项目7　试乘试驾** ……………………… 90
　任务7-1　试乘试驾流程设计 …………… 90
　任务7-2　试乘试驾技巧 ………………… 98
**项目8　异议处理和议价成交** ………… 108
　任务8-1　异议处理 …………………… 108
　任务8-2　议价成交、签约 …………… 118
　任务8-3　金融保险业务推荐 ………… 130
**项目9　车辆交付** …………………… 137
　任务9　付款交车 ……………………… 137
**项目10　售后跟踪** …………………… 147
　任务10　售后跟踪分析 ………………… 147
**参考文献** …………………………… 154
**学习工作页**

# 项目 1 汽车销售认识

## 任务1 汽车顾问式销售岗位认识

### 学习目标

通过本任务的学习,你能够:
1. 认识汽车销售顾问岗位的岗位职责、销售部岗位设置。
2. 掌握顾问式销售的概念。
3. 了解汽车销售顾问应具备的基本素质。

### 情景课堂

#### 真诚销售

在一个炎热的午后,有位穿着汗衫、满身汗味的老人,伸手推开厚重的汽车展示中心的玻璃门。他一进入,迎面立刻走来一位笑容可掬的前台小姐,很客气地询问老人:"大爷,我能为您做什么吗?"老人有点儿腼腆地说:"不用,只是外面天气热,我刚好路过这里,想进来吹吹冷气,马上就走了。"前台小姐听完后亲切地说:"就是啊,今天实在很热,天气预报32℃呢,您一定热坏了,让我帮您倒杯水吧。"接着便请老人坐在柔软豪华的沙发上休息。

"可是,我们种田人衣服不太干净,怕弄脏你们的沙发。"

前台小姐边倒水边笑着说:"没有关系,沙发就是给客人坐的,否则,公司买它干什么?"

喝完茶水,老人闲着没事便走向展示中心内的新货车区东瞧瞧、西看看。

这时,那位前台小姐又走了过来:"大爷,这款车很有力哦,要不要我帮您介绍一下?"

"不要！不要！"老人连忙说，"你不要误会了，我可没有钱买，种田人也用不到这种车。"

"不买没关系，以后有机会您还是可以帮我们介绍啊。"然后前台小姐便详细耐心地将货车的性能逐一解说给老人听。

听完后，老人突然从口袋中拿出一张皱皱巴巴的白纸，交给那位前台小姐，并说："这些是我要订的车型和数量，请您帮我处理一下。"

前台小姐有点儿诧异地接过来一看，这位老人一次要订8台货车，连忙紧张地说："大爷，您一下订这么多车，我们经理不在，我必须找他回来和您谈，同时也要安排您先试车……"

老人这时语气平稳地说："小姐，你不用找你们经理了，我本来是种田的，由于和人一起投资了货运生意，需要买一批货车，但我对车子外行，买车简单，最担心的是车子的售后服务及维修，因此我儿子教我用这个笨方法来试探每一家汽车公司。这几天我走了好几家汽车销售公司，每当我穿着同样的旧汗衫进去，同时表明我没有钱买车时，常常会受到冷落，而只有你们公司知道我不是你们的客户，还那么热心地接待我，为我服务，对于一个不是你们客户的人尚且如此，更何况是成为你们的客户。我对你放心……"

真诚为人，守信做事，这是做人的基本准则，是社会主义核心价值观的要求，也是职业道德的核心所在。

请思考：汽车销售顾问应具备哪些基本素质？

 **知识链接**

### 一、认识汽车销售顾问岗位的岗位职责、销售部岗位设置

#### 1. 认识汽车销售顾问

汽车销售顾问是指为客户提供顾问式的专业汽车消费咨询和导购服务的汽车销售服务人员。其工作内容是销售汽车，立足点是以客户的需求和利益为出发点，向客户提供符合客户需求和利益的产品销售服务。汽车销售顾问的职责主要包括售前准备、客户开发、客户接待、需求分析、车辆推荐、试乘试驾、议价成交、车辆交付、售后跟踪等基本过程，还可能涉及汽车分期付款、汽车保险、上牌、汽车装潢、理赔、年检等业务的介绍或代办。

在4S店内，汽车销售顾问工作范围一般主要定位于销售领域，其他业务领域可与其他相应的业务部门进行衔接。

汽车销售的基本业务如图1-1所示，可归纳为以下几个方面：

1）售前准备。销售顾问在销售前应对汽车行业、所代理的汽车品牌的制造厂，以及所在的经销公司、经销的产品、竞争对手和客户情况等都非常熟悉。

2）客户开发。销售顾问必须主动利用各种销售机会，寻找潜在的客户。有效的客户资源是销售顾问开展销售工作的基础。

3）客户接待。有人将销售顾问与客户的第一次见面，称为销售中最重要的30s。销

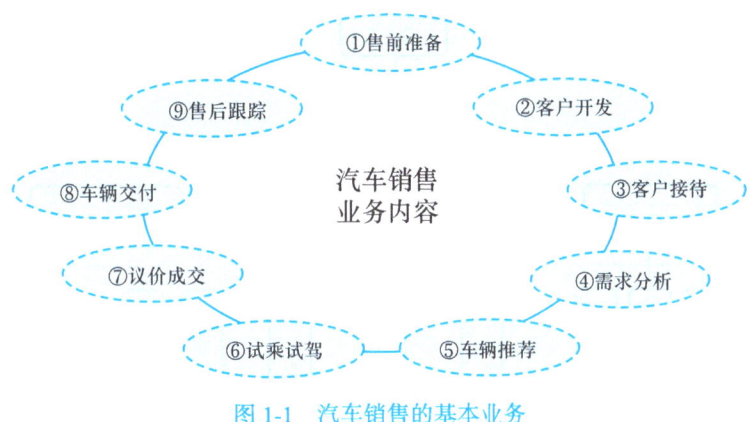

图 1-1 汽车销售的基本业务

顾问必须吸引客户的注意力和兴趣。良好的第一印象是成功销售的开始。

4)需求分析。在介绍产品之前,销售顾问应利用良好的沟通能力,确认客户的需求和问题所在,这样才能有针对性地开展商品介绍和说明,做到有的放矢。

5)车辆推荐。销售顾问要擅长解释和生动地描述相关的产品特征和优点,利用各种有效的商谈话术和技巧,使客户对产品和服务有一个全面、准确的了解。

6)试乘试驾。试乘试驾是上一个环节的延伸,客户可以通过试乘试驾来亲身体验和感受该产品。这样可以使客户充分地了解该款汽车的优良性能,从而提升客户的购买欲望。

7)议价成交。销售顾问要有处理客户异议的能力,解决客户在购买环节上的一些不同意见。这一环节如果处理得好,就可以顺利地与客户签订购买合同。

8)车辆交付。车辆交付是指成交以后,要把新车交给客户。销售顾问要熟悉车辆交付的每个环节,应具备规范的服务行为。

9)售后跟踪。过去,这一过程仅仅等同于售后服务;如今,这一过程提升为销售顾问与客户之间建立长期的售后服务关系。这个环节要做好售后定期回访跟踪、日常关怀、安全提醒等工作。

在实际销售中,汽车各品牌都根据自己产品的特点制订了相应的汽车销售流程。本书以目前主流的销售模式——4S 专卖店的销售业务流程为主线,将以上这些内容以理论与实际案例相结合,力求用通俗易懂、生动活泼的形式,在后面各项目中一一详细阐述。

**2. 销售部主要岗位设置**

某 4S 店销售部岗位设置如图 1-2 所示。

**3. 销售部各岗位职责**

(1) 销售经理岗位职责

1)制定各岗位绩效考评标准并实施。

2)配合人力资源部门引进销售服务人员,建立一支强有力的销售团队,组织相关人员参加品牌组织的各类培训,并负责转训、培训结果的检查和培训人员的管理。

3)协助总经理制订公司年度、季度、月度汽车销售计划,负责完成专营店下达的销售及相关经营任务,上报并负责实施。

4)检查销售顾问每日各类报表并督促其按规定要求及时向上级销售部门反馈。

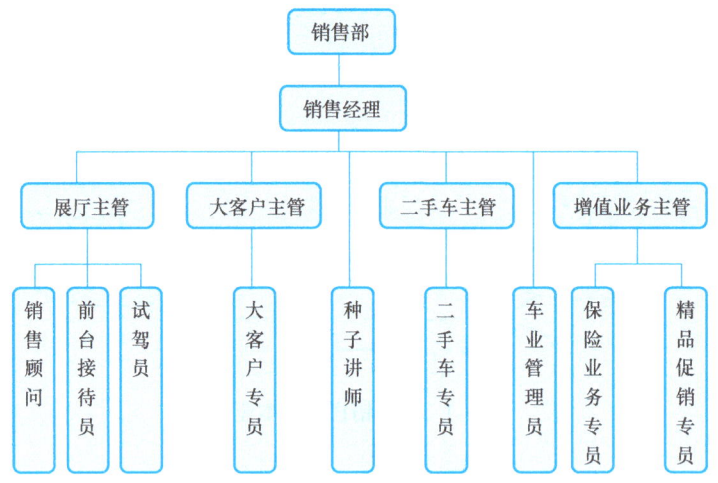

图 1-2 某 4S 店销售部岗位设置

5)检查销售顾问客户管理情况,随时掌握销售进度;掌握销售现场情况并处理客户抱怨与投诉。

6)负责确定每月的商品车资源申报与合理调配,随时掌握销售情况、库存及资金情况,制订合理的车辆库存计划,并保持合理的库存结构与库存数量,最大限度地优化库存管理。

7)主持召开每日晨会、夕会。

8)巡视展厅内外情况(包括展厅内外环境、展车、场地布置、广告宣传物料等),确保为客户营造干净、整洁的购车环境。

9)定期对市场进行调研、分析,掌握竞争对手动向。

10)协助和指导大客户主管完成大客户的开发、销售及维护。

(2)展厅主管岗位职责

1)每日整理并准备晨会、夕会资料,协助销售经理召开晨会、夕会。

2)每日检查并督促销售顾问、保洁员保持展厅内外环境,树立公司的良好形象。

3)负责每日检查、督促销售顾问正确实施体验式销售流程并填写各项表卡及 DMS(Dealer Management System,汽车经销商管理系统)录入。

4)每日指导并协助销售顾问开发新的客户渠道,完成客户跟进与维系,建立基盘客户档案。

5)负责每日进店、成交、战败客户汇总分析。

6)每日负责督促试驾员管理好试乘试驾车辆。

7)每日检查前台接待展厅客流量记录。

8)负责每日安排销售顾问的交车工作。

9)负责每日安排销售顾问实施 7 天内进行回访并检查。

10)向销售经理提出展厅管理激励措施及长期库存车消化建议并协助实施。

11)协助销售经理处理客户抱怨与投诉。

(3)大客户主管岗位职责

1)负责巩固、维护大客户关系,建立良好的大客户网络,宣传企业形象及产品。

2）完成全年大客户销售目标，定期完成大客户返款，保证专营店及时收取回款。

3）指导大客户专员制订销售计划并督促执行。

4）定期研究行业竞争对手及合作伙伴的大客户政策。

5）制定专营店大客户销售政策，定期制作大客户销售报告。

6）负责车型进入政府采购目录并积极参与政府招标。

(4) 二手车主管岗位职责

1）关注区域二手车市场动态，开发区域二手车市场。

2）制订月度、季度及年度的二手车经营计划，上报并组织实施。

3）负责二手车检测、评估、整修和展示，确定二手车收购及销售价格。

4）组织学习相关的法规文件。

(5) 增值业务主管岗位职责

1）制订年度整体业务计划，包括项目拓展策略、服务价格、销控方案、市场拓展费用预算及回款计划。

2）增值业务团队指标的分解和增值业务推进计划监控。

3）发掘市场或商业机会，提高业务部整体服务表现并促进业务增长；带领业务团队完成各项业务计划、维护与管理工作，处理各类业务突发问题。

(6) 销售顾问岗位职责

1）潜在客户开发、维护与管理。

2）每日实施客户邀约与展厅接待，确保正确执行销售标准流程。

3）每日及时填写要求的各项表卡并在 DMS 系统中录入。

4）每日及时清洁维护展车，确保展车符合展示要求。

5）每日接受展厅主管的安排，对保有客户实施跟踪与维系。

6）每日下班前对本日内战败客户进行汇总分析，向展厅主管提交战败客户总结；每日参加晨会、夕会及培训。

(7) 前台接待员岗位职责

1）负责每日展厅客户接待。

2）负责及时询问客户需求，正确引导分流客户。

3）接听客户来电，回答客户提问并准确转接。

4）来店/来电客户登记，检查客户在系统中的分配情况。

(8) 试驾员岗位职责

1）每日将试乘试驾车辆停放至指定区域，检查试乘试驾车辆状况，确保车辆整洁、干净、油量充足、车况良好。

2）接待试乘试驾客户，为客户进行试乘试驾前培训，讲解车辆各功能组件及车辆试乘试驾要求。

3）审核客户试乘试驾手续。

4）带领客户试乘，根据试乘路况体验车型优势；指导客户试驾，体验车型性能；试乘试驾结束后确保将车辆停放至指定区域。

5）试乘试驾结束后协助销售顾问请客户填写试乘试驾反馈意见。

6）对试乘试驾客户意见进行统计、分析并及时反馈给展厅主管。

**（9）大客户专员岗位职责**

1）收集、整理有关市场销售的信息，及时向大客户主管反馈大客户资源信息。

2）做好拜访前的外围检查工作，分析、判断实现销售的可能性。

3）发掘客户线索，深入了解客户需求，为其提供有价值的方案支持。

4）负责实施大客户销售，维护现有客户关系，发掘客户需求，拓展销售业绩。

5）及时掌握行业竞争对手及合作伙伴的大客户政策变动，提出应对建议。

**（10）种子讲师岗位职责**

1）制订专营店内部培训计划并及时更新，参与内部培训教材的制定、审核。

2）实施内部培训计划并评估内部培训效果。

3）掌握人员培训率、培训出勤率等相关培训指标，并出具统计报告。

4）协助销售经理评估并考核参训人员，并根据人员的实际培训效果制订个人培训计划并实施。

5）归类及保管与培训相关的文档、资料，及时归纳总结员工提出的培训需求并上报。

**（11）二手车专员岗位职责**

1）二手车收购、评估及销售。

2）办理二手车过户手续。

3）管理维护二手车客户。

4）促成二手车置换，推进新车销售。

5）参加晨会、夕会及培训。

**（12）车业管理员岗位职责**

1）接车、入库，通知汽车售前检查（PDI）。

2）随车资料及随车物品的保管工作。

3）车辆在库维护及日常检查统计。

4）每日向销售经理或展厅主管通报库存信息。

5）办理出库车辆手续，检验并发放随车工具。

6）订单管理，车辆出入库记录登记。

7）每月与财务进行账务及实物盘点，参加晨会、夕会及培训。

**（13）保险/精品业务专员岗位职责**

1）制订精品销售方案、活动策划并促进销售指标的达成。

2）建立展厅精品进销存日报表、每月编制精品销售月报表。

3）配合销售、售后促进精品销售目标任务的达成。

4）接受客户当面及电话车险咨询，负责为客户解答保险业务的专业知识；对各保险公司车险进行测算和出保单，负责为客户打印正式保单。

5）填写投保单并定期整理给保险公司。

6）负责老客户续险，发展新客户，定期短信提示客户车险的相关内容。

## 二、汽车销售顾问应具备的能力素质

要想成为一位优秀的汽车销售顾问，至少需要具备三个方面的能力素质：一是知识方面的素质，二是技能方面的素质，三是态度方面的素质。

## 项目1 汽车销售认识

**1. 优秀的汽车销售顾问应具备的 10 项知识**

1）熟悉主要汽车品牌及产品特色。
2）熟悉基本的汽车构造和工作原理。
3）了解汽车市场环境及销售发展趋势。
4）熟悉所销售产品车型的目标市场及客户群体。
5）熟悉所销售产品车型的亮点和缺点。
6）熟悉产品介绍的销售话术及其原理。
7）熟悉主要竞品车型的配置和优劣势。
8）熟悉每样配置给客户带来的切身利益。
9）熟悉品牌和公司的售后服务政策及流程。
10）熟悉购车过程中有关的税费及保险和贷款计算方法。

**2. 优秀的汽车销售顾问应具备的 10 项技能**

1）对客户进行全面深入的需求分析的能力。
2）与不同类型的客户进行良好沟通的能力。
3）熟练地进行互动式的产品介绍的能力。
4）熟练地开展试乘试驾的能力。
5）自如应对客户杀价的能力。
6）灵活应对客户各种异议的能力。
7）自如影响客户的购买决策及心理的能力。
8）适时激发客户购买兴趣的能力。
9）主导客户的思考方向的能力。
10）与客户建立良好人际关系的能力。

**3. 优秀的汽车销售顾问应具备的 6 种态度**

(1) **有坚定的信念** 一名优秀的汽车销售顾问，应该时时刻刻鼓励自己、鞭策自己，以激发内在的动力，这就需要一个更好的心态和坚定的信念。汽车销售顾问每天都会遇到各种困难和挫折，优秀的汽车销售顾问的成交率也只能达到20%，也就是说经历80次的失败才可能有20次的成功。如果没有坚定的信念，汽车销售顾问会因难以承受失败的打击而选择放弃。

(2) **有持续的热情** 热情是每一个汽车销售顾问取得成功的基本条件，但是在实际工作中，有一个有趣的现象：在汽车销售顾问刚从事销售工作时，由于业务知识不足，往往在销售中表现出强烈的热情，而随着业务能力的提高、专业知识的丰富，热情却逐渐消退了。

没有热情就没有长久的销售。作为一名专业的汽车销售顾问，应该把热情变成一种习惯，而不只是一时的热情。一时的热情容易做到，养成习惯却需要训练和时间。

(3) **能站在客户的立场思考** 站在客户的立场进行思考，简单地说就是换位思考。在解决客户问题的时候，要设身处地地为客户着想，问一问自己："如果是我，我会怎样？"换位思考要求汽车销售顾问最大限度地理解客户的需求和想法。换位思考要求汽车销售顾问在客户需要帮助的时候，一方面理解客户的心情；另一方面要理解客户的要求。理解客户的要求需要销售顾问在解决客户具体问题时，充分考虑客户的需求，维护客户的利益，这样才会得到客户的认同和赞赏，从而大大提高客户的满意度。

**(4) 耐心和恒心并存** 汽车销售顾问很辛苦，每天既要拜访很多客户，又要写很多报表。有人说，销售工作的一半是用脚跑出来的，一半是动脑子想出来的，要不断地去拜访客户、协调客户、跟踪和维系客户。销售工作不可能一蹴而就，销售过程中会遇到很多困难，有些客户可能要跟踪一年甚至两年才能成交。因此，汽车销售顾问不能急功近利，要有解决问题的耐心，要有百折不挠的精神，要有坚强的意志力。

**(5) 谦虚诚实，信守承诺** 在客户面前，作为一名汽车销售顾问，一定要谦虚、客观地评价自己的产品，这样才能赢得客户的信任。

诚实是汽车销售顾问的基本美德，汽车销售顾问在介绍商品的过程中必须做到客观、不夸大其词、不恶意贬低竞争对手，不能为了促成交易而欺骗客户。近几年汽车消费投诉直线上升，除了产品质量的投诉之外，服务投诉也日益增多，其中很多投诉都是由于销售顾问不诚实造成的。汽车销售顾问的不诚实，直接造成客户对经销商的不信任，进而对品牌不信任，从而影响企业的长远发展。

信誉是指信用和声誉，它是在长时间的销售过程中，通过积累形成的一种信赖关系。言必行，行必果，是基本的销售准则。守信，要求汽车销售顾问在销售活动中讲信用。在当今市场竞争日益激烈的条件下，信誉已成为竞争的一种重要手段。

## 素养培育场

### 汽车销售顾问的信守承诺、一丝不苟的工匠精神

客户宋小姐买了一辆卡罗拉，一天晚上在路上行驶时，突然车动不了了，于是她就给销售顾问小张打电话。小张接到电话后，详细了解了宋小姐的车辆使用情况，耐心地询问车辆的发动机、前照灯使用情况等状况后，初步判断故障的原因是将变速杆的档位挂错了，宋小姐检查后惊喜地告诉小张，的确是在行车过程中不小心将变速杆由 D 位碰到 N 位。问题解决了，宋小姐很高兴，对小张处理问题的态度非常赞赏。

在这个事件中，汽车销售顾问小张面对客户遇到的难题，采取积极的态度帮助客户排忧解难，表现出了小张对工作严谨认真、一丝不苟、信守承诺的工作态度和精益求精的工匠精神，由此也赢得了客户的信赖。

**(6) 勤于思考，善于总结** 销售是一项实践性很强的工作，同时在工作中还需要丰富的知识和技巧，汽车销售顾问需要掌握丰富的知识。汽车销售顾问要想在最短的时间里掌握如此丰富的业务知识，要想最大限度地扩大客户群，要想提高成交率，要想做好所有客户的跟踪和维系工作，就必须勤奋工作、勤于思考、善于总结，要做到脑勤、手勤、眼勤、嘴勤、腿勤。

完成"学习工作页"项目 1 任务 1 的测试题和技能训练。

# 项目 2　售前准备

### 项目解析

售前准备：为了更好地为客户服务，销售顾问在与客户接触前首先要做好必要准备（包括展厅准备和个人准备），让客户在一个舒适、整洁的环境中充分享受专业、令人信赖的服务。

## 任务 2-1　展厅准备

### 学习目标

通过本任务的学习，你能够：
1. 明确展厅管理的目的。
2. 了解展厅环境营造的细节。
3. 熟悉 5S 管理的内容。

### 情景课堂

**小赵买车**

小赵：各位，我想买一辆××牌的汽车，你们说去哪儿买？
小王：买车就要去展厅大、装修气派的 4S 店，那是实力的象征。
小李：要去得去干净、整洁的 4S 店，并且那里的销售顾问很专业。
小红：依我看，要去离自己家近的，日后方便保养、维修啊！当然，实力是一定要注意的。
请思考：小赵去哪儿买车好呢？

## 知识链接

### 一、展厅管理的目的

干净、整洁、井然有序的展厅环境无疑会使客户感到舒适、放松,并愿意在展厅逗留。这样销售顾问才能够轻松愉快地与客户进行交流,为最终成交创造机会。

### 二、展厅环境的营造

#### 1. 展厅功能区的划分

汽车4S店的规模有大有小,展厅功能区也有所不同,一般4S店展厅分为车辆展示区、洽谈区、精品陈列区、客户休息区、儿童娱乐区等。4S店展厅,如图2-1所示。

#### 2. 展车布置

展车摆放数量应根据展厅大小合理确定,一般4~6辆为宜,车辆型号和颜色应搭配合理,并注意摆放角度,如图2-2所示。重点展示的车辆要放在显眼位置或设计独立的展台。每台展车配备统一标准的展示牌,注明车型款式、主要技术参数、售价等关键信息。

图2-1  4S店展厅

图2-2  展车摆放

应保证展车处于良好状态,如去除展车内座椅、饰板的塑胶保护膜,放置精品脚垫;转向盘调到最高位置;轮胎上蜡,轮毂上品牌摆正,轮胎下放置轮胎垫;调整后视镜、音响、空调等到最佳状态;仪表盘上的时钟调到北京时间。

展车一般由专人管理,定时清洁,保证展车外表无擦痕、指纹、水印、油污、灰尘等,展车内无杂物、无异味。

#### 3. 饮品、糖果供应

良好的展厅环境缺不了饮品、糖果供应,这样客户更容易放松、感觉更舒适,谈话效果也会随之轻松、愉快。饮品种类可多可少,一般3种为宜,可随季节有所变化。

#### 4. 洽谈桌椅摆放

洽谈桌一般是圆桌,放在展车附近,椅子围绕洽谈桌放置3~4把,如图2-3所示。请客户入座正对展车的椅子,以方便其观看。洽谈桌上应干净、无杂物,客人离开后随时清理。

#### 5. 型录架摆放

型录架可摆放在展厅入口处或侧面,上面的资料应齐全,包括车型资料、上牌、保险手续、宣传单册等，如图2-4所示。要注意随时更新资料、补充数量。

图2-3 洽谈桌椅摆放

图2-4 型录架摆放

### 6. 值班台位置

值班台一般放在展厅的入口处，每天有专人值班，如图2-5所示。

### 7. 展厅氛围营造

灯光对美化展厅非常重要，应高度重视。顶灯用于展厅整体照明，标志灯用于形象墙的照明，展车射灯用于展车的美化和色彩变幻，地灯用于展台、展车底部和展厅内植物的照明，墙面射灯用于墙面背景画、招贴画的照明，夜灯用于夜间照明。

为了营造轻松、愉快的氛围，展厅内应播放轻松、舒缓的音乐；展厅入口上面或展厅内墙面还可悬挂宣传飘带等。

图2-5 值班台位置

### 8. 展厅卫生清洁

要有专人负责卫生，随时打扫，不留死角。一定要随时保证展厅内整洁、空气清新，展厅外干净、无污物。

## 三、展厅管理

展厅是客户挑选车辆的地方，环境应该令人感觉舒适、清新。对展厅进行规范管理，包括整理、整顿、清扫、清洁、素养，即汽车销售服务企业的5S管理，如图2-6所示。

### 1. 整理

在工作现场区分要与不要的东西，只保留要用的东西，清除不要的东西。

图2-6 展厅管理

### 2. 整顿
把要用的东西按规定的位置摆放整齐,并做好标识进行管理。
### 3. 清扫
将不需要的东西彻底清扫干净。
### 4. 清洁
使一切物品排列整齐、井然有序,保持美观、整洁。
### 5. 素养
通过上述活动,使员工养成良好的工作习惯,自觉遵守各项制度。

## 作业
完成"学习工作页"项目2任务2-1的测试题和技能训练。

# 任务2-2 个人准备

## 学习目标

通过本任务的学习,你能够:
1. 熟悉仪容仪表的要求。
2. 掌握销售礼仪的规范。
3. 了解销售辅助工具。
4. 掌握品牌车型资料的收集途径。
5. 掌握品牌车型资料的解读方法。

## 情景课堂

销售顾问小王今天卖出一台迈腾,而且车主李先生非常高兴,准备在4S店再给爱车装些精品。小王带李先生来到精品区,喊道:"王姐(精品销售),我给您介绍一下,这位是迈腾车主李先生。"只见李先生满脸不悦,说道:"我还有事,改天再说。"小王很是纳闷,都说好了,选购一些座套、脚垫等精品,怎么就走了呢?

上面案例中的销售顾问小王礼仪行为有何不妥之处?

一个合格的汽车销售顾问不但要掌握汽车专业知识,还要在销售礼仪方面做得出色。

请思考:在销售礼仪方面应注意什么?

项目 2 售前准备 13

## 一、销售礼仪

### 1. 仪表服饰礼仪

销售顾问得体的仪表服饰无疑会增加客户的好感,进而赢得客户的信任,为良好的沟通创造机会。良好的仪表包括:

1)发型合适。头发干净,无头皮屑。男士前发不附额,侧发不掩耳,后发不及领;女士发不过肩,或盘或束,不染彩色发。

2)脸部清洁,女士化淡妆上岗。

3)手部干净,不留长指甲,不涂亮丽指甲油。

4)穿干净整洁的正装。

5)女士搭配的饰品宜少不宜多,应符合身份。

> 在五千年的历史长河中,中华民族形成了高尚的道德准则、完整的礼仪规范和优秀的传统美德,我国被世人称为"文明古国,礼仪之邦"。作为服务行业的人员,从服饰到举止都要给客户留下好印象。
>
> 男士的正装一般是西装。男士着西装时应遵循:
>
> 1)三色原则:全身上下衣服的颜色不超过三种。
>
> 2)三一定律:鞋子、腰带和公文包是一个颜色,一般是黑色。
>
> 3)三大禁忌:袖子上的商标没折、袜子出现问题(不穿白色袜、尼龙丝袜)、领带打法不规范(领带长端箭头在皮带扣附近)。
>
> ……

### 2. 接待礼仪

#### (1)站姿

1)挺胸、抬头、收腹、提臀、肩平、脖子直、眼光平视、面带微笑。

2)双腿靠拢,脚尖张开呈30°左右(男性双腿可分开,与肩等宽)。

3)五指并拢,右手放在左手上,双手叠放在大约腹部位置(男性可双手自然垂放,在裤线位置,不可握拳、手掌伸直),如图2-7所示。

注意:①身体千万不要僵直硬化,肌肉不能太紧,可以适宜地变化姿态,追求动感美;②避免垂头、垂下巴、含胸、腹部松弛、肚脐凸出、臀部凸出、耸肩、驼背、屈腿、斜腰、倚靠物体、双手抱在胸前等不良站姿。

#### (2)走姿

1)在标准站姿基础上向前行走。起步时,上身略向前倾,身体重心落在脚掌前部;行走时，双肩平稳，目光平视，下颌微收，面带微笑。

图 2-7　站姿

2）手臂自然摆动，摆动幅度以 30°~35°为宜。

3）男性走平行步，女性走一字步，每步步频不超肩宽，如图 2-8 所示。

图 2-8　走姿

注意：①上身摆动和臂部扭动幅度不可过大，否则会显得体态不优美；②避免含胸、歪脖、斜腰及挺腹等现象发生；③男性脚步应稳重、大方、有力。

（3）坐姿

1）以标准走姿走到椅子前面，坐满椅子的 2/3，上半身与桌子保持一个拳头左右的距离。

2）男性双腿可分开，双手自然放在膝盖上（腿不可过于靠前）；女性需双腿并拢，向一侧倾斜，双手叠放在左腿或右腿上（女性着裙装入座须把裙摆拢一下再坐下），如图 2-9 所示。

3）人多时注意左入左出。

注意：①用手指示客户就座的席位，为客户扶住椅子（女士优先、长者优先原则）；②坐下之前应轻轻拉椅子，用右腿抵住椅背，轻轻用右手拉出，切忌弄出大声；③双手不要叉腰或交叉在胸前，不要摆弄或晃动手中的东西，腿脚不要不停晃动。

图 2-9　坐姿

（4）蹲姿

1）在标准站姿基础上，左脚向前半步，身体自然下落，如图 2-10 所示。

2）蹲下时上身要挺直，双手放在膝盖上，男性双腿可稍微分开，女性要双腿并拢（女性着裙装下蹲时应先拢裙摆再蹲下）。

注意：①女士着裙装的时候，下蹲前请事先整理裙摆；②下蹲时的高度以双目保持与客户双目等高为宜。

图 2-10　蹲姿

（5）表情

1）表情真诚、自然。

2）得体的微笑露 6 颗或 8 颗牙齿（牙龈尽可能不露）。

3）与对方交流，看眼睛、嘴巴组成的三角区，注视时间大概占整个交流时间的 30%~60%。

4）整个面部表情协调。

（6）握手

1）右手除拇指外四指并拢，拇指张开，在虎口处相握。

2）握手时力度适当，不宜过猛或毫无力度，上下摇动 1~3 下，要注视对方并面带微笑，如图 2-11 所示。

3）注意握手的顺序（尊者先伸手；多人时，从高到低依次握手）。

（7）递接名片

1）递送名片时，双手握住名片的两个角，正面朝向对方，不高于胸部位置递送，如图 2-12 所示。

2）接受名片时，双手接过，仔细阅读名片信息，适当表达，并回敬对方名片。

3）注意递送名片的顺序（卑者先递名片；多人时，从高到低依次递名片）。

图 2-11 握手

图 2-12 递接名片

(8) 自我介绍

1) 注意介绍的时机。

2) 自我介绍包括本人的姓名、单位、职务。

3) 注意自我介绍的顺序（地位低者先进行自我介绍）。

(9) 介绍他人

1) 被介绍者的先后顺序是尊者有权先了解情况，即男士应被介绍给女士、晚辈应被介绍给长辈、下级应被介绍给上级、客人应被介绍给主人、迟到者应被介绍给先到者、熟悉的人应被介绍给不熟悉的人。

2) 为他人介绍的内容，大体与自我介绍的内容相同，可酌情在三项要素（姓名、单位、职务）的基础上进行增减。

3) 作为第三者介绍他人相识时，要先向双方打一声招呼，让被介绍的双方都有所准备，如图 2-13 所示。

(10) 鞠躬

1) 在标准站姿基础上，面带微笑，头自然下垂，带动上身前倾，呈15°角，时间持续1~3秒。

2) 表情要真诚自然。

(11) 引导客户

1) 在引导客户入座时，为客户轻轻拉开椅子，用手指示，表示请客户入座，遵照女士优先、长者优先的原则。一般的销售顾问的座位安排以坐在客户左侧为宜。

图 2-13 介绍他人

2) 指引客户方向或看某个东西时，手臂应自然伸出、手心向上、四指并拢，并使用离客户远的那条手臂。在引导时，目光注视对方，热情指引方向，如图 2-14 所示。

3) 上下楼梯靠右单行行走，不可多人并排行进。上楼梯时客户在前，要提示客户到达楼层后左右转的方向；下楼梯时客户在后，要提示客户注意脚下。

4) 进入办公室时，销售顾问应在前，先为客户打开办公室门。

5) 忌单指指点。

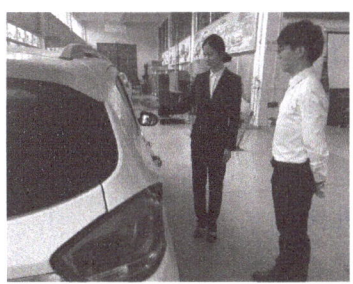

图 2-14　引导

(12) 饮品供应

1) 站在客人旁边，询问所需饮品种类（注意用封闭式问题提问），并确认。
2) 从客人的右侧双手递送饮品，如图 2-15 所示。

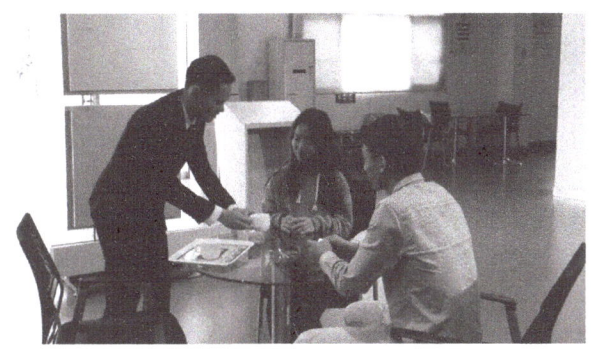

图 2-15　饮品供应

3) 客户众多时应按逆时针方向将饮料放于客户右手边。
4) 随时注意客户的饮料是否需要添加，但不要在交谈的关键时刻添加饮料。

(13) 递送资料

1) 资料正面面对接受人，用双手递送，并对资料内容进行简单说明，如图 2-16 所示。

图 2-16　递送资料

2) 如果是在桌上，切忌将资料推到客户面前。
3) 如果有必要，帮助客户找到其关心的页面，并做指引。可以说："这是××资料，请

您过目。""我现在就您关心的内容给您做个介绍,您看可以吗?"

### (14) 开车门
1) 开驾驶室车门时,左手先拉车门。
2) 在客人进入驾驶室时,从客人身后绕过,右手挡在车门框下。
3) 采用蹲姿,帮客人调整座椅。

### (15) 送别礼仪
1) 握手致意,感谢光临,并欢迎再次来店。
2) 提醒客户不要遗忘随身携带的物品。
3) 送到展厅外,如果客户开车前来要送至车前,为客户打开车门。
4) 微笑,挥手送别,直至客户从视线中消失。

### (16) 接待三声
1) 来有迎声:欢迎光临、您好、早上好!
2) 问有答声:您问到的操控性,是这样的……
3) 去有送声:感谢您的光临,欢迎您再来,再见。

### (17) 文明五句
1) 问候语:您好!早上好!
2) 请求语:请!
3) 感谢语:谢谢!多谢!
4) 抱歉语:对不起,抱歉!
5) 道别语:再见,欢迎再来!

### (18) 热情"三到"
1) "眼到":与人交流,友善地注视对方。
2) "口到":讲普通话,表达方式因人而异。
3) "意到":表情与表达意思相配合。

## 二、辅助销售工具的准备

恰当地运用辅助销售工具会增强销售顾问的说服力,因为客户并不会完全相信销售顾问的介绍,认为是"王婆卖瓜,自卖自夸"。运用辅助销售工具,特别是对客户有直接影响的、有佐证的说法或资料,客户更愿意接受。目前,汽车销售企业常用的辅助销售工具包括以下几个方面:

1) 销售顾问必备:名片、公司简介、产品宣传单页、计算器、笔和纸。
2) 销售表格必备:竞争对手分析表、报价单、当日库存报表、试乘试驾保证书、保险说明书、合同、订单。
3) 辅助销售工具必备:小礼品、公司报纸杂志宣传(对产品的介绍、客户反馈)、客户订购单(客户对产品的认可)、公司获奖证明、各地区销量数据等。
4) 其他:与业务相关的资料、工具。

## 作业

完成"学习工作页"项目2任务2-2的测试题和技能训练。

项目 2　售前准备

## 任务 2-3　汽车专业术语与知识准备

**学习目标**

通过本任务的学习，你能够：
1. 掌握汽车性能参数。
2. 了解常用汽车术语。
3. 为客户解释汽车新技术。

**情景课堂**

**广泛、专业的知识是汽车销售顾问不可或缺的前提条件**

某日，一位老板走进一家专门销售进口品牌汽车的4S店。

客户："宝马730i是不是全铝车身？"

销售顾问："哦，不太清楚，我要查一下资料。（客户提出的这个问题有点突然，而且他是第一次听到全铝车身的概念）不是全铝车身。"（查完资料后告诉客户）客户："刚才我到了某车行看了奥迪A8，他们的销售顾问告诉我奥迪A8采用的是全铝车身，是最新的技术，能够提升动力而且省油。我以前开的是宝马530，对宝马车比较了解，现在想换一辆车，准备在奥迪和宝马之间做出选择。如果宝马也是全铝车身，我就买宝马。"

销售顾问："实在对不起，宝马730i不是全铝车身。"（经过确认后再次告诉客户）客户离开了展厅后再也没有回来，据了解后来买了奥迪A8。

应该说，这位销售顾问虽然有好几年的销售经历，但面对客户提出的"全铝车身"的概念还比较陌生，加上沟通能力还未达到炉火纯青的地步，所以就把这位客户放走了。

请思考：销售的成功往往是在一转念之间，如果这位销售顾问对全铝车身了解再多一些、再专业一些，同时运用一些沟通技巧，情况会不会不一样呢？

**知识链接**

### 一、汽车性能参数

**1. 动力性**

汽车的动力性是指汽车在良好路面上直线行驶时，所能达到的平均行驶速度。汽车的动

力性主要用最高车速、汽车的加速时间、汽车所能爬上的最大坡度三个方面的指标来评定。具体见表2-1。

表2-1 汽车的动力性能指标

| 序号 | 指标 | 说明 |
| --- | --- | --- |
| 1 | 最高车速 | 汽车在水平良好的路面（如混凝土或沥青）上行驶时所能达到的最高车速，数值越大，动力性就越好 |
| 2 | 加速时间 | 表示汽车的加速能力，一般用从0到100m、从0到400m的时间（秒）来表示原地起步加速能力 |
| 3 | 爬坡能力 | 用满载时汽车所能爬上的最大爬坡度$i$来表示，一般最大爬坡在30%即16.5°左右。越野汽车要在坏路、无路条件下行驶，因此其爬坡能力是一个很重要的指标，它的最大爬坡度可高于60%，即30°左右或更高 |

**2. 燃油经济性**

汽车燃油经济性常用一定工况下汽车行驶百千米的燃油消耗量或一定燃油量能使汽车行驶的里程来衡量。汽车燃油经济性指标的单位为L/百公里，其数值越小，汽车燃油经济性就越好，汽车就越省油。

**3. 制动性能**

汽车的制动性能主要从制动效能、制动效能的恒定性和制动时汽车的方向稳定性三个方面进行评价。

1）制动效能：用在良好路面上以一定初速度制动到停车的制动距离来评价，制动距离越短制动性能就越好。

2）制动效能的恒定性：汽车高速行驶下长坡连续制动时，制动器连续制动时制动效能保持的程度。

3）制动时汽车的方向稳定性：汽车制动时不发生跑偏、侧滑，以及失去转向能力的性能。

**4. 操纵稳定性**

汽车的操纵稳定性是指驾驶人在不感到紧张、疲劳的情况下，当遇到外界干扰（比如侧向力、转弯时的向心力等）时，汽车所能抵抗干扰而保持稳定行驶的能力。汽车的操控稳定性能好，汽车就容易操控。

**5. 行驶平顺性**

汽车行驶时，由于路面不平等因素引起汽车的振动，使乘车人员处于振动环境之中。平顺性主要是根据乘坐的舒适度来评价的，所以又称为乘坐舒适性。

## 二、常见汽车专业术语简介

**1. 整车装备质量**

整车装备质量是指汽车完全装备好的质量，包括润滑油、燃料、随车工具和备胎等所有装置的质量。

**2. 最大总质量**

最大总质量是指汽车满载时的总质量。

## 3. 最大装载质量
最大装载质量是指汽车在道路上行驶时的最大装载质量。

## 4. 最大轴载质量
最大轴载质量是指汽车单轴所承载的最大总质量,与道路通过性有关。

## 5. 车长
车长是指汽车长度方向两极端点间的距离。

## 6. 车宽
车宽是指汽车宽度方向两极端点间的距离。

## 7. 车高
车高是指汽车最高点与地面间的距离。

## 8. 轴距
轴距是指汽车前轴中心至后轴中心间的距离。

## 9. 轮距
轮距是指汽车同一车桥左右轮胎胎面中心线间的距离。

## 10. 前悬
前悬是指汽车最后端至前轴中心的距离。

## 11. 后悬
后悬是指汽车最后端至后轴中心的距离。

## 12. 最小离地间隙
最小离地间隙是指汽车满载时,最低点与地面的距离。

## 13. 接近角
接近角是指汽车前端突出点向前轮引的切线与地面的夹角。

## 14. 离去角
离去角是指汽车后端突出点向后轮引的切线与地面的夹角。

## 15. 转弯半径
转弯半径是指汽车转向时,汽车外侧向轮的中心平面在车辆支撑平面上的轨迹圆半径。转向盘转到极限位置时的转弯半径为最小转弯半径。

## 16. 最高车速
最高车速是指汽车在平直道路上行驶时能够达到的最快速度。

## 17. 最大爬坡度
最大爬坡度是指汽车满载时的最大爬坡能力。

## 18. 平均燃料消耗量
平均燃料消耗量是指汽车在道路上行驶时每百公里平均燃料消耗量。

## 19. 车轮数和驱动轮数
车轮数和驱动轮数是指车轮数以轮毂数为计量依据,$n$代表汽车的车轮总数,$m$代表驱动轮数。

## 20. 零千米汽车
零千米汽车是一个销售术语,是指驾驶里程为零(或里程较低,如不高于0.254m)的汽车,它的出现是为了满足客户对所购车辆"绝对全新"的要求。零千米表示汽车从生产线上下来后，还没有任何人驾驶过。为了保证里程表的读数为零，从生产厂家到各销售地点，均采用大型专用汽车运输，以保证车辆全新。

### 21. 概念车

概念车不是将投产的车型，它仅仅是向人们展示设计人员新颖、独特和超前的构思而已。概念车还处在创意、试验阶段，很可能永远不投产。因为不是大批量生产的商品车，每一辆概念车都可以更多地摆脱生产制造水平方面的束缚，尽情地甚至夸张地展示自己的独特魅力。

概念车是最新汽车科技成果，代表着未来汽车的发展方向，因此它的展示作用和意义很大，能够给人以启发并促进相互借鉴学习。因为概念车有超前的构思，体现了独特的创意，并应用了最新的科技成果，所以它的鉴赏价值极高。

世界各大汽车公司都不惜巨资研制概念车，并在国际汽车展上亮相，一方面为了了解消费者对概念车的反应，从而继续改进；另一方面为了向公众展示本公司技术的进步，从而提高自身形象。

### 22. 老爷车

老爷车也叫古典车，一般是指20年前或更老的汽车。老爷车是一种怀旧的产物，是人们过去曾经使用的，现在仍可以工作的汽车。老爷车这一概念始于20世纪70年代，最早出现在英国的一本杂志上，这种说法很快得到老爷车爱好者的认同。不到10年工夫，关注老爷车的人越来越多，使老爷车的身价戏剧性地增长起来。例如，一辆1933年款式的美国求盛伯格汽车在拍卖行卖到100万美元，一辆布加迪老爷车卖到650万美元。

### 23. 零排放汽车

零排放汽车是指不排出任何有害污染物的汽车。例如，太阳能汽车、纯电动汽车、氢气汽车等。有些人也把零排放汽车称为绿色汽车、环保汽车、生态汽车和清洁汽车等。

### 24. 电动汽车

目前，人们所说的电动汽车大多是指纯电动汽车，即一种采用单一蓄电池作为储能动力源的汽车。它利用蓄电池作为储能动力源，通过蓄电池向电动机提供电能，驱动电动机运转，从而推动汽车前进。从外形上看，电动汽车与日常见到的汽车并没有什么区别，两者的区别主要在于动力源及其驱动系统。

### 25. 混合动力汽车

混合动力汽车是指在纯电动汽车上加装一套内燃机，其目的是减少汽车的污染，提高纯电动汽车的行驶里程。

### 26. 燃气汽车

燃气汽车主要有液化石油汽车和压缩天然气汽车。顾名思义，液化石油汽车是以液化石油为燃料，压缩天然气汽车是以压缩天然气为燃料。燃气汽车的CO排放量比汽车减少90%以上、碳氢化合物排放量减少70%以上、氮氧化合物排放量减少35%以上，是目前较为实用的低排放汽车。

### 27. 压缩比

压缩比是指气缸总容积与燃烧室容积的比值，它表示活塞从下止点到上止点时气缸内气体被压缩的程度。压缩比是衡量汽车发动机性能指标的一个重要参数。

一般来说，发动机的压缩比越大，在压缩行程结束时混合气体的压力和温度就越高，燃烧速度就越快,因而发动机的功率就越大,经济性越好。但压缩比过大时,不仅不能进一步改善燃烧情况,反而会出现爆燃、表面点火等不正常燃烧现象,又反过来影响发动机的性能。此外,发动机压缩比的提高还受到排气污染法规的限制。

### 28. 排量

气缸工作容积是指活塞上止点到下止点所扫过的气体容积,又称为单缸排量,它的大小取决于缸径和活塞行程。发动机排量是各缸工作容积的总和,一般用毫升(mL)来表示。发动机排量是最重要的结构参数之一,它比缸径和缸数更能代表发动机的大小,发动机的许多指标都同排量密切相关。

### 29. 功率

功率是指物体在单位时间内所做的功。在一定的转速范围内,汽车发动机的功率与发动机转速呈非线性正比关系,转速越快功率越大,反之越小。它反映了汽车在一定时间内的做功能力。以同类型汽车做比较,功率越大转速越高,汽车的最高速度也越快。

发动机的输出功率同转速关系很大。随着转速的增加,发动机的功率也相应提高,但达到一定的转速后,功率反而呈下降趋势。一般在说明发动机最高输出功率的同时标出转速(r/min),如73.5kW(5000r/min),即在每分钟5000转时最高输出功率为73.5kW。

常用最大功率来描述汽车的动力性能。最大功率一般用千瓦(kW)来表示。

### 30. 转矩

转矩是使物体发生转动的力。发动机的转矩就是指发动机从曲轴端输出的力矩。在功率固定的条件下,它与发动机的转速成反比,转速越快转矩越小,反之越大。它反映了汽车在一定范围内的负载能力,在某些场合能真正反映出汽车的"本色"。例如,起动时或在山区行驶时,转矩越高汽车运行得越好。以同类型发动机轿车做比较,转矩输出越大承载量越大,加速性能越好,爬坡能力越强,换档次数越少,对汽车的磨损也会相对减少。尤其在轿车零速起动时,更显示出转矩高者提升速度快的优越性。

发动机转矩的表示方法是牛·米(N·m)。同功率一样,一般在说明发动机最大输出转矩的同时也标出每分钟转速(r/min)。最大转矩一般出现在发动机的中、低转速范围,随着转速的提高,转矩反而会下降。

### 31. 多点电喷

汽车发动机的电喷装置一般是由喷油油路、传感器组和电子控制单元三大部分组成的。如果喷射器安装在每个气缸的进气管上,即汽油由多个地方(至少每个气缸都有一个喷射点)喷入气缸,这就是多点电喷。

### 32. 多气门

传统的发动机多是每缸一个进气门和一个排气门,这种两气门配气机构相对比较简单,制造成本也低,对于输出功率要求不太高的普通发动机来说,就能获得较为满意的发动机输出功率与转矩性能。排量和功率较大的发动机要采用多气门技术,最简单的多气门技术是三气门结构,即在一进一排的两气门结构基础上再加一个进气门。近年来,世界各大汽车公司新开发的轿车大多采用四气门结构。四气门配气结构中,每个气缸各有两个进气门和两个排气门。四气门结构能大幅度提高发动机的吸气和排气效率。

### 33. 顶置凸轮轴

发动机的凸轮轴安装位置有下置、中置和顶置三种形式。轿车发动机由于转速较快,每

分钟转速可达 5000 转以上，为保证进排气效率，都采用进气门和排气门倒挂的形式，即顶置式气门装置，这种装置适合用凸轮轴的三种安装形式。但是，如果采用下置式或者中置式的凸轮轴，由于气门与凸轮轴的距离较远，需要气门挺杆和挺柱等辅助零件，造成气门传动机件较多，结构复杂，发动机体积大，而且在高速运转下还容易产生噪声，而采用顶置式凸轮轴则可以改变这种现象。所以，现代轿车发动机一般都采用了顶置式凸轮轴，将凸轮轴配置在发动机的上方，缩短了凸轮轴与气门之间的距离，省略了气门的挺杆和挺柱，简化了凸轮轴到气门之间的传动机构，将发动机的结构变得更加紧凑。更重要的是，这种安装方式可以减少整个系统往复运动的质量，提高了传动效率。

按凸轮轴数目的多少，可分为单顶置凸轮轴和双顶置凸轮轴两种，由于中高档轿车发动机一般采用多气门及 V 形气缸排列，须采用双凸轮轴分别控制进排气门，因此双顶置凸轮轴被不少名牌汽车发动机所采用。

### 34. VTEC

VTEC（Variable Valve Time and Valve Lift Electronic Control）系统称为可变气门正时和气门升程电子控制系统，是本田的专有技术，它能随发动机转速、负荷和冷却液温度等运行参数的变化，而适当地调整配气正时和气门升程，使发动机在高、低速下均能达到最高效率。在 VTEC 系统中，其进气凸轮轴上分别有三个凸轮面，分别顶动摇臂轴上的三个摇臂，当发动机处于低转速或者低负荷时，三个摇臂之间无任何连接，左边和右边的摇臂分别顶动两个进气门，使两者有不同的正时和升程，以形成挤气作用效果。此时中间的高速摇臂不顶动气门，只是在摇臂轴上做无效的运动。当转速不断提高时，发动机的各传感器将检测到的负荷、转速、车速，以及冷却液温度等参数送到计算机中，计算机对这些信号进行分析处理。当达到需要变换为高速模式时，计算机就发出一个信号打开 VTEC 电磁阀，使压力机油进入摇臂轴内顶动活塞，使三只摇臂连成一体，两只气门都按高速模式工作。当发动机转速降低达到气门正时需要再次变换时，计算机再次发出信号，打开 VTEC 电磁阀压力开关，使压力机油泄出，气门再次回到低速工作模式。

### 35. VVT-i

VVT-i（Variable Valve Timing-intelligent）系统是指丰田公司的智能可变气门正时系统，最新款的丰田轿车的发动机已普遍安装了 VVT-i 系统。丰田的 VVTi-系统可连续调节气门正时，但不能调节气门升程。它的工作原理是当发动机由低速向高速转换时，计算机就自动地将机油压向进气凸轮轴驱动齿轮内的小涡轮。这样在压力的作用下，小涡轮就相对于齿轮壳旋转一定的角度，从而使凸轮轴在 60°的范围内向前或向后先转，从而改变进气门开启的时刻，达到连续调气门正时的目的。

### 36. 三元催化转化器

三元催化转化器是安装在汽车排气系统中最重要的机外净化装置，它可将汽车尾气排出的有害气体通过氧化和还原作用转变为无害的二氧化碳、水和氮气。由于这种催化转化器可同时将废气中的三种主要有害物质转化为无害物质，故称为三元催化转化器。

### 37. 涡轮增压

如果在汽车尾部看到 Turbo 或者 T，即表明该车采用的发动机是涡轮增压发动机。

涡轮增压器实际上是一种空气压缩机，通过压缩空气来增加进气量。它是利用发动机排出的废气惯性冲力来推动涡轮室内的涡轮，涡轮又带动回轴的叶轮，叶轮压送由空气滤清器管道送来的空气，使之增压进入气缸。当发动机转速加快时，废气排出速度与涡轮转速也同步加快，叶轮就压缩更多的空气进入气缸，空气的压力和密度增大可以燃烧更多的燃料，相应地增加燃料量就可以增加发动机的输出功率。

涡轮增压器的最大优点是能在不加大发动机排量的情况下，较大幅度地提高发动机的功率及转矩。一般而言，加装增压器后的发动机的功率及转矩要增大20%~30%。涡轮增压器的缺点是滞后，即由于叶轮的惯性作用对节气门瞬时变化反应迟缓，使发动机延迟增加或减少输出功率。这对于要突然加速或超车的汽车而言，瞬间会有点儿提不起劲的感觉。

### 38. 发动机防盗锁止系统

由于汽车门锁有一定的互开率，降低了汽车的防盗功能，因此人们开发了发动机防盗锁止系统。对于已经装有发动机防盗锁止系统的汽车，即使盗车贼能打开车门也无法开走汽车。典型的发动机防盗锁止系统的工作原理：汽车点火钥匙内装有电子芯片，每个芯片内部都有固定的ID（相当于身份识别号码），只有钥匙芯片的ID与发动机的ID一致时，汽车才能起动。相反，如果不一致，汽车就会马上自动切断电路，使发动机无法起动。

### 39. 定位巡航

定位巡航用于控制汽车的定速行驶，汽车一旦被设定为巡航状态时，发动机的供油量便由计算机控制，计算机会根据道路状况和汽车的行驶阻力不断地调整供油量，使汽车始终保持在所设定的车速行驶，而无须操作加速踏板。目前，巡航控制系统已成为中高级车的标准配置。

### 40. 安全车身

为了减轻汽车碰撞时乘客的伤亡，在设计车身时着重加固乘客室部分，削弱汽车头部和尾部。当汽车碰撞时，头部或尾部都压扁变形并同时吸收碰撞能量，而乘客室不产生变形以便保证乘客安全。

### 41. 安全玻璃

安全玻璃有两层钢化玻璃与夹层玻璃两种。钢化玻璃破碎时分裂成许多无锐边的小块，不易伤人。夹层玻璃共有3层，中间层韧性强并具有黏合作用，被撞击破坏时内层和外层仍黏附在中间层上，不易伤人。汽车用的夹层玻璃，中间层加厚一倍，因有较好的安全性而被广泛使用。

### 42. 预紧式安全带

预紧式安全带的特点是，当汽车发生碰撞事故的一瞬间，乘客尚未向前移动时它就会首先拉紧织带，立即将乘客紧紧地绑在座椅上，然后锁止织带防止乘客身体前倾，有效保护乘客的安全。预紧式安全带中起主要作用的卷收器与普通安全带不同，除了普通安全带卷收器的收放织带功能外，还具有当车速发生急剧变化时，能够在0.1s左右加强对乘客的约束力的作用，因此它还有控制装置和预拉紧装置。

控制装置分为两种：一种是电子式控制装置，另一种是机械式控制装置。预拉紧装置则有多种形式，常见的预拉紧装置是爆燃式的，由气体引发剂、气体发生剂、导管、活塞、绳索和驱动轮组成。

### 43. 安全气囊

安全气囊是现代汽车上引人注目的高科技装置。安装了安全气囊装置的汽车转向盘，平常与普通转向盘没有什么区别，但若车前端一旦发生了强烈的碰撞，安全气囊就会瞬间从转向盘内"蹦"出来,垫在转向盘与驾驶人之间,防止驾驶人的头部和胸部撞击到转向盘或仪表板等硬物上。安全气囊面世以来,已经挽救了许多人的生命。

安全气囊主要由传感器、微处理器、气体发生器和气囊等部分组成。传感器和微处理器用以判断撞车程度,传递及发出信号;气体发生器根据信号指示产生点火动作,点燃固体燃料并产生气体向气囊充气,使气囊迅速膨胀,气囊容量在 50~90L。同时,气囊设有安全阀,当充气过量或囊内压力超过一定值时会自动泄放部分气体,避免将驾驶人挤压受伤。

除了驾驶人侧有安全气囊外,有些汽车前排也安装了乘客用的安全气囊(双安全气囊规格)。乘客用的与驾驶人用的相似,只是气囊的体积要大些,所需的气体多一些而已。另外,有些汽车还在座位侧面靠门一侧安装了侧面安全气囊。

### 44. 智能安全气囊

智能安全气囊就是在普通型的基础上增加了传感器装置,以探测出座椅上的成员是儿童还是成年人,是否系好了安全带,以及所处的位置高度如何。通过采集这些数据,由计算机软件分析和控制安全气囊的膨胀,使其发挥最佳的作用,避免安全气囊出现不必要的膨胀,从而极大地提高了其安全防护作用。

智能安全气囊比普通型安全气囊主要多了两个核心元件,即传感器和配套的计算机软件。目前使用的传感器主要有重量传感器、电子区域传感器、红外线传感器、光学传感器和超声波传感器。重量传感器根据座椅上的重量感知是否有人,是成人还是儿童;电子区域传感器能在驾驶室中产生一个低能量的电子区域,测量通过该区域的电流,测定乘客的存在与位置;红外线传感器根据热量探测人的存在,以区别于无生命的东西;光学传感器如同一台照相机注视着座椅,并与储存的空座椅的图像进行比较,以判别人体的存在和位置;超声波传感器通过发射超声波,然后分析遇到物体后的反射波探明乘客的存在与位置。

### 45. 乘客头颈保护系统

一般设置于前排座椅。当汽车受到后部的撞击时,头颈保护系统会迅速充气膨胀起来,其整个靠背都会随乘客一起后倾。乘客的整个背部和靠背安全稳定地黏合在一起,靠背则会后倾以最大限度地降低头部前甩的力量,座椅的椅背和头枕会向后水平移动,使身体的上部和头部得到轻柔、均匀地支撑与保护,以减轻脊椎及颈部所承受的冲击力,并防止头部向后甩所带来的伤害。

### 46. 盘式制动器

盘式制动器又称碟式制动器,顾名思义,是由其形状而得名的。它由液压控制,主要零部件有制动盘、分泵、制动钳和油管等。制动盘由合金钢制造并固定于车轮上,随车轮转动。分泵固定在制动器的地板上固定不动。制动钳上的两个摩擦片分别装在制动盘的两侧,分泵的活塞受液压管路输送来的液压作用,推动摩擦片压向制动盘发生摩擦制动,动起来就像用钳子钳住旋转中的盘子,迫使其停下来一样。

盘式制动器散热快、质量小、构造简单、调整方便,特别是高负载时耐高温性能好,制动效果稳定,而且不怕泥水侵袭。在冬季和恶劣路况下行车时,盘式制动比鼓式制动更容易在短时间内令车停止。有些盘式制动器的制动盘上还开了很多小孔,以加速通风散热和提高制动效率。

### 47. 防抱死制动系统

世界上最早的防抱死制动系统(Antilock Brake System,ABS)是首先应用在飞机上的,

后来又成为高级汽车的标准配置，现在则大多数汽车都装有ABS。

装有ABS的汽车能有效控制车轮，保持在转动状态而不会抱死不转，从而大大提高了制动时汽车的稳定性及较差路面条件下的汽车制动性能。ABS是通过安装在各车轮或传动轴上的转速传感器等不断检测各车轮的转速，由计算机计算出当时的车轮滑移率（由滑移率来了解汽车车轮是否抱死），并与理想的滑移率相比较，做出增大或减小制动器制动压力的决定，命令执行机构及时调整制动压力，以保持车轮处于理想的制动状态。因此，ABS装置能够使车轮始终维持在有微弱滑移的滚动状态下制动，而不会抱死，达到提高制动效能的目的。

### 48. 电子制动力分配系统

电子制动力分配（Electronic Brake（force）Distribution，EBD）系统能够根据汽车制动时产生轴荷转移的不同，而自动调节前、后轴的制动力的分配比例，提高制动效能，并配合ABS提高制动稳定性。汽车在制动时，四只轮胎附着的地面条件往往不一样。例如，有时左前轮和右后轮附着在干燥的水泥地面上，而右前轮和左后轮却附着在水中或泥水中。这种情况会导致在汽车制动时四只轮子与地面的摩擦力不一样，容易造成打滑、倾斜和车辆侧翻事故。EBD用高速计算机在汽车制动的瞬间，分别对四只轮胎附着的不同地面进行感应、计算，得出不同的摩擦力数值，使四只轮胎的制动装置，根据不同的情况用不同的方式和力量制动，并在运动中不断地高速调整，从而保证车辆的平稳和安全。

### 49. 牵引力控制系统

牵引力控制系统（Traction Control System，TCS）又称循迹控制系统。汽车在光滑路面上制动时，车轮会打滑，甚至使转向失控。同样，汽车在起步或急加速时，驱动轮也有可能打滑，在雨水、冰雪等光滑路面上还会使转向失控而出现危险。TCS就是针对此问题而设计的。

当TCS依靠电子传感器测出从动轮速度低于驱动轮时（这是打滑的特征），就会发出一个信号，调节点火时间、减少气门开度、降档或制动车轮，从而使车轮不再打滑。

TCS可以提高汽车行驶的稳定性、加速性和爬坡能力。原来只是在豪华轿车上才安装TCS，现在许多普通轿车上也有配备。

TCS如果和ABS相互配合作用，将进一步增强汽车的安全性能。TCS和ABS可共用车轴上的轮速传感器，并与行车计算机连接，不断监测各轮转速。当在低速发现打滑时，TCS会立刻通知ABS制动来减轻车轮的打滑。当在高速发现打滑时，TCS立即向行车计算机发出指令，指挥发动机将变速器降档，使打滑车轮不再打滑，防止车辆失控甩尾。

### 50. 自动变速器

自动变速器具有操作容易、驾驶舒适、能减轻驾驶人疲劳的优点，已成为现代汽车配置的一种发展方向。装有自动变速器的汽车能根据路面状况自动变速变矩，驾驶人可以全神贯注地注视路面状况而不会被换档搞得手忙脚乱。

常见的汽车自动变速器有三种形式：液力自动变速器、机械无级自动变速器、电控机械自动变速器。目前，汽车普遍使用的是液力自动变速器，液力自动变速器几乎成为自动变速器的代名词。

液力自动变速器是由液力变矩器、行星齿轮和液压操纵系统组成的，通过液力传递和齿轮组合的方式来达到变速变矩的目的。其中液力变矩器是最重要的部件，它由泵轮、涡轮和导轮等构件组成，兼有传递转矩、离合的作用。

### 51. 多连杆式悬架

多连杆式悬架是由 3~5 根杆组合起来的控制车轮位置变化的悬架。多连杆能使车轮绕着与汽车纵轴线呈一定角度的轴线内摆动，是横臂式和纵臂式的折中方案，适当地选择摆臂轴线与汽车轴线所成的夹角，可不同程度地获得横臂式与纵臂式悬架的优点，能满足不同驾驶人的使用性能要求，不管汽车是在驱动还是制动状态都可以按照驾驶人的意图平稳地转向。其不足之处是汽车处于高速时有轴摆动现象。

### 52. 麦弗逊式悬架

麦弗逊式悬架是现在常见的一种独立悬架，大多应用在车辆的前轮。简单地说，麦弗逊式悬架的主要结构即是由螺旋弹簧加上减振器，以及 A 字下摆臂组成。减振器可以避免螺旋弹簧受力时向前、后、左、右偏移，让弹簧只能做上下方向的振动，并且可以通过减振器的行程、阻尼，以及搭配不同硬度的螺旋弹簧对悬架性能进行调校。麦弗逊式悬架最大的特点就是体积比较小，有利于对比较紧凑的发动机舱布局。不过也正是由于结构简单，对侧向不能提供足够的支撑力度，因此转向侧倾及制动点头现象比较明显。

### 53. 侧门防撞杆

众所周知，当汽车受到侧面撞击时，车门很容易因受到冲击而变形，从而直接伤害到车内的乘客。为了提高汽车的安全性能，汽车公司在汽车两侧门夹层中间放置两根非常坚固的钢梁，这就是常说的侧门防撞杆。防撞杆的防撞作用：当侧门受到撞击时，坚固的防撞杆能大大减轻侧门的变形程度，从而减轻汽车撞击对车内乘客的伤害。

### 54. 智能空调

智能空调系统能根据外界气候条件，按照预先设定的指标对安装在车内的温度、湿度及空气清洁度传感器所传来的信号进行分析、判断，及时自动打开制冷、加热、去湿和空气净化等功能。智能空调系统还与其他系统（如驾驶人打瞌睡警报系统）相结合，当发现驾驶人精神不集中、打瞌睡时，空调会自动散发出使人清醒的香气。

### 55. 智能钥匙

奔驰 CLK 双门轿车已采用了智能钥匙，这种智能钥匙发射出红外线信号，既可打开一个或两个车门、行李舱和燃油加注孔盖，也可以操纵汽车的车窗和天窗。更先进的智能钥匙则像一张信号卡，当驾驶人触到门把时，中央锁控制系统便开始工作，并发射出一种无线查询信号，智能钥匙做出正确反应后，车锁便自动打开。只有当中央处理器感知钥匙在汽车内时，发动机才会起动。

### 56. 防眩目后视镜

防眩目后视镜一般安装在车厢内，由一面特殊镜子、两个光电二极管和电子控制器组成，电子控制器接收光电二极管送来的前射光和后射光信号。当照射灯光照射在车内后视镜上时，如后面灯光大于前面灯光，电子控制器将输出一个电压到导电层上。导电层上的这个电压改变镜面电化层颜色，电压越高，电化层颜色越深。此时，即使再强的照射光射到后视镜上，经防眩目后视镜反射到驾驶人眼睛上则显示暗光，不会造成眩目。镜面电化层使反射光根据后方光线的入射强度，自动持续变化以防止眩目。当车辆倒车时，由于车后面的光线较强而车前面光线弱，此时后视镜如变暗就不利于倒车时看清车后情况，因此一些汽车便设计成当汽车挂倒档时能自动取消防眩目功能，或者也可以用开关手动取消该功能。

#### 57. 高位制动灯

一般的制动灯装在车尾两边，当驾驶人踩下制动踏板时，制动灯立即亮起，并发出红色光，提醒后面的车辆注意，不要追尾。当驾驶人松开制动踏板时制动灯立即熄灭。

高位制动灯也称第三制动灯，它一般装在车尾上部，是为方便后方车辆能及早发现前方车辆而实施制动，防止发生汽车追尾事故。由于汽车已有左右两个制动灯，因此习惯上也把装在车尾上部的高位制动灯称为第三制动灯。

#### 58. 雨量传感器

雨量传感器暗藏在前风窗玻璃后面，它能根据落在玻璃上雨水量的多少来调整刮水器的动作，因而大大减少了开车人的烦恼。雨量传感器不是以几个有限的档位来变化刮水器的动作速度的，而是对刮水器的动作速度做无级调整。它由一个被称为 LED 的光电二极管负责发送远红外线，当前风窗玻璃表面干燥时，光线几乎 100% 地被反射回来，这样光电二极管就能接收到很好的反射光线。玻璃上的雨水越多，反射回来的光线就越少，其结果是刮水器动作越快。

### 三、汽车新技术

汽车技术的发展往往是以人的需求为导向的，各大汽车制造厂商每年也都会对自家车辆制造技术做出更新调整。近年来，汽车智能化与对车辆更高的环保需求成为新的主题。下面介绍几种汽车新技术。

#### 1. 车联网、信息交互技术

车联网的概念源于物联网，即车辆物联网，是以行驶中的车辆为信息感知对象，借助新一代信息通信技术，实现车与 x（车与车、人、路、服务平台）之间的网络连接，提升车辆整体的智能驾驶水平，为用户提供安全、舒适、智能、高效的驾驶感受与交通服务，同时提高交通运行效率，提升社会交通服务的智能化水平。例如，在回家的路上可以通过车联网系统提前开启家中的热水器，到家后可以直接洗澡，或者通过手机就可远程起动汽车、关闭车门、开关空调、远程定位等。现在运用比较多的是苹果公司于 2014 年发布的 CarPlay 车载交互系统，以及由百度公司于 2015 年发布的 CarLife 车联网解决方案。经过七八年的发展，截至 2022 年，CarPlay 和 CarLife 的功能也有了大幅拓展。

#### 2. 激光前照灯

随着科技的发展，汽车灯光技术经历了卤素、氙气、LED 时代，如今即将进入激光时代。激光大灯拥有诸多优点：响应速度快、亮度衰减低、体积小、能耗低、寿命长等。目前，宝马 i8 已经搭载了激光前照灯。

#### 3. 双增压+电动机混动发动机

在 2014 年的广州车展期间，沃尔沃带来了全新 XC90T8 插电混动版车型。该车是基于 Drive-E 动力总成推出的插电混动车型，由一台 2.0L 双涡轮增压汽油发动机和一台 60kW 电动机组成，其百公里油耗仅为 2.5L，而二氧化碳排放量为 59g/km。

#### 4. 线控主动转向

"线控主动转向"技术（DAS）源于航天科技上的电传操纵系统，目前在航空领域广泛采用。其最大特点是转向盘与车轮之间没有机械连接机构，完全由电子信号控制，这项技术颠覆了百年来汽车机械转向的历史。相比机械转向系统更便于维护、节约成本、减小质量，

操作更加灵敏、精准。代表车型是英菲尼迪 Q50L。

### 5. 电子四驱系统

比亚迪为其混合动力 SUV "唐" 搭载了 "秦" 的驱动模块和电动后驱动桥，以及综合控制系统，拥有媲美大部分城市 SUV 的分时四驱系统。这样做的好处在于省去了复杂的机械四驱系统。虽然电子四驱系统在通过性上还无法与硬派越野车相媲美，不过这套系统为将来四驱系统的发展提供了更宽广的思路。

### 6. 360°城市虚拟风窗

捷豹路虎发布的 360°城市虚拟风窗技术（360 Virtual Urban Windscreen），可以让车辆支柱 "透明" 化，使驾驶人在座舱内实现无障碍视野，消除了车辆在拐弯时的盲点，进一步增强行驶安全性。此外，该技术还可在风窗玻璃上显示车辆周边信息。配合捷豹路虎之前发布的透明发动机盖平视显示系统、激光地形扫描等在内的多项极具前瞻性的科技，捷豹路虎正在向汽车智能化方向挺进。

### 7. 智能后视镜

日产将智能后视镜（Smart Rearview Mirror）技术搭载到日产 Rogue（北美版逍客）上。这款智能后视镜集成了液晶显示器模块，能在传统后视镜上显示车辆后部信息。其图像来自车辆后方的高分辨率摄像头，当摄像头采集来的数据被处理器解码后，便以图像的形式展现给驾驶人。相比传统后视镜，智能后视镜不会像传统后视镜一样被车内的物件阻挡。

### 8. 宝马 1.5T 三缸发动机

迫于环保压力，近年来各大汽车制造商纷纷推出小排量涡轮增压发动机。宝马也带来了自家的 1.5L 涡轮增压三缸发动机。其采用全铝合金缸体、缸内直喷、Valvetronic 可变式气门等技术，压缩比为 11.0∶1。燃油经济性比目前宝马 1 系列代号为 N20 的直列四缸发动机提升了 5%~15%。

### 9. 燃料电池汽车

在新能源领域，燃料电池是另一种不错的选择。丰田正式发售了首款量产燃料电池车型 Mirai。虽然名为燃料电池汽车，实际上它并不发生 "燃烧"，而是利用氢气和氧气的化学反应释放的电荷来形成电流，其中的关键技术为 "电解质薄膜" 拆解氢气，这也是燃料电池领域最难被攻克的技术壁垒。Mirai 的电动机功率为 113kW，峰值转矩为 335N·m，相当于普通 2.0L 自然吸气车型。此外，3min 充满两个储氢罐，行驶里程超过 600km 也是其优点之一。

### 10. 8 速双离合变速器

本田推出了全球首款 8 速双离合变速器，区别于常见的 6 速和 7 速双离合变速器，这台变速器不仅档位更多，而且配备液力变矩器。因此，这款变速器平顺性更好，磨损也会更小，油耗表现也比本田之前的 5AT 变速器节省 8%，加速表现提升 10%。

## 作业

完成 "学习工作页" 项目 2 任务 2-3 的测试题和技能训练。

# 项目 3 客户开发及管理

## 项目解析

客户开发：有效的潜在客户开发可以使更多的客户来到展厅，进而创造更多的销售机会。开发潜在客户是一种拓展客户来源的高效率及低成本的方法。开发潜在客户包括确认潜在客户，并与他们建立持续的沟通，让其转化成实际的客户。为能达成交易，销售顾问每天必须积极主动地与潜在客户联系。

## 任务 3-1　客　户　开　发

## 学习目标

通过本任务的学习，你能够：
1. 掌握潜在客户开发的途径。
2. 熟练掌握拜访客户的步骤。
3. 掌握并应用拜访客户的礼仪。

## 情景课堂

**【情景1】电话拜访**

Q：您好！是××公司的刘先生吗？（技巧：开场白。）

A：有什么事吗？

【说明：一般而言，只有要找的人和接电话的人是同一个人时，对方才会用这样的表达方式。】

Q："我是××汽车销售公司的客户专员×××。听说贵公司准备采购一批新车，正好我们公司经销的汽车与你们的采购条件比较符合，所以特地打电话向您请教这方面的情况。"

【技巧：做完自我介绍后，要说明打电话的意图。这里，为了消除客户的戒备心理，并让客户能够接纳销售顾问，"请教"这个词要常用，同时，要作停顿，给客户一个思考的空间。】

A："你是怎么知道我的电话的？你们是怎么知道我们准备采购汽车的？"

【说明：当客户提出这样的问题时，说明他们真的有购车的计划，算是找对人啦。】

Q："正如您所知道的，要做好销售必须要有敏锐的眼光，我们汽车销售顾问也不例外。从最近某媒体对贵公司的报道来看，随着贵公司业务迅速发展，必定会有添购汽车的需求，所以我就打了这个电话。这不，正好有这样的机会让我们能够为贵公司提供服务。"

A：真是这样的吗？不过我们已经初步选定合作单位了，如果以后再有这样的机会，我们会主动与你们联系的。

【说明：客户开始拒绝销售顾问，并想迅速中断这次电话拜访。此时，只要客户未果断地挂断电话，还有销售的机会。】

Q："我理解你们的要求，也感谢您接了我的电话。其实，今天打电话的目的不是向您推销我们的汽车，只是找一个机会把××公司为什么预先都选定了某款车但后来又重新调整了他们的选择的情况向您汇报一下。"

【技巧：一般而言，任何一个客户都较关心他们的同行，特别是竞争对手的情况。要让客户尽快接受销售顾问的预约，最佳的方法是找到他们的竞争对手、同行在购车时关注的问题，这样最容易获得陌生客户的接纳。同时，"汇报"这个词也容易拉近与客户的距离。】

A："是这样的！今天下午刚好开完业务会后我有点儿时间，你下午4:00来我的办公室，我们具体谈一下，顺便带上产品资料和报价单。"

【说明：只有你准备要找客户谈的问题是他们感兴趣的，才能引起他们的好奇，才会给你时间见面。要做到这一点，事先的情况摸底必不可少，即所谓不打无准备之战。】

Q："好的，下午4:00我会准时到达。再请教一下，贵公司的地点是……您的办公室在××楼。"

【技巧：销售顾问要表明自己能够准时赴约，同时在挂断电话之前再与客户核实一下地点，剩下的事情就是准备好相关的资料准时赴约。当然，也要对整个见面过程进行预估，准备好相应的应对话术。】

A："在……××室。"

Q："好的！谢谢您！我们下午见！"

### 【情景2】客户公司拜访

某销售顾问第一次去拜访客户，到了那位客户的公司以后，他意外地发现另外一家汽车公司的销售顾问也在那里，而且比他先到。这位销售顾问是急忙赶过去的，脸上带着汗水，领带还有点儿歪。那位客户出来以后，将另外一家公司的销售顾问请进去了，而这位销售顾问因为仪表问题，客户不愿接待。那位客户对他的秘书说："你把他的汽车资料留下来就行，让他先回去吧。"

这位销售顾问就是失败在仪表方面。所以，端庄的仪表在销售顾问拜访客户的时候非常重要。

请思考：如何应对客户的拒绝？拜访客户要注意哪些礼仪？

## 知识链接

### 一、了解漏斗原理

汽车销售顾问在进行集客活动前，首先要熟悉一个概念——"漏斗原理"。"漏斗原理"示意，如图3-1所示。

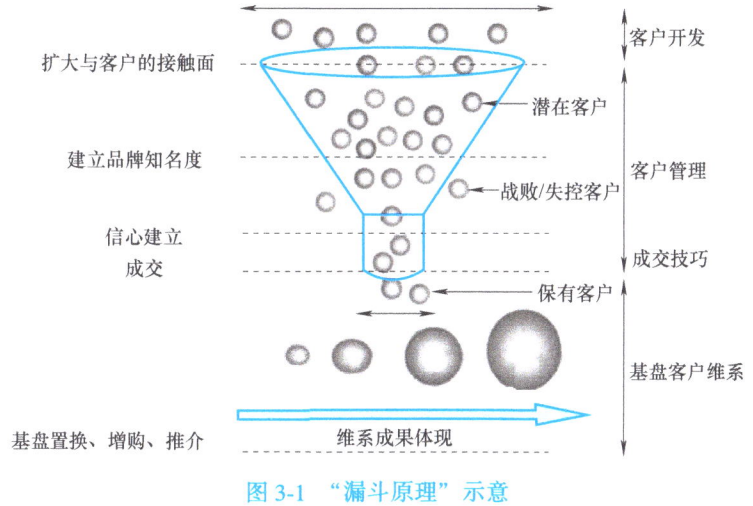

图3-1 "漏斗原理"示意

在此，对"漏斗原理"做一个简单的介绍。

1）加大"漏斗"尺寸。"漏斗"的开口越大，创建的销售机会就越多。

2）寻找更好的意向客户。使用更好的方法寻求能带来更高利润的意向客户。

3）更有效地说服意向不确定的客户。通过电话找出成交抗拒的原因，增强快速购买的欲望，提早及更频繁地请客户下订单。

4）加快"漏斗"的工作速度。创建更有效率的方式来帮助意向客户通过"漏斗"。通过合理安排销售投入，以及避免时间浪费来缩短销售周期。

5）每周补充"漏斗"。为防止销售量下跌，应提早将意向客户补充到"漏斗"中去，并要做到经常补充。以成交率为指南计算需要新增的意向客户数量。如果成交率是1∶5，则每成交1次，必须补充5名新的意向客户。如果一周成交5次，则每周需要增加25名意向客户。

## 二、客户的开发

### 1. 客户的来源

在开展与客户接触和沟通工作之前,销售顾问必须仔细地分析和规划自己所拥有的客户资源,以确定客户的来源。汽车销售顾问要熟悉潜在客户的分类,具体如图3-2所示。

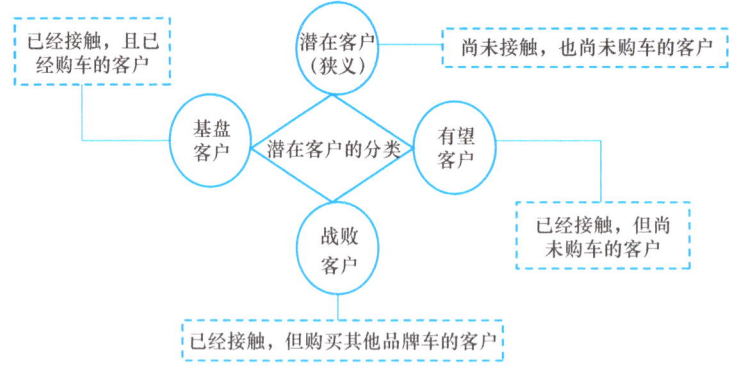

图 3-2 潜在客户的分类

积极拓展客户的来源,客户的来源通常包括朋友和家庭成员、目前无销售顾问与其联系的汽车4S店客户、维修客户、互联网、高级会所、先前的偶然光顾者推荐的客户、教育机构、企业和政府机构。

### 2. 客户的开发渠道

客户的开发渠道见表3-1。

表 3-1 客户的开发渠道

| 序号 | 渠道类别 | 说　　明 |
| --- | --- | --- |
| 1 | 一般渠道 | (1) 走出去<br>利用各种形式的广告、参加车展、召开新闻发布会、进行新车介绍、进行小区巡展、参加各类汽车文化活动、发送邮件、进行大客户专访、参与政府或一些企业的招标采购等<br>(2) 请进来<br>① 在展厅里接待客户。不管是来买车的客户,还是闲逛的客户,只要走进展厅,销售顾问都要以饱满的热情接待<br>② 邀请客户前来参加试乘试驾,开展新车上市展示推广活动等<br>③ 接受客户电话咨询并预约来店洽谈。如果客户打电话来展厅询问关于车辆的事项,销售顾问一般不在电话中做过多的商谈,尤其不进行价格方面的谈判,应该力争预约其到店洽谈<br>④ 从报纸、汽车网站、汽车App等获取价值信息。例如,易车网、汽车之家等的客户留言、咨询信息等 |
| 2 | 特殊渠道 | (1) 定期跟踪保有客户。这些保有客户也是开发客户的对象,因为保有客户的朋友圈子、社交圈子也是很好的销售资源<br>(2) 定期跟踪保有客户的推荐<br>(3) 售后服务站外来的保有客户<br>例如,宝马汽车的维修站也会修沃尔沃、奔驰汽车等,而这些客户也可作为开发的对象 |

项目 3　客户开发及管理　35

### "汽车销售大王"的认真负责和敬业精神

"汽车销售大王"乔·吉拉德在汽车卖给客户数周后,就从客户登记卡中找出对方的电话号码,开始着手与对方联系:"以前买的车子情况如何?"白天打电话,接听的多半是购买者的太太,她大多会回答:"车子情况很好。"乔·吉拉德接着说:"假使车子振动厉害或有什么问题的话,请送回我这来修理。"并且请她提醒她的丈夫,在保修期内送来检修是免费的。

同时,乔·吉拉德也会问对方,是否知道有谁要买汽车。若是对方说有位亲戚或朋友想将旧车换新的话,他便请对方告知这位亲戚或朋友的电话号码和姓名,并请对方打个电话替他稍微介绍一下,且告诉对方如果介绍的生意能够成功,可得到 25 美元的酬劳。最后,乔·吉拉德没有忘记对对方的帮助表示感谢。

乔·吉拉德认为,即使是质量上乘的产品,在装配过程中也可能发生一些小差错,虽经出厂检验也难免有疏漏,这些小故障在维修部修起来并不难,但对客户来说就增添了许多麻烦。把汽车卖给客户后,对新车是否有故障的处理态度和做法如何,将会成为客户向别人描述的重点。他可能会说:"我买了一辆××新车,刚买回来就出故障!"但如果你主动问询,客户就会对别人说:"乔·吉拉德这个人服务挺周到,时时为我的利益着想,出了点小故障,他一发现就马上给我免费修好了。"

启示:该案例有三点值得我们学习:一是为客户提供满意的服务,二是可以体现销售顾问的认真负责和敬业精神,三是能在现有客户中寻找潜在客户。

#### 3. 客户开发前的准备工作

客户开发前的准备工作,主要包括以下几项。

1)详细了解和熟悉产品的品牌、车型、技术参数、配置等。做到在与客户交流的时候,对于相关问题都能流利的回答。

2)熟悉本公司对这个汽车产品销售的政策、条件和方式。

3)详细了解汽车销售过程中的各项事务,如付款方式、按揭费用的计算、上牌的手续、保险的内容、保险的费用等。

4)了解竞争对手的产品与你所售车型的差异。有时候客户会说某款车比你的车好,那个车有什么装备,你有没有?这个时候你就要了解对方,事先了解了以后,你才能有应对的策略。

5)了解客户。你要了解客户属于哪种类型。这样,你在与客户进行交流的时候,就会有的放矢、占据主动。

6)了解客户真实的购买动机、付款能力、采购时间等。

#### 4. 潜在客户的开发原则

潜在客户的开发原则见表 3-2。

表 3-2　潜在客户的开发原则

| 序号 | 类别 | 说明 |
| --- | --- | --- |
| 1 | 明确各个要素 | （1）确定开发客户的对象，考虑与其接触的方式，是打电话、请进来，还是登门拜访，这些都需要选择<br>（2）选择时间、地点、内容，找出从哪里切入比较容易<br>（3）找出话题，以及与客户拉近距离的捷径<br>（4）确定谈话的重点和谈话的方式 |
| 2 | 要有信心和毅力 | 客户在购买汽车时，不会草率地决定，总是会反复斟酌的。因此，汽车销售顾问要有充分的耐心和毅力 |
| 3 | 把握与客户见面的时间 | 根据经验，与客户见面一般在上午10：00点左右或下午4：00点左右比较好。因为买车的人多数都是有决定权的，多数在公司、家庭或者其他环境里是一个领导级的人物。作为领导，都是从员工一步一步地走到现在的岗位，上班时形成了先紧后松的习惯。但是人的精力是有限的，他从早晨8：00点开始忙，忙到10：00点就需要休息。在客户需要放松的时候汽车销售顾问去拜访或联络他，他会把其他的事情暂时放在一边，和你聊几分钟。下午也是同样的道理 |
| 4 | 与客户见面时的技巧 | 销售顾问在与客户见面的时候也要讲究技巧。首先要有一个很好的开场白，这个开场白应事先准备好。如果事先没有准备，应凭借实战经验进行应对 |
| 5 | 学会目标管理 | 企业有企业的目标管理，部门有部门的目标管理，销售顾问也应该进行目标管理。在此介绍一种目标管理方法——数字目标<br>（1）数字的含义<br>　1、15、7、8、96，这一串数字的含义：一位销售顾问一天要打15个电话；在这15个电话里面，要找到7个意向客户。一个星期工作5天，就会找到35个意向客户。在这35个客户当中，有两个客户能够购买你的车，一个月按4个星期计算，就是8个客户，一个月卖了8辆车。一年12个月就是96辆车，也就是保守地说，你一年至少能卖出96辆车<br>（2）数字的调整<br>　如果你说，你今天只打了5个电话，并没有7个意向客户，可能只有5个，或者3个，甚至更少。没有关系，你只需要对数字信息进行调整，多打电话，15个电话不行，打20个，直到获得7个意向客户为止<br>（3）数字的积累<br>　当然，电话的数字是有一定积累的。如果是新的销售顾问，要想天天获得7个意向客户是有一定难度的，那就需要不断地去接触客户，如把名片发给你认为有可能成为你客户的人 |

**5. 定期与潜在客户进行沟通**

汽车销售顾问要定期与潜在客户进行沟通，主要包括以下几点。

1）开发潜在客户活动是销售顾问每天日常工作的一部分，建议在这一部分花费的时间每天不应少于3h。

2）销售顾问每天应制作第二天要联系的全部潜在客户清单报告。

3）销售顾问在每天开始上班时应检查该报告，若有冲突的情形，如排定要打电话的数量不实际，应及时进行调整。

4）如有必要，销售经理可与销售顾问讨论并修改该日程表。

5）在接触与沟通前，销售顾问应检查与每一个潜在客户接触的目标及该潜在客户的背景资料，准备进行联系。

6）在每次完成与潜在客户的接触与沟通后，销售顾问均应将此次活动的细节记录到数据库内，以便将来再次联系该潜在客户时参考。

7）掌握与潜在客户沟通的有效工具和方法（如信函往来、电话、短信、拜访等）。

### 6. 与潜在客户的沟通技巧

汽车销售顾问在与潜在客户沟通时，需要掌握以下技巧。

1）道出客户的姓名，然后介绍自己。
2）找理由打电话或碰面。
3）确认客户现在及未来的需求。
4）说明这次联系的目的，以及将给该潜在客户的现在与未来需求可能带来的好处。
5）如果潜在客户的需求无法符合这次联系的目的，则可以说明符合他（她）的其他利益。
6）要求"订单"或说明这次联系的目的。
7）要求推荐客户。
8）感谢客户与你谈话或碰面，并且让他知道下次联系的时间（例如，在下一个月接到一个信件或在一星期内电话联系）。

## 三、拜访客户技巧

只有在充分的准备下拜访客户才能取得成功。评定销售顾问成败的关键是看其每个月开发出来多少个有效新客户，销售业绩得到了多少提升。那么，如何成功进行上门拜访呢？

### 1. 拜访前的准备

#### （1）外部准备

1）仪表准备：要想上门拜访成功，就要选择与个性相适应的服装，以体现专业形象。通过良好的个人形象向客户展示品牌形象和企业形象。最好是穿公司的统一服装，让客户觉得公司很正规，企业文化良好。

2）资料准备：要努力收集客户资料（教育背景、生活水准、兴趣爱好、社交范围、习惯嗜好等），还要努力掌握活动资料、公司资料、同行业资料。

3）工具准备：凡是能促进销售的资料，销售顾问都要带上。销售工具包括产品说明书、企业宣传资料、名片、计算器、笔记本、钢笔、价格表等。

4）时间准备：如提前与客户约好时间应准时到达，到得过早会给客户增加一定的压力，到得过晚会给客户传达"我不尊重你"的信息，同时也会让客户产生不信任感，最好是提前5~7min到达，做好进门前的准备。

#### （2）内部准备

1）信心准备：事实证明，营销顾问的心理素质是决定成功与否的重要原因，突出自己的良好个性，让自己人见人爱，还要保持积极乐观的心态。

2）知识准备：上门拜访是销售活动前的热身活动，这个阶段最重要的是制造机会，制造机会的方法就是提出对方关心的话题。

3）拒绝准备：大部分客户是友善的，换个角度去想，通常在接触陌生人的初期，每个人都会产生本能的抗拒和保护自己的心理，找一个借口来推却你罢了，并不是真正讨厌你。

4）微笑准备：管理方面讲究人性化管理，如果你希望别人怎样对待你，你首先就要怎样对待别人。

### 2. 拜访方法与步骤

#### （1）准备被拒  不要期望客户第一次甚至第二次面对"陌生的你"就会敞开心扉，接

受你的推销。

(2) **直截了当** 初次见面，说话要简单利落、落落大方，不能含含糊糊、畏首畏尾。可以直呼其名及职称，而且说话要主动，在客户未开口之前，用亲切的语调向其打招呼问候："×经理，早上好！"同时，要想好开场白，如何进门是销售顾问遇到的最大难题，好的开始是成功的一半，同时可以掌握75%的先机。

(3) **自我介绍、表示感谢** 表明公司名称及自己的姓名、职务，并将名片双手奉上，同时顺带一句话："这是我的名片，谢谢您能抽出时间让我见到您！"

(4) **适当寒暄** 在谈正事前，先跟客户简单聊天，如果准备充分可以增进感情。如可事先了解客户的背景情况，从对方感兴趣的话题入手，适当夸赞对方，表达与对方有相同的兴趣，以拉近距离。这个时间不宜过长。

(5) **找准机会，完美过渡、表达拜访理由** 以自信的态度，清晰地表达出拜访的理由，让客户感觉到你的专业和可信赖。

(6) **适时赞美** 每个人都希望被赞美，同时在赞美后采用询问的方式引导客户的注意、兴趣及需求。

(7) **结束拜访时，可约定下次拜访的内容和时间** 例如，"×经理，非常感谢您用这么长时间给我提供了这么多宝贵的信息，根据您谈到的内容，我回去会好好做一个方案，然后再来向您汇报，您看我下周三上午将方案带来让您审阅可以吗？"

**作业**

完成"学习工作页"项目3任务3-1的测试题和技能训练。

## 任务3-2　客户管理

**学习目标**

通过本任务的学习，你能够：
1. 掌握对潜在客户进行分级管理的方法。
2. 熟练运用相关表卡进行客户管理。

**情景课堂**

某汽车公司的销售顾问小陈，自结识了某知名公司的潘科长之后，在销售达成方面一直没有取得进展。原因是潘科长一直在进行车型的比较，同时也是另几家汽车公司重点公关的对象。大家都明白，如果能把潘科长搞定，不但可以影响他的朋友，还可以影响他的单位、同事、身边的人。潘科长认为，各汽车公司所推荐的几款车型各有利弊、对所承诺的售后服务也是各有千秋，使他无法确认。加上不同汽车公司的销售顾问以其销售经验和技巧成功地影响了潘科长的购车观点，使他想要这个，又舍不得放弃那个，一时也拿不定主意，陷入了左右为难的境地。再加上工作繁忙，潘科长决定把购车的事情暂时放一放。

这边几家汽车销售公司的主办人依然在紧盯不放，一来二去就把潘科长给惹烦了，一气之下说道："我不买了！"事情陷入了僵局，怎么办？其他公司的策略与方法姑且不说，我们来看看小陈是怎么做的。小陈认为，在这种情况下登门面谈已不合适。于是决定采取软接触的方法，发手机短信，内容包罗万象。

天气冷热提醒："潘科长，明天有冷空气来临，注意穿着保暖。"驾车经验提醒："潘科长，您在驾车吗？含一颗薄荷糖有助于醒脑。"节假日祝贺："潘科长，祝您节日快乐。"轻松愉快的消息：发送幽默、笑话等。休闲放松的消息：提示潘科长，经常听听音乐，放松一下自己……

刚开始时，潘科长并不以为然，因为他知道销售顾问的用意和目的。但时间一长潘科长不仅渐渐习惯了而且被小陈的这种方式所感动。到这个时候已经是过去差不多三个月了，终于有一天小陈能够与潘科长用电话进行交流了，于是小陈在电话里说道："潘科长，别老是忙于工作了，身体重要啊。知道您也喜欢钓鱼，下周日我约个好地方一起去钓鱼吧！"潘科长愉快地接受了小陈的邀请，当然再往下发展，其结果就不用说了，最终还是小陈赢得了潘科长及其周围客户的购车订单。

请思考：如何跟进潜在客户？

## 知识链接

### 一、客户管理的意义

在客户开发的基础上，客户管理也成了重要的工作环节。因为要努力将潜在客户作为实际销售对象，并努力让客户不流失就需要较高的管理技巧。客户管理工作做得好意义重大。

1）可以建立客户情报，以便后续有效追踪。
2）可以有系统、有重点、有次序地追踪客户。
3）能适时给客户提供帮助。
4）在合适的时机接触客户。
5）避免遗忘重要客户的追踪。
6）提高工作效率和最终成交率。

### 二、分级管理潜在客户

销售顾问把潜在客户作为销售对象时，不可能同时拜访或联系众多的客户，总是要有先有后，分清轻重缓急。

所谓潜在客户的分级管理，就是指根据一定的标准把潜在客户划分为不同的等级，以便有计划、有重点地开展销售活动，取得最佳推销效果。分级管理有助于避免销售工作的盲目性，抓住良好的销售机会。汽车销售顾问要会准确地判断客户意向及级别，从而采用不同的跟踪频率，具体见表3-3。

表 3-3　不同级别客户跟踪频率

| 级　别 | 判 断 标 准 | 购 买 周 期 | 客户跟踪频率 |
| --- | --- | --- | --- |
| O级（订单） | （1）购买合同已签<br>（2）全款已交但未提车<br>（3）已收订金 | 预收订金 | 周/次 |
| H级 | （1）车型、车色已选定<br>（2）已提供付款方式及交车日期<br>（3）分期手续进行中<br>（4）二手车置换进行处理中 | 7日内成交 | 两日/次 |
| A级 | （1）车型、车色已选定<br>（2）商谈付款方式及交车日期<br>（3）商谈分期手续进行中<br>（4）要求协助处理旧车 | 7～15日以内成交 | 四日/次 |
| B级 | （1）已谈判购车条件<br>（2）购车时间已确定<br>（3）选定下次商谈日期<br>（4）再次来看展示车辆<br>（5）要求协助处理旧车 | 15日～1个月内成交 | 周/次 |
| C级 | （1）购车时间模糊<br>（2）要求协助处理旧车 | 1个月以上成交 | 半月/次 |

注：客户跟踪频率以与客户约定的访问时间优先；以经销店销售活动的时间为参考，可适当调整。

**课堂互动**

客户付了订金，还属于意向客户吗？有人会说："既然都交钱了，你怎么还说他是意向客户呢？"你觉得呢？

## 三、客户管理工具

汽车销售顾问在日常客户管理中，可以利用的表卡如图3-3所示。

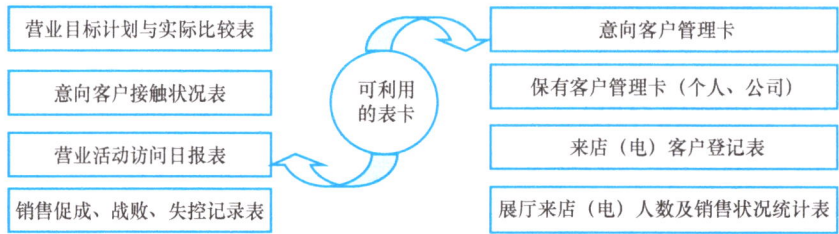

图 3-3　汽车销售顾问可利用的表卡

### 1. 客户管理流程及对应表卡

客户管理流程及对应表卡，如图 3-4 所示。

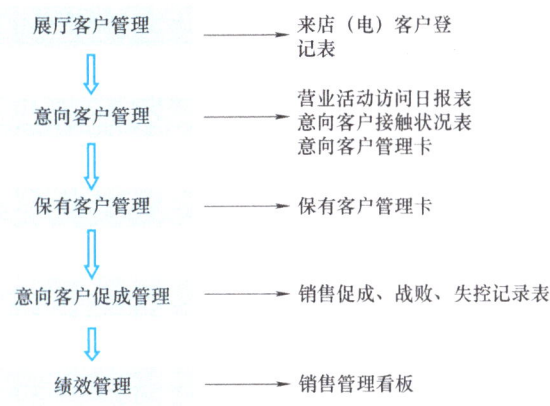

图 3-4 客户管理流程及对应表卡

### 2. 相关表卡

**（1）来店（电）客户登记表** 来店（电）客户登记表，具体见表 3-4。

表 3-4 来店（电）客户登记表

_____年_____月_____日

| 序号 | 客户姓名 | 电话 | 地址 | 进店-离去（来电）时间 | 销售顾问 | 拟购车型/车色 | 客户信息来源 | 意向确度 | 接待经过 | 追踪后级别 | 结案情形 |
|---|---|---|---|---|---|---|---|---|---|---|---|
| 1 | | | | | | | | | | | |
| 2 | | | | | | | | | | | |
| 3 | | | | | | | | | | | |
| 4 | | | | | | | | | | | |
| 5 | | | | | | | | | | | |
| 6 | | | | | | | | | | | |
| 7 | | | | | | | | | | | |
| 8 | | | | | | | | | | | |
| 9 | | | | | | | | | | | |

填写说明：1. 来店（电）客户的定义为第一次留下联系资料的客户。

2. "拟购车型/车色"请填入客户最感兴趣的车型（型号及颜色）。

3. "意向确度"为客户 H、A、B 的级别分类判定。

4. "客户信息来源"为客户通过何种渠道而来店（电）（如平面媒体、DM、广播、展示会、电视、店头效益、网站、基盘客户等）。

5. "结案情形"只需填写当日第一次来店即订车（成交）的客户，填入订金或全款。

6. 凡留下档案资料的客户皆需于 24h 内再次回访确认意向确度。

7. 不留资料的客户亦须登录。只需填写"来店时间""离去时间"并于销售顾问栏签认即可。

8. 来店（电）客户登记表每日依销售顾问值班排序共同使用。

**(2) 营业活动日报表** 营业活动访问日报表见表3-5。

表3-5 营业活动访问日报表

| 序号 | 客户姓名 | 车型 | 回访方式 | 电话 | 目的 | | | 级别情况 | | 访问经过 | 备注（战败车型、不满原因） | 下次访问日期 |
|---|---|---|---|---|---|---|---|---|---|---|---|---|
| | | | | | 保有回访 | 意向促进 | 客户开拓 | 原来 | 现在 | | | |
| 1 | | | | | | | | | | | | |
| 2 | | | | | | | | | | | | |
| 3 | | | | | | | | | | | | |
| 4 | | | | | | | | | | | | |
| 5 | | | | | | | | | | | | |
| 6 | | | | | | | | | | | | |
| 7 | | | | | | | | | | | | |
| 8 | | | | | | | | | | | | |
| 9 | | | | | | | | | | | | |
| 10 | | | | | | | | | | | | |
| 11 | | | | | | | | | | | | |
| 12 | | | | | | | | | | | | |
| 13 | | | | | | | | | | | | |
| 14 | | | | | | | | | | | | |
| 15 | | | | | | | | | | | | |
| 16 | | | | | | | | | | | | |
| 17 | | | | | | | | | | | | |
| 18 | | | | | | | | | | | | |

| 当日止意向客户数 | | 当日止保有客户数 | | 当日访问数 | | | | 销售工具 | | 当面拜访 | 信函通知 | 电话拜访 | |
|---|---|---|---|---|---|---|---|---|---|---|---|---|---|
| H级 | | | | 合计 | | | | 本月计划 | | | | | 销售经理： |
| A级 | | | | 本月访问累计 | | | | 本日进度 | | | | | |
| B级 | | | | 合计 | | | | 本月累计 | | | | | |

级别变化除意向客户说明的H、A、B级外还有：订车（O），售后服务（M），新发生（N），失控（L），失败（F）

**(3) 意向客户接触状况表** 意向客户接触状况表见表3-6。

表3-6 意向客户接触状况表

月份_____                                                                                                                    销售顾问

| 序号 | 客户姓名 | 电话 | 车型 | 初洽日期 | 来源区分 | 上月留存 | | | 1 | 2 | 3 | 4 | 5 | 6 | 7 | 8 | 9 | 10 | 11 | 12 | 13 | 14 | 15 | 16 | 17 | 18 | 19 | 20 | 21 | 22 | 23 | 24 | 25 | 26 | 27 | 28 | 29 | 30 | 31 | 日期 |
|---|---|---|---|---|---|---|---|---|---|---|---|---|---|---|---|---|---|---|---|---|---|---|---|---|---|---|---|---|---|---|---|---|---|---|---|---|---|---|---|---|---|
| | | | | | | A | B | C | | | | | | | | | | | | | | | | | | | | | | | | | | | | | | | | | 星期 |
| 1 | | | | | | | | | | | | | | | | | | | | | | | | | | | | | | | | | | | | | | | | | |
| 2 | | | | | | | | | | | | | | | | | | | | | | | | | | | | | | | | | | | | | | | | | |
| 3 | | | | | | | | | | | | | | | | | | | | | | | | | | | | | | | | | | | | | | | | | |

项目3 客户开发及管理 43

（续）

| 序号 | 客户姓名 | 电话 | 车型 | 初洽日期 | 来源区分 | 上月留存 A B C | 1 | 2 | 3 | 4 | 5 | 6 | 7 | 8 | 9 | 10 | 11 | 12 | 13 | 14 | 15 | 16 | 17 | 18 | 19 | 20 | 21 | 22 | 23 | 24 | 25 | 26 | 27 | 28 | 29 | 30 | 31 | 日期 星期 |
|---|---|---|---|---|---|---|---|---|---|---|---|---|---|---|---|---|---|---|---|---|---|---|---|---|---|---|---|---|---|---|---|---|---|---|---|---|---|
| 4 | | | | | | | | | | | | | | | | | | | | | | | | | | | | | | | | | | | | | | |
| 5 | | | | | | | | | | | | | | | | | | | | | | | | | | | | | | | | | | | | | | |
| 6 | | | | | | | | | | | | | | | | | | | | | | | | | | | | | | | | | | | | | | |
| 7 | | | | | | | | | | | | | | | | | | | | | | | | | | | | | | | | | | | | | | |
| 8 | | | | | | | | | | | | | | | | | | | | | | | | | | | | | | | | | | | | | | |
| 9 | | | | | | | | | | | | | | | | | | | | | | | | | | | | | | | | | | | | | | |
| 10 | | | | | | | | | | | | | | | | | | | | | | | | | | | | | | | | | | | | | | |
| 11 | | | | | | | | | | | | | | | | | | | | | | | | | | | | | | | | | | | | | | |
| 12 | | | | | | | | | | | | | | | | | | | | | | | | | | | | | | | | | | | | | | |
| 13 | | | | | | | | | | | | | | | | | | | | | | | | | | | | | | | | | | | | | | |
| 14 | | | | | | | | | | | | | | | | | | | | | | | | | | | | | | | | | | | | | | |
| 15 | | | | | | | | | | | | | | | | | | | | | | | | | | | | | | | | | | | | | | |
| 16 | | | | | | | | | | | | | | | | | | | | | | | | | | | | | | | | | | | | | | |
| 17 | | | | | | | | | | | | | | | | | | | | | | | | | | | | | | | | | | | | | | |
| 18 | | | | | | | | | | | | | | | | | | | | | | | | | | | | | | | | | | | | | | |

来源区分：1. VIP；2. 基盘；3. 来店（电）；4. 内部情报；5. 开发；6. 展示会。

**（4）客户管理卡** 客户管理卡见表3-7、表3-8。

**表3-7 意向客户管理卡**

| 制表日期 | | 客户编号： | | 销售顾问 | |
|---|---|---|---|---|---|
| 客户姓名 | | 移动电话： | | 男、女 | |
| 地址\工作单位： | | | | | |
| 第一次接待情形 | | | | 购车时间 | |
| 介绍人 | | 关系 | | 客户来源 | |
| 意向级别 | | 意向车型 | | 对比车型 | |
| 意向阶段回访记录 | | | | | | |
| 下次预定 | 实际访问 | 级别 | 洽谈后级别 | 经过情形 | 联系方式 | 审核 |
| | | | | | | |
| | | | | | | |
| | | | | | | |
| | | | | | | |
| | | | | | | |
| | | | | | | |
| | | | | | | |
| | | | | | | |

## 表3-8 保有客户管理卡

| 制卡日期： 年 月 日 | | | | 客户编号： | | | | | |
|---|---|---|---|---|---|---|---|---|---|
| 客户基本资料 | 客户姓名 | | | □男 □女 | | 联系电话 | | | |
| | | | | | | 家庭电话 | | | |
| | 家庭住址 | | | | | | 邮政编码 | | |
| | 身份证号码 | | | | 单位地址 | | | | |
| | 行业类别 | | | 办公电话 | | | 个人爱好 | | |
| | 客户来源（直接打√） | 店头活动 | 媒体广告或促销 | VIP推荐 | 内部情报 | 户外展示 | 自销保有 | 他牌保有 | 他人介绍 | 其他 |
| 牌照信息 | 牌照号码 | 领照地址 | 初次登记领照日期 | | 年审到期日 | 实际交车日 | | 实际使用人 | 实际使用人电话 |
| 车辆信息 | 车型代码 | | 车架号码 | | 发动机号码 | | 颜色 | 出厂年份 | 指导价 | 实际售价 |
| 付款方式 | | | 是否在本店投保险 | | 保险到期日 | | | 置换品牌车辆 | | 成交价格 |
| 客户跟踪 | | | | | | | | | | |
| 跟进日期 | 联系方法 | | 跟进内容与结果 | | | | | 回访人 | 审核人 |
| | TEL 访店 DM | | | | | | | | |
| | TEL 访店 DM | | | | | | | | |
| | TEL 访店 DM | | | | | | | | |
| | TEL 访店 DM | | | | | | | | |
| | TEL 访店 DM | | | | | | | | |
| | TEL 访店 DM | | | | | | | | |
| | TEL 访店 DM | | | | | | | | |
| | TEL 访店 DM | | | | | | | | |
| | TEL 访店 DM | | | | | | | | |
| | TEL 访店 DM | | | | | | | | |

（5）**销售促成、战败、失控记录表** 销售促成、战败、失控记录表，见表3-9。

表 3-9　销售促成、战败、失控记录表

特约销售服务店：

| 客户名称 | 拟购车型 | 电话 | 初洽日期 | 来源区分 | 失控、战败日期 | | | 战败厂牌（车型） | 销售顾问 | 失控、战败说明 | 确认日期 | 销售经理确认 |
|---|---|---|---|---|---|---|---|---|---|---|---|---|
| | | | | | 订金 | H | A | | | | | |
| | | | | | | | | | | | | |
| | | | | | | | | | | | | |
| | | | | | | | | | | | | |
| | | | | | | | | | | | | |
| | | | | | | | | | | | | |
| | | | | | | | | | | | | |
| | | | | | | | | | | | | |
| | | | | | | | | | | | | |
| | | | | | | | | | | | | |

改善对策及建议事项：

## 四、客户管理

客户在不同的阶段，销售顾问的工作内容应该有所不同，见表3-10。

表 3-10　销售顾问的工作内容

| 项　目 | 对　　象 | 工　作　内　容 | |
|---|---|---|---|
| 潜在客户开发 | 结交"新朋友" | 建立信心<br>介绍公司、产品<br>介绍自己<br>收集客户资料<br>对意向客户约定下次再访时间 | |
| 意向客户促进 | H、A、B、C 级客户 | 商品信心强化<br>抗拒处理<br>答疑 | 促进成交<br>购车作业说明<br>需求分析 |
| 相关服务手续及作业 | 成交客户 | 车款作业<br>领牌作业<br>保险作业 | 配件工作<br>交车作业 |
| 基盘维系 | VIP<br>保有客户（自销/他销）<br>战败客户 | 相关产品信息提供<br>相关活动信息提供<br>关系维护<br>售后服务 | |

完成"学习工作页"项目3任务3-2的测试题和技能训练。

# 项目 4　客户接待

## 项目解析

客户接待：客户接待可以给客户留下积极的第一印象。热忱、周到、专业的接待能消除客户的不安情绪并取得客户的信赖，营造一种友好愉快的气氛。在展厅接待的过程中，汽车销售顾问应运用展厅资源，促成销售。

## 任务 4-1　电话客户接待

### 学习目标

通过本任务的学习，你能够：
1. 严格执行电话拨打和接听标准。
2. 熟练应用拨打和接听电话话术。
3. 掌握并应用电话接待礼仪。

### 情景课堂

一个电话打进4S店……

销售顾问："您好，欢迎致电××汽车4S店，我是汽车销售顾问李强，请问有什么能够帮助您的？"

客户："白色的××车有货吗？"

销售顾问："先生，我得先去看一下仓库的货源情况，您留个联系方式，我查过后马上给您回复。"

客户：" 我姓陈，手机号是……"

销售顾问：" 我查过后会马上给您回复！"

后续，李强回复了这位客户，加了客户的微信，还把车型的相关资料发给了客户，而且平时只是节假日问候，从没有骚扰过客户。但客户提出问题的时候总是第一时间给予答复，这让客户感到很是亲切。不久后，客户从李强那里买了一台车。

请思考：李强成功的原因在哪？

## 知识链接

### 一、接听电话

接听电话这件事情看起来很简单，但经常有人做得不规范。销售顾问通过热情、真诚地与客户通话，使客户感受到销售顾问的诚恳，欣然接受下次会面。客户电话接待流程如图 4-1 所示。

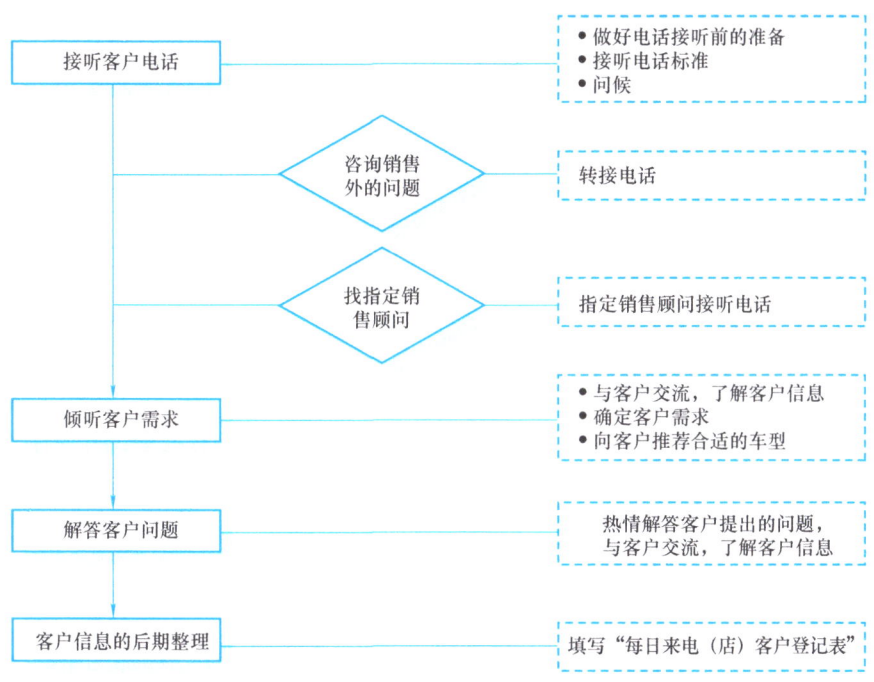

图 4-1　客户电话接待流程

**1. 电话接听前的准备**

每日来电（店）客户登记表，以及相关宣传资料，见表 4-1。

### 表 4-1　每日来电（店）客户登记表

年　　月　　日

| 序号 | 客户姓名 | 电话 | 地址 | 进店—离去（来电）时间 | 销售顾问 | 拟购车型 | 客户信息来源 | 意向级别 | 接待经过 | 追踪后级别 | 结案情形 |
|---|---|---|---|---|---|---|---|---|---|---|---|
|  |  |  |  |  |  |  |  |  |  |  |  |
|  |  |  |  |  |  |  |  |  |  |  |  |
|  |  |  |  |  |  |  |  |  |  |  |  |
|  |  |  |  |  |  |  |  |  |  |  |  |
|  |  |  |  |  |  |  |  |  |  |  |  |
|  |  |  |  |  |  |  |  |  |  |  |  |
|  |  |  |  |  |  |  |  |  |  |  |  |

**2. 电话接听标准**

汽车销售顾问电话接听标准，见表 4-2。

### 表 4-2　汽车销售顾问电话接听标准

| 序号 | 工作事项 | 基本用语 | 注意事项 |
|---|---|---|---|
| 1 | 电话铃响 3 声之内接听电话 | "您好！" | 接电话时，不能说"喂"。左手拿话筒 |
| 2 | 主动报经销店名称、接听人姓名与职务 | "××汽车 4S 店，我是销售顾问×××"。 | 保持微笑，讲话声音适中。告知对方自己的姓名 |
| 3 | 确认对方 | "请问您怎么称呼？" "×先生，您好！" | 必须对对方进行确认 |
| 4 | 听取对方来电用意 | 客户表明来电目的时，应说"很高兴为您服务"，并用"是""好的"等回答 | 右手拿笔，必要时应进行记录，对于客户的问题应热情回答 |
| 5 | 重要事项进行确认，适时总结 | "我再重复一遍……请问还有其他问题吗？" | 确认时间、地点、对象、联系电话和事由，如需传话必须记录下电话、时间和留言人 |
| 6 | 结束语 | "请放心……""我一定转达""谢谢""再见"等 | 结束时感谢客户致电，并积极邀请客户来店参观、详谈或试乘试驾；等客户说"再见"后再说"再见" |
| 7 | 放回电话听筒 | — | 待对方挂断电话后再轻轻挂断电话 |
| 8 | 填写"来店（电）客户登记表"，记录客户信息 | — | — |

 **话术举例**

标准开场:"您好,×××经销店,销售顾问×××。请问有什么可以帮到您的?——"

**[电话接听话术]**

★您好,欢迎致电×××(经销商名)4S店,我是销售顾问×××。

★请问怎么称呼您?(在回答客户提出的问题前)

★黄先生/女士,您好,您所咨询的这款车……

★请问您是想置换呢还是直接购买新车?

★黄先生/女士,非常欢迎您能到×××(经销商名),同时邀请您参加×××精心准备的试驾体验,我们会为您提供非常有帮助的购车咨询,请问您平时什么时间段比较方便到店?

★另外,×××(或经销商名)现在的活动是……

★黄先生/女士,为了更好地提供优质服务,请允许我记录一下您的联系方式,您的电话号码是……请问您平时什么时间段接听电话或接收短信比较方便?

★×××(经销商名)的位置……请问您是否知道我们店所在区域呢?

★请问您是否打算乘坐公共交通工具到店呢?我们会将具体交通路线信息发送到您的手机上,请您注意查看。(及时邀约和路线信息)"

★感谢您致电×××(经销商名)4S店(等客户挂断电话后再挂电话)。

**[短信范例]**

尊敬的×××先生,感谢您致电×××(经销商名),我们将以最真挚的热忱为您提供最贴心的服务,欢迎您到店赏车试驾,如您有任何问题请随时拨打××××,×××(销售顾问)随时为您提供帮助。【×××授权经销商×××】

**3. 注意事项**

1)即使熟悉的声音,也应进行确认,避免出错。

2)电话来时若正与客户交谈,应优先接听电话,并事先向交谈客户致歉。

3)接电话时,若有客户进店,销售顾问应起立、微笑、点头致意。

4)若是转接电话,在20s内顺利转接,并关注是否已转接到位。

5)若遇客户找的人不在,应及时告知,并主动征询客户是否能留言。

6)找错电话要有礼貌地回答,让对方重新确认电话号码。

7)对自己不了解且不能解决的问题,要做好详细的电话记录(表4-3),然后转交相关人员处理。

表4-3　客户来电记录

| 来电时间 | 客户名称 | 客户号码 | 来电事项 | 来电要求 | 来电答复 | 接听人 |
|---|---|---|---|---|---|---|
|  |  |  |  |  |  |  |
|  |  |  |  |  |  |  |
|  |  |  |  |  |  |  |
|  |  |  |  |  |  |  |
|  |  |  |  |  |  |  |
|  |  |  |  |  |  |  |

8）电话中应避免使用对方不能理解的专业术语或简略语。

## 二、拨打电话

### 1. 电话拨打前的准备

1）做好打电话前的准备工作（5W2H），尤其是客户资料和信息，及上一次追踪的情况。

5W2H：

Who——购买者、决策者、影响人等。

When——购买的时间等。

Where——购买的地点，了解信息的渠道。

What——意向购买的车型或服务等，感兴趣的配备或特性。

Why——主要需求等，如用途、使用方式等。

How——购买的方式。

How much——客户的预算和支付能力。

2）谈话要点准备，围绕要达到的目的及这个电话对客户的价值所在进行。

3）客户可能搪塞或拒绝的理由有哪些，准备好相应的解释或化解方法。

4）记录用的笔、本。

5）相关材料及产品资料。

### 2. 电话拨打标准

汽车销售顾问电话拨打标准见表4-4，不同致电目的话术见表4-5。

表4-4　汽车销售顾问电话拨打标准

| 序号 | 工作事项 | 基本用语 | 注意事项 |
|---|---|---|---|
| 1 | 称呼对方并问候 | ×经理您好！ | 接通电话时，不能说"喂"，要用左手拿话筒 |
| 2 | 主动报经销店名称、拨打人的姓名与职务 | 我是×××汽车4S店的销售顾问××，您还记得吗？上周六您到我们公司看过×× …… | 保持微笑，讲话声音适中。告知对方自己的姓名 |
| 3 | 主动询问对方是否方便接听电话 | 请问您现在方便接电话吗 | 必须确认对方是否方便接听电话 |

项目4 客户接待

（续）

| 序号 | 工作事项 | 基本用语 | 注意事项 |
|---|---|---|---|
| 4 | 简洁、清晰地说明打电话的目的 | 不同致电目的话术见表4-5 | 主动邀请客户到访4S店、来店试乘试驾，当期优惠活动<br>电话里不宜喋喋不休地谈论车的具体性能特点，应争取获得面谈或试驾等机会<br>对于客户谈及的主要内容，应随时记录，谈话结束前进行总结并确认 |
| 5 | 再次确认客户联系方式 | 请允许我确认一下您的联系方式，您的电话号码是…… | — |
| 6 | 告知地址 | ×××（经销商名）的位置……请问您是否知道我们店所在区域呢？请问您是否打算乘坐公共交通工具到店呢？我们会将具体交通路线信息发送到您的手机上，请您注意查看 | 主动告知客户4S店的地址和开车或乘公交的路线 |
| 7 | 结束语 | "请放心……""我一定转达""谢谢""再见"等 | 结束时感谢客户致电，并积极邀请客户来店参观或详谈；等客户说"再见"后再说"再见" |
| 8 | 放回电话听筒 | — | 待对方挂断电话后再轻轻挂断电话 |
| 9 | 短信致谢 | 尊敬的×××先生，感谢您对×××（经销商名）的支持，我们将以最真挚的热忱为您提供最贴心的服务，欢迎您到店赏车试驾，如您有任何问题请随时拨打×××××××；13913567×××（电话营销顾问）随时为您提供帮助【××授权经销商×××】 | 挂机后30min内给客户发送短信 |
| 10 | 填写"来店（电）客户登记表"，记录客户信息 | — | — |

表4-5 不同致电目的话术举例

| 客户来源 | 致电目的 |
|---|---|
| 店内分配客户 | 是这样的，我们从××活动中获知您的联系方式，请问您对我们的××车型是否还感兴趣呢？现在我们店刚好有几台不同颜色的×系样车，希望您能亲自到店看看并试驾一下 |
| 来店客户 | 此次致电是邀请您参加×系顶级试驾体验活动，我们希望活动能对您的购车计划提供帮助。另外，我们还为您准备了精美的礼品，希望您能喜欢 |
| 4S店网络客户 | 您之前在我们店的微博中留言咨询×系产品，请问有哪些可以帮助您的呢？您看什么时间方便希望您能亲自到店看看并试驾一下 |
| 展厅转入客户 | 您在某月某日光临了我们店，请问您对当时我们店提供的服务是否满意呢？您对×系车型进行了一些了解，请问您对我们的×系是否还感兴趣呢 |
| 4S店保有客户 | 您的××车已经在我们店维修保养了两年，非常感谢您对×××的支持，我们为您准备了精美的礼品，希望您能喜欢。另外，此次致电还想了解一下您近期是否有换车计划或者身边亲友有购车计划 |

## 话术举例

标准开场:"您好,我是一汽丰田××经销店的销售顾问小李。是高先生吗?……您上次……"

**电话拨打话术**

★ "黄先生/女士,您好,这里是×××(经销商名)4S店,我是销售顾问×××。

★ 请问您现在是否方便接听电话呢?

★ 此次致电是邀请您参加××顶级试驾体验活动,我们希望活动能对您的购车计划提供帮助。另外,我们还为您准备了精美的礼品,希望您能喜欢。

★ 黄先生/女士,请允许我确认一下您的联系方式,您的电话号码是……

★ ×××(经销商名)的位置……请问您是否知道我们店所在区域呢?

★ 请问您是否打算乘坐公共交通工具到店呢?我们会将具体交通路线信息发送到您的手机上,请您注意查看。

★ 感谢您对×××(经销商名)4S店的支持,祝您愉快,再见。(等客户挂断电话后再挂电话)"

**短信范例**

"尊敬的×××先生,感谢您对×××(经销商名)的支持,我们将以最真挚的热忱为您提供最贴心的服务,欢迎您到店赏车试驾,如您有任何问题请随时拨打××××,×××(销售顾问)随时为您提供帮助。"

 **作业**

完成"学习工作页"项目4任务4-1的测试题和技能训练。

## 任务4-2　展厅客户接待

 **学习目标**

通过本任务的学习,你能够:
1. 熟练运用客户接待执行标准。
2. 灵活应对客户。
3. 做到礼仪规范。

项目4　客户接待

### 一次出色的接待

何洁是一位经验丰富的汽车销售顾问,在她看到一男一女两位客人走进展厅的瞬间,她就一眼辨识出这是两位很好的潜在客户,于是,她主动迎上前去。

何洁:"两位好,欢迎光临,我叫何洁,是这里的销售顾问,你们叫我小何就可以。"

方先生:"小何你好。"

何洁:"这是我的名片,请问您贵姓?"

方先生接过名片:"免贵姓方,这是我夫人,姓王。"

何洁:"方先生,王女士好,认识两位很高兴,这里奥迪车的款式有好几种,需要我帮助介绍一下吗?"

王女士:"谢谢你,说实在的,我们想买一部比较时尚、安全性能好的车。"

何洁凭着自己多年的经验,她注意到了王女士的作用。

何洁:"王女士一定也是一位开车高手吧,我一听讲出的话来就比较专业。"

方先生:"是啊,她开车时间比我还早两年呢。"

何洁:"怪不得呢!王女士以前驾驶的是什么车呀?"

王女士:"代步车型——夏利。"

何洁:"那车不错,结实耐用,你们当时的眼光真不错啊!"

王女士:"那部车性能还说得过去,可是现在生意做得像点样子了,见的客户也都是有头有面的人,再开着夏利与人会面,面子上不太合适了,因此想换一辆。"

何洁:"应该,应该,从生意方面来考虑,你们也该换一辆了,不知你们看中了哪种款式的车?"

方先生:"我们相中了奥迪,但型号太多,我们也不清楚这么多型号,究竟哪种型号对我们比较适用!"

何洁:"您的想法,我完全能够理解,许多客户都有这样的问题⋯⋯"

何洁开始介绍起产品的技术指标,然后将车门打开。

何洁:"王女士,您不妨进去坐坐。"

王女士:"的确够舒服的。"

方先生:"舒服当然好,只是价格有些偏高了。"

何洁:"我们也向厂家反映了,厂家说,这是进口原装,价格降不下来,如果你们能耐等一段时间的话,明年这个时候,等这款车国产化了,价格可能会降下来。"

王女士:"哪里能等呀!"

何洁:"不瞒两位,这款车昨天已卖了5台,估计明天可能就没货了,这两天来看这款车的人特别多。"

方先生看了一眼王女士,若有所思。

方先生:"你喜欢什么颜色的车?"

王女士:"我喜欢蓝色的,这个颜色比较中性。"

何洁:"您可真有眼光,这几天来看成车的人都非常喜欢这个颜色,你们要真相中了这款蓝色的车,可得早做打算呀!"

方先生:"我们商量一下,回头再联系。"

何洁:"请两位留步,能给我一张名片吗?"

方先生:"好的,我下午就给你们来电话确定,那款车请帮我留一下。"

何洁:"放心吧,没问题。"

请思考:展厅接待有哪些接待标准和礼仪规范?怎么才能灵活应对客户?

## 知识链接

### 一、展厅客户接待的应对

#### 1. 客户心理分析

许多客户到展厅看车,都会显得比较紧张,那么,造成客户紧张的原因是什么呢?

**(1) 客户不信任销售顾问** 客户进店以后,会产生一种紧张的心理状态。为了解决这些问题,很多汽车4S店的销售顾问想尽了一切办法来改善环境。

1) 客户在进展厅之前,都有一种期望,即花最少的钱买最好的产品,这是很寻常的。

2) 客户担心他的要求和想法不能得到满足,这也很正常。例如,客户要求现货交易,而有时店里没有现货,客户不得不等两天;有时客户需要的颜色没有,也要等两天;客户有时还会要求价格再降低一些,但不一定能够得到满足。

**(2) 客户的自我保护意识** 客户担心价格不能降到其所希望的区间,更担心受到欺骗,甚至认为按照约定的价格买了车以后,是不是被"宰"了,在这种情况下客户就有一种自然的自我保护意识。客户的自我保护意识主要表现在以下几个方面。

1) 如有的客户进展厅看车的时候,看见销售人员走过来,就赶紧掉头走人,这就是一种很自然的自我保护意识。

2) 当销售顾问向客户要联系方式的时候,回答往往是:"我就住在附近,我会主动联系你,有你的名片就可以了"。客户之所以这么说,一是因为客户不信任你,二是因为客户有自我保护意识,他不想让你不停地给他打电话,骚扰他。

**(3) 客户对销售顾问没有好感** 虽然客户跟销售顾问谈了,但是他对销售顾问没有产生多少好感。在汽车销售公司经常有这样的工作安排,就是男客户进来以后,销售经理会安排女销售顾问前去接待,其目的就是想在最短的时间里让客户对销售顾问产生好感,尽快促成交易。

**(4) 客户害怕进入实质** 客户害怕进入实质,特别是在付款的时候。当事情都谈得差不多了,该付订金、签合同时,客户还是会犹豫,他总是在想,"我还有什么地方没有弄清楚?我还有什么问题没有得到解决?你提供的价格到底是不是最低价"等。当你让客户付

款的时候，绝大多数客户还会再犹豫。

### 2. 客户展厅接待的目的

1）充分展现品牌形象和"客户第一"的服务理念。
2）消除客户的疑虑，为引导客户需求做好准备。
3）建立客户的信心，为销售服务奠定基础。
4）通过良好的沟通，让客户感觉舒适，争取客户能再次来店。

### 3. 展厅客户接待的应对方法

为了解决客户的这些问题，尽快让客户从不舒适进入舒适区，销售顾问要做到以下几点：

1）做好展厅接待礼仪。
2）尊重每一位到来的人，不可以以貌取人。当客户进门的时候，销售顾问应该面带笑容注视客户，不要让客户心理上产生压力和紧张。一定要说欢迎光临，如果来的不是一个人，销售顾问还要与其他的人打招呼，不能忽视同来的任何一个人。
3）汽车公司的销售人员应努力创造舒适、温馨的环境，奉上茶水、咖啡、点心、糖果等。
4）选择合适的开场白，适当赞美客户，找一些客户感兴趣的公共话题。微笑，并保持眼睛接触。争取让客户主动交谈。

> **课堂互动**
>
> 与客户（男性、女性）初次见面的时候，谈论哪些问题可以起到拉近距离的作用？

## 话术举例

★ 今天天气挺热，进来我给您倒杯冷饮吧！
★ 很高兴能为两位服务，你们是第一次来店吗？
★ 您的车子保养得真好，可真不像开了五年的！
★ 您的车牌号码一定是特选的吧，真是太棒了！
★ 您停车技术真不错，一看就知道是"老司机"了。
★ 您家的小宝贝真可爱，今年几岁了？
★ 赵老师长得真有气质，说话也很有水平，跟您在一块我觉得自己都高雅了。
★ 李姐的皮肤保养得真好，这么细腻。
★ 王经理来得可真是时候，我们这里正在搞活动呢！
★ 您运气太好了，我们店刚到了一台××，正是您要的那种。

> ★ 王老板,您的眼光可真毒,一下就看上了这款车,真是太厉害了。
> ★ 一听就知道您是行家,在这方面比我还了解呢!今天跟您可学到了不少东西。
> ★ 今天好多人结婚,是个买车的好日子,在今天买车肯定能给您带来好运气。
> ★ 我和我的同事都非常羡慕您,这么年轻已事业有成,有房有车了,比我们可强多了。
> ★ 能认识你这个老乡真的非常高兴,有机会一起吃饭……
> 注意:赞美要有依据,不要凭空也不要过度。

5)业务上表现出专业水平。销售顾问一定要观察客户的行为,了解客户喜欢什么、关心什么,不仅有利于直接进入主题,而且会让客户认为你非常专业,从而能赢得客户的信任。

## 二、展厅客户接待的执行要点

展厅客户接待的流程如图 4-2 所示。

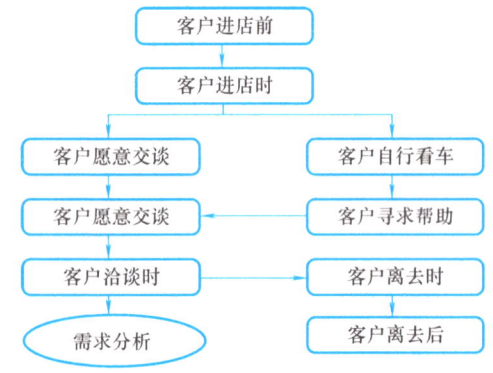

图 4-2 展厅客户接待流程图

### 1. 客户进店前的准备

客户进店前的准备执行要点见表 4-6。

表 4-6 客户进店前的准备执行要点

| 执 行 要 点 | 图 示 |
| --- | --- |
| (1)销售顾问穿着标准制服,保持整洁,佩戴姓名牌<br>(2)每日早会销售顾问互检仪容仪表和着装规范<br>(3)销售人员从办公室进入展厅前在穿衣镜前自检仪容仪表和着装<br>(4)每位销售人员都配有销售工具夹,与客户商谈时随身携带<br>(5)每日早会销售人员自行检查销售工具夹内的资料,及时更新<br>(6)接待人员在接待台站立接待,值班销售人员在展厅等候来店客户 |  |

## 2. 客户进店时

客户来店时的接待执行要点见表4-7。

**表4-7 客户来店时的接待执行要点**

| 执 行 要 点 | 图 示 |
| --- | --- |
| （1）值班人员着标准制服，对来店客户问候致意，并指引展厅入口<br>（2）若客户开车前来，值班人员主动引导客户进入客户停车场停车<br>（3）若客户雨天开车前来，主动拿伞出门迎接客户<br>（4）客户来店时，值班人员至展厅门外迎接，点头、微笑，主动招呼客户，帮助客户打开展厅大门<br>（5）销售顾问随身携带名片夹，第一时间介绍自己，并递上名片，请教客户的称谓。如客户有同行人员，需与同行人员招呼。<br>（6）销售顾问主动询问客户来访目的<br>（7）经销店的所有员工在接近客户至3m内时都主动问候来店客户"您好"<br>（8）按客户意愿进行，请客户自由参观浏览，明确告知销售人员在旁随时候教 | "您好！"<br>客户停车位<br>"您们好，欢迎光临！"<br>"我是这里的销售顾问小李，这是我的名片……请问您如何称呼？"<br>"×先生，请问有什么可以帮忙的？"<br>"您请随意参观，有事请随时招呼我。" |

## 3. 客户自己参观车辆时

客户自己参观车辆时执行要点见表4-8。

表 4-8　客户自己参观车辆时执行要点

| 执 行 要 点 | 图 示 |
| --- | --- |
| （1）与客户保持 5m 的距离，在客户目光所及的范围内关注客户动向和兴趣点<br>（2）客户表示想问问题时，销售顾问主动趋前询问<br>（3）客户对商品有兴趣时，销售顾问主动趋前询问 | 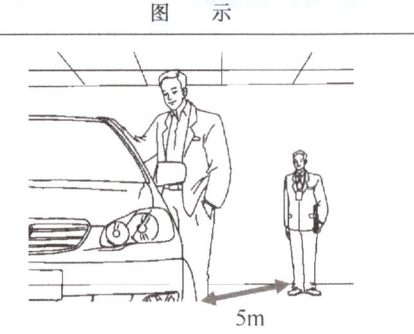 |

 **课堂互动**

客户在看车的时候不希望被打扰，而在需要帮助的时候，又希望能够得到及时的帮助。请思考：客户表现出什么样的动作时是销售顾问接近客户的最好时机？

### 4. 与客户洽谈时

与客户洽谈时执行要点见表 4-9。

表 4-9　与客户洽谈时执行要点

| 执 行 要 点 | 图 示 |
| --- | --- |
| （1）主动邀请客户就近入座，确保客户入座后可观赏到感兴趣的车辆<br>（2）向客户提供可选择的免费饮料（3 种以上），征求客户同意后入座于客户右侧，保持适当的身体距离（0.8~1.2m）<br>（3）先从礼貌寒暄开始，逐渐扩大谈话面，看准机会引导对话方向<br>（4）先回应客户提出的话题，倾听、不打断客户谈话<br>（5）介绍汽车企业、本经销店及销售顾问个人的背景与经历，增加客户信心<br>（6）与客户交谈的同时，应随时关注客户的同伴<br>（7）争取适当时机，请客户留下个人信息等 | "我们为您提供免费的热茶、咖啡和纯净水，您需要喝点什么？"<br><br>"这是您的热茶，请您慢用。"<br><br>"我坐在您右侧为您介绍可以吗？" |

### 5. 客户离开时

客户离开时执行要点见表4-10。

表4-10　客户离开时执行要点

| 执行要点 | 图示 |
|---|---|
| （1）提醒客户清点随身携带的物品<br>（2）销售顾问送客户至展厅门外，感谢客户惠顾，热情欢迎再次来店<br>（3）微笑、目送客户离去（至少5s）<br>（4）若客户开车前来，陪同客户到车辆边，感谢客户惠顾并道别 | 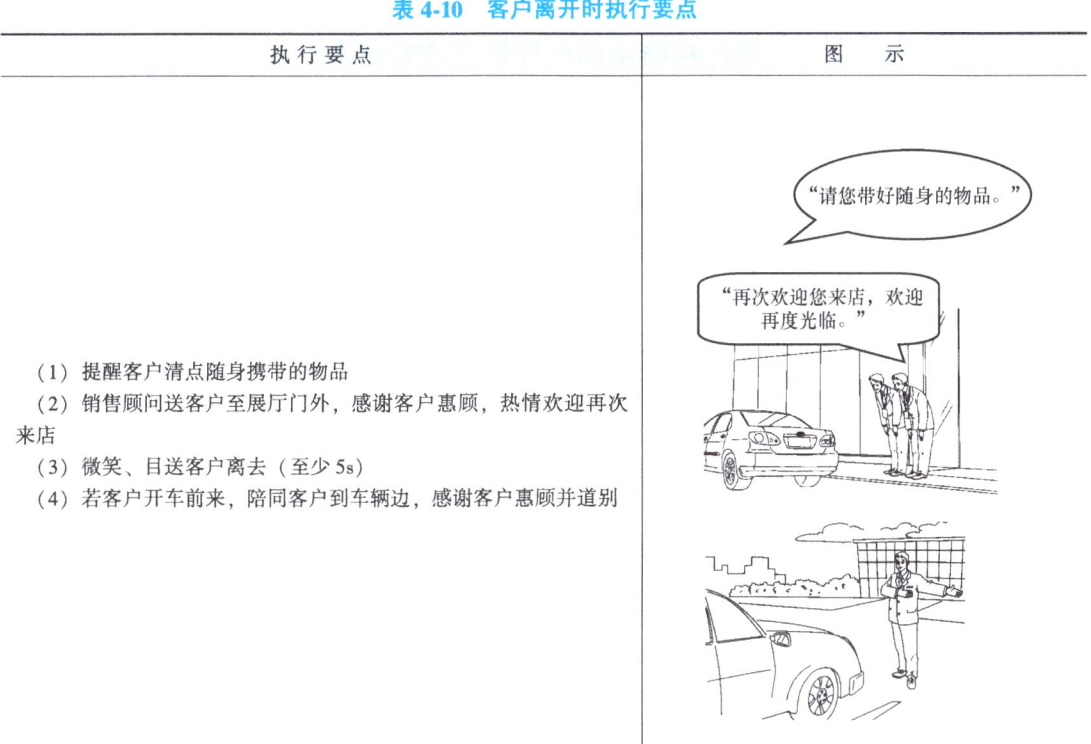 |

### 6. 客户离去后

客户离去后执行要点见表4-11。

表4-11　客户离去后执行要点

| 执行要点 | 图示 |
|---|---|
| （1）销售顾问回展厅整理洽谈区、展车，恢复原状<br>（2）整理客户信息，填写"来店（电）客户登记表"<br>（3）根据客户初次接待情况，划分客户类型，并填写"意向客户跟进表" | 来店（电）客户登记表<br>注：参考丰田的顾客登记表 |

## 话术举例

### 展厅接待中的十种情景应对话术

**【情景1】** 我们笑颜以对，可客户却毫无反应，一言不发或冷冷回答："我随便看看。"

★ 销售顾问："没关系，您现在买不买无所谓，您可以先了解一下我们的产品。来，我先给您介绍一下我们的车型……请问您的购车预算大约是多少？"

★ 销售顾问："没关系，买车是件大事，是要多看看！不过，我真心想向您介绍我们这边最具性价比及人气的车型，这段时间在我们店里卖得非常棒，客户评价也很好，您可以先了解一下。"

**【情景2】** 客户其实很喜欢，但同行的人却不买账，说道："我觉得一般，到别处再看看吧。"

★ 销售顾问："这位先生，您不仅对车有独特的见解，而且对朋友也非常用心，能带上您这样的朋友一起来买车真好！冒昧地请教一下，您觉得还有哪些方面不大合适呢？我们可以交换一下看法，然后一起帮助您的朋友挑选到真正适合他的车型，好吗？"

**【情景3】** 客户说："你们卖东西的时候都说得好，哪个卖瓜的不说自己的瓜甜呢？"

★ 销售顾问："感谢您关注我们的车，您有这种顾虑我完全可以理解。不过这一点请您放心，一是我们的车确实很好，对于这款车，我很有信心；二是我们店在这个地方开×年多了，我也在这个店卖了很多年的车了。如果卖给客户的车不好或车出了什么问题，客户还会回来找我的，我何必给自己找麻烦呢，您说是吧？三是我们的生意主要靠像您这样的老客户支持，所以我们绝对不会拿自己的商业诚信去冒险。刚刚给您介绍的这款车，希望您能亲自体验一下、感受一下，是不是真的有那么好……"

**【情景4】** 我们建议客户感受一下产品功能，但客户却不是很愿意。

★ 销售顾问："先生，真佩服您的眼光，很多客户一来我们店就是为了这款车。我来给您介绍一下吧……光我说好看不行，您可得亲自感受一下。就像我们去店里买衣服一样，看着款式外形是不错，但一定要用手摸摸看，才知道是什么材质的，还要试穿一下，看看合不合身。更何况是车呢，您说是吧？其实您买不买真的没关系，但您来了，就真得感受一下，这才没有白来……"

★ 销售顾问：（如果客户不是很配合）"我发现您对这款车似乎不是很有兴趣。其实，您今天买不买真的没关系，不过我是真心想为您服好务。请问是不是我刚才的介绍有什么问题，还是您根本不喜欢这个车呢，您可以告诉我吗？谢谢您！"

**【情景5】** 客户说："能不能便宜点？"

★ 销售顾问：先生，买东西不能只考虑便宜。您以前有没有因为用过便宜的商品而感到后悔过呢？那种便宜的商品可能用段时间就开始出现质量问题，比方说自行车吧，那种便宜的自行车骑两三个月就开始到处生锈，链条经常掉，方向也不好把握，骑起来还很费力。除了铃铛不响，上下哪里都响。但是要买一辆好的自行车，您骑两年都不用让您操任何心，骑起来又轻松。其实我们的车和自行车一样，都是一等价钱一等货。买东西我

觉得耐用性和安全性才是最重要的,您说呢?"

**【情景6】客户说:"你不要讲那么多,你就说最低多少钱能卖吧?"**

★ 销售顾问:先生,价钱不是最主要的。您买一款车至少要用几年时间,我详细给您介绍一下这款车最多十几分钟。您可以先听我介绍完,也可以提些您购车的需求,看看这车是不是真是您想要的,再决定买不买也不迟。要是我给您个最低价,您买回家万一后悔了,这钱也不可能退给您,您说是吧。那是我对您不负责任……"

**【情景7】客户说:"我今天不买,过几天再买。"**

★ 销售顾问:"今天买不买没关系呀,我可以先为您介绍一下我们的车,等您过几天想买的时候,您就可以心中有数了嘛……我刚刚给您介绍了我们的车,是不是您不喜欢这款车?"

★ 销售顾问:"好的,没关系。过几天您想买什么样的,是哪款的?这款车有好几个客户都在关注,今天不买,可能过几天就没现货了。"

**【情景8】价格已经到底线了,但客户还是狠命杀价**

★ 销售顾问:看得出来您是个特别会当家过日子的人。买东西也好,生活也好,就应该像您一样,每分钱都该花在刀口上。其实现在我们赚钱也不容易,竞争越来越激烈,利润越来越薄,而且我还有业绩的压力,我是真想以这个最低的价格卖给您。这样您花最少的钱,能买到您喜欢的车,同时,也可以增加我的销售业绩。如果给您的价格还有可以商量的余地,我一定不会让您为难的,但也请您能理解我们。您看,您真是厉害,都已经给您杀到这个价了,以前都没有客户能谈到这个价的。您看以这个价格,您今天就能订车吗?"

**【情景9】听完介绍后,客户什么都不说,转身就走。**

★ 销售顾问:"请您先别急着走。请问是不是我们这几款车您都不喜欢,还是我的服务没有做到位,还是我没有介绍清楚,让您产生了疑虑?您都可以告诉我,我可以立即改进,真的,我是诚心想为您服好务。请问您真正想要什么样的车型呢?请问……"(重新了解客户需求和意图。)

★ 销售顾问:"能不能请您留一下步,您买不买车倒真的没有关系。是这样子,我只是想请您帮个忙,我刚开始做这个品牌,冒昧地问下您,是不是我哪方面服务使您不是非常满意,这样也方便我改进工作。还是说刚刚我在介绍车时没有介绍到位,所以您没有兴趣继续看下去?……不过我确实是真心想帮您找一款最适合您的车,所以能不能麻烦您告诉我您的真正需求,我再重新帮您找一下合适的车型,好吗?请问……"(重新了解客户需求和意图。)

**【情景10】客户虽然接受了我们的建议,但是最终没有做出购买决定而离开。**

★ 销售顾问:"您有这种想法我可以理解,毕竟买到一款好车也要一笔不小的费用,肯定要与家人商量一下,这样买了才不会后悔。这样好吗?您再坐一会儿,我多介绍几款车给您,您可以多比较一下,这样考虑起来才会更加全面一些……"

★ 销售顾问:"刚刚给您介绍的车型都比较符合您的用车需求,而且我感觉您也挺喜欢。可您说想再考虑一下,当然您有这种想法我可以理解,只是我担心是否因为自己有解

释不到位的地方，让您产生了疑虑。所以想向您请教一下，您现在主要考虑的是……?"（微笑目视客户并停顿以引导对方说出顾虑）"除了……以外，还有其他的原因使您不能现在做出决定吗?"（引导对方说出所有顾虑并有选择地加以处理后，应该立即引导客户成交。）

★ 销售顾问："先生，如果您实在要考虑一下，我也能理解。不过我想告诉您的是，这车型非常适合您的用车需求，并且现在买也非常划算，您看它的油耗……它的配置……还有性价比……，关键是这车型，库房现在也只有2台了，而且还有客户想要订这个车呢。如果现在不订，可能就被其他客户订走了，那就真的很可惜了。您看这样好吗，我现在暂时给您将这车保留起来，但是需要您帮个忙。您可以先签一份购车合同，交部分的诚意金。如果后期不要的话，我们再将订金退给您。您别误会，这样做主要是为您考虑，真心希望您不要错过，因为这车型确实非常适合您！"

## 作业

完成"学习工作页"项目4任务4-2的测试题和技能训练。

# 项目 5  需求分析

**项目解析**

需求分析：客户往往对自己的需求并不完全了解，而且也不容易表达出来，所以销售顾问必须通过各种引导和提问的方式让客户将自己真正的需求表达出来，以利于为其推荐、介绍合适的产品做好准备。

## 任务5  需求分析应用

**学习目标**

通过本任务的学习，你能够：
1. 对到店客户进行购买行为的观察。
2. 运用正确的提问方式对客户需求进行分析。
3. 对客户的表述积极倾听。
4. 收集客户姓名、年龄、性格、爱好、职业、收入和需求等背景信息，并进行细致的分析研究。

**情景课堂**

有一天，一位客户到某4S店来买车，他在展厅里仔细地看了一款多功能的SUV车，该公司的销售人员热情地接待了他，并且对这位客户所感兴趣的问题也做了详细的介绍。之后，这位客户很爽快地说马上就买。他接着还说，之所以想买这款SUV车是因为他特别喜欢郊游，喜欢出去钓鱼。这是他的一个爱好，他很早以前就一直想这么做，但是因为工作忙，没时间，现在他自己开了一家公司，已经经营一段时间了，但总的来说还处于发

展阶段，现在积累了一点钱，想改善一下。

当时客户和销售人员交谈气氛比较融洽，要是按照以前的做法，销售人员不会多说，直接签合同、交订金，这个销售活动就完成了。但是这名销售人员没这么简单地下定论，他继续与这个客户聊，通过了解客户的行业，他发现了一个问题。

由于这位客户是做工程的，他业务的主要来源是他的一位大客户。这位大客户一到这个地方来他就去接他，而跟他一起去接这位大客户的还有他的一个竞争对手。这位客户过去没车，而他的竞争对手有一辆北京吉普——切诺基，人家开着车去接，而他只能找个干净一点的出租汽车去接。他的想法是不管接到接不到，一定要表示自己的诚意。结果每次来接的时候，他的客户都上了他这辆出租车，而没去坐那辆切诺基。这位客户并不知道其中的原因。但这名销售人员感觉到这里面肯定有问题，销售人员就帮助这位客户分析，为什么他的客户总是上他的出租汽车，而不愿上竞争对手的切诺基呢？

销售人员问："是因为您的客户对你们两个人厚此薄彼吗？"

他说："不是的，有时候这位大客户给我竞争对手的工程比给我的还多，有的时候给他的是肉，给我的是骨头。"

销售员说："我认为，您现在买这辆SUV车不一定合适，您的大客户来了以后，一辆切诺基，一辆SUV，上哪个车都脸上挂不住。以前一个是吉普，一个是出租，他会有这种感觉，毕竟出租是轿车。到那个时候万一您的客户自己打的走了，怎么办？"这位客户想想有道理。然后这名销售人员又给他分析说："我认为根据您的这个情况，不建议您现在买SUV。您买SUV是在消费，因为您买这辆车只满足了您的个人爱好，对您的工作没有什么帮助。我建议您现在还是进行投资比较好，SUV的价格在18万元~20万元之间，在这种情况下我建议您还是花同样多的钱去买一辆自用车，也就是我们常说的轿车，您用新买的轿车去接您的朋友和您的客户，那不是更好吗？"

这位客户越听越有道理，他说："好吧，我听你的。"于是他听从这名销售人员的建议，买了一款同等价位的轿车，很开心地把车开走了。在开走之前，那位客户还对销售人员说："非常感谢你，我差点就买了一辆暂时不需要的车。"他连声道谢。

这名销售人员很会说话："先生，您不用对我客气，您要是谢我的话，就多介绍几个朋友来我这买车，这就是对我最大的感谢。"这位客户说："你放心，我一定会帮你介绍的。"

请思考：如何用引导和提问方式了解客户真正需求？

## 知识链接

### 一、需求分析的概念、目的

#### 1. 需求分析的概念

需求分析就是要了解客户的需求，通过适当的提问以鼓励客户发言，使客户感受到"被尊重"，充分自主地表达其需求。详细的需求分析是满足客户需求的基础，也是保证产品介绍有针对性的前提。销售顾问应关注以下几个切入点：
1）一般的客户是否愿意告诉你他的需求。
2）一般的客户是否愿意告诉你他的"真正"需求。
3）一般的客户能否清晰地说明他们的需求。
4）一般的客户能否非常清楚他的需求。

### 2. 需求的冰山理论

在整个购买的过程，客户未必非常清楚自己的需求。需求的冰山理论如图5-1所示。

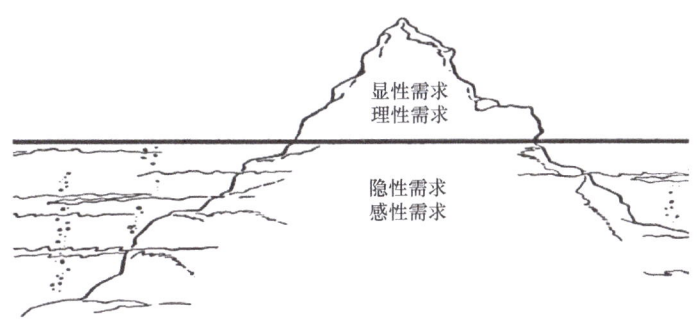

图5-1 需求的冰山理论

根据冰山理论，划分为消费者显性需求和隐性需求。

（1）**显性需求** 显性需求是指在交谈过程中比较容易得到的需求信息，甚至消费者会直接告知你的需求信息，而且对于这种显性需求，很多消费者在被问到的时候，都能清晰地描述出来，但符合这一需求的汽车并不一定完全能解决客户问题。例如，客户说："我买的这部车品质要好、性价比要高"，表明的是客户对汽车的品质和价格方面的要求。

（2）**隐性需求** 这种需求有两种可能，一种是隐藏在消费者内心，并不愿意和消费顾问表露的，销售顾问在提问的过程中，他会不经意地流露出一丝想法，但并不会清晰描述出来；还有一种情况是连消费者自己都不清楚自己有这种隐性需求，需要销售顾问根据消费者的实际情况进行挖掘。

汽车销售顾问要学会创造需求，即客户的需求是需要销售顾问去激发和创造的。

### 3. 需求分析的目的

1）明确客户的真正需求，并提供专业的解决方案。
2）收集详尽的客户信息，建立准确的客户档案。
3）在客户心中建立专业、热忱的顾问形象。
4）通过寒暄建立起与客户的融洽关系。

## 二、需求分析的执行要点

需求分析流程，如图5-2所示。

### 1. 倾听客户诉求

1）从寒暄开始，先聊公共话题（社会新闻、财经新闻、生活休闲娱乐等），创造轻松的氛围，消除客户的压力。

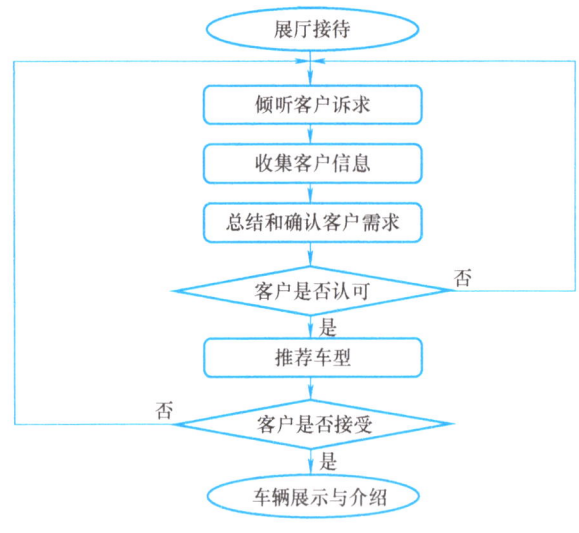

图 5-2　需求分析流程

2）得体的赞美客户，消除客户的紧张感。
3）积极倾听，让客户畅所欲言。
4）表情自然，保持微笑，表现出对客户的关心。
5）利用恰当的提问方式询问。

**2. 收集客户信息**

当客户走进汽车展厅时，每一位销售顾问要做好的一项工作就是与这位客户建立有效的沟通。因为客户未来的购买决策目标一定与他们的背景相关联。所以在需求分析中，销售顾问可以从表 5-1 中的内容了解客户的真实情况。

表 5-1　需求分析内容

| 项　目 | 信　息　内　容 |
| --- | --- |
| 客户的个人信息 | 姓名、联系方式 |
| | 职业、职务 |
| | 兴趣爱好 |
| | 家庭成员 |
| 使用车经历 | 品牌、车型 |
| | 当初选购的理由 |
| | 换新车的原因 |
| 客户现在的状况 | 对造型、颜色、配置的要求 |
| | 主要用途 |
| | 谁是使用者 |
| | 对本品牌的了解程度 |
| | 对竞争对手的了解 |
| | 选购车时考虑的主要因素（如性能要求等） |
| | 购车预算、付款方式、购车时间 |

项目5 需求分析

(续)

| 项　　目 | 信　息　内　容 |
|---|---|
| 客户未来的期望 | 需要提供什么特殊服务 |
|  | 对所购的车有什么期望 |
|  | 供车时间要求 |

话术举例

> **了解客户的购车背景**
>
> 销售顾问："您好，我是这里的销售顾问小王，欢迎您的到来。准备要看什么样的车？"
> 客户："随便看看。"
> 销售顾问："这位先生，看来您对这款车非常有兴趣。"
> 客户："发动机是哪里生产的？"
> 销售顾问："看来您很专业！一般首先问到发动机的朋友都是汽车方面的专家。"
> 客户："哪里啦，只是知道一点。"
> 销售顾问："我们这款车的发动机是德国原装发动机，动力性非常卓越。不过，我想请教一下，您之前接触过这款车吗？"
> 客户："在网上看过，还没有见过实车。"
> 销售顾问："那您有没有接触过其他同级的车呢？"
> 客户："我刚从隔壁的展厅过来，听他们介绍过××款车，相当不错，特别是发动机。"
> 销售顾问："这么说，如果今后您要买车的话，发动机是您首先考虑的问题啦？"
> 客户："以前开过××牌的车，对该车的发动机印象比较深。"
> 销售顾问："这样看来，您是一个汽车方面的专家，××牌的车不错，如果您准备自己买车的话，会考虑那款车吗？"
> 客户："当然，如果有发动机比那款车更好的，我当然会考虑。"
> 销售顾问："我想请教一下，今后您自己要开的车价位会在多少范围内呢？"
> 客户："40万~50万元吧！"

**3. 总结和确认客户信息**

1）应分析客户的不同需求状况，回复客户所关心的问题。
2）协助客户整理需求，总结客户需求状况并于适当时机现场记录。
3）协助客户确认其需求，推荐合适的车型。
4）若无法回答客户的问题，切勿提供确定的信息，可请其他同事或主管协助。
5）适时引导客户进入车辆介绍。

**4. 及时整理客户需求信息**

通过提问和倾听，销售顾问对客户的需求有了大致的了解，后续必须及时整理并记录客

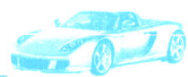

户需求信息，形成完整的客户需求信息表。图 5-3 所示是丰田公司的客户信息卡。

TOYOTA

No.
建档日期： 年 月 日
销售人员姓名：

| | | | | | |
|---|---|---|---|---|---|
| 姓名 | | 年 月 日 生 | 男/女 | 已婚/未婚 | 职业 |
| 住址 | | | 〒 | | 决策人 |
| 电话 | ① | ② | 单位名称 | | 职位 |

| | | | | |
|---|---|---|---|---|
| 公司名 | | 行业 | 法人 | 职位 |
| 地址 | | 〒 | 电话 | FAX |
| 联系人 | | 电话 | 职位 | |

| | | | | | | |
|---|---|---|---|---|---|---|
| 意向车型排量 | | 预算 | 使用目的 | 商用•生活•休闲•上班•上学•爱好•其他（ ） | | |
| 购车侧重点 | 外型•动力性能•使用费用•舒适性•安全性•操控性•价格•其他（ ） | | | | | |
| 来店契机 | 无预约来店•来电•店头/店外展示•介绍 | | 如何知道本店 | DM/DH•报纸•电视•广播•户外广告•杂志•网络•其他 | | |
| 意向车型 | 车名 | SFX | 颜色 | | 新购•换车•增购 | |
| 家庭成员 | | 爱好 | 合适面谈时间 星期__ AM/PM 时 | | 面谈地点 店头 私宅 公司 | |
| 替换车型 | 车名 | 出厂时间 | 行程里程 km | 评估价格 | 新车•二手车 | |
| 支付方法 | 现金/分期付款 | 金融机构 | 还款 次 | 利率 % | 首付率 % | 担保公司 |
| 竞争车① | 车名 | 店名 | 介绍人 | | | |
| 竞争车② | 车名 | 店名 | 其他事项 | | | |

| | | | | |
|---|---|---|---|---|
| 保有车型 | 使用者 | 使用目的 | 使用月数 | 经销店 |
| | | | | |
| | | | | |
| | | | | |

图 5-3 丰田客户信息卡

## 三、需求分析的方法与技巧

需求分析的方法主要有观察、提问、倾听。

### 1. 仔细地观察

当客户走进展厅时，销售顾问首先要对客户进行观察。对客户的观察主要是靠目测对来访客户的外在形象做一个初步的判定。观察包括接触前观察，如图 5-4 所示和接触后观察，如图 5-5 所示。

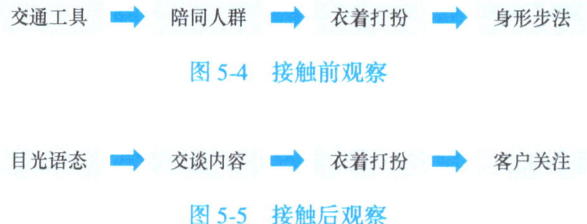

交通工具 → 陪同人群 → 衣着打扮 → 身形步法

图 5-4 接触前观察

目光语态 → 交谈内容 → 衣着打扮 → 客户关注

图 5-5 接触后观察

优秀的销售顾问总是具有敏锐的观察力，善于从客户的外表神态、言谈举止上揣摩客户的各种心理，正确判断客户的来意与爱好，并有针对性地提供客户需要的服务。下面对以下几个项目进行解释：

项目 5　需 求 分 析

1）表情、步态、手势：通过客户的表情、步态和手势可以初步判定客户的性格特征。

2）目光、语态：目光是心灵的窗户，语态是心理的流露。从目光、语态中可以判断客户的心理动机和购买意向。

3）服饰：一个人的着装可以表达个人喜好和个性，饰品则与消费能力相关。

在观察过程中，销售顾问要切忌以貌取人，观察只是一个初步判断，需求分析还要进一步进行。

 **课堂互动**

假如你是广汽丰田的销售顾问，这时你正在展厅值班，发现外面开过来一辆牌照号为粤A12345的老雅阁，车在你展厅门口的停车场停下来了，不一会，车上下来一个30岁左右的小伙子，另外还下来一个抱着小孩的年轻女子和一对老人，老人的相貌看上去很威武。小伙子带着他们一起走向了你的展厅……

思考：请各小组成员运用相关知识在5min以内，对所看到的这些客户信息进行初步判断与分析。

**2. 有效地提问**

观察客户只是探求客户心理需求的第一步。要想确定客户的真正需求，还需与客户进行深入的交谈沟通。提问就是挖掘客户需求最有效的方法。常用的提问方式有开放式提问和封闭式提问两种。

（1）**开放式提问**　开放式提问是指提出一些范围较大的问题，对回答的内容限制不严格，给对方充分自由发挥的余地。

开放式提问使用时机：询问客户前期，可让客户展开话题，充分表露自己的想法和意见。

开放式提问可采取5W2H的方式，具体如图5-6所示。

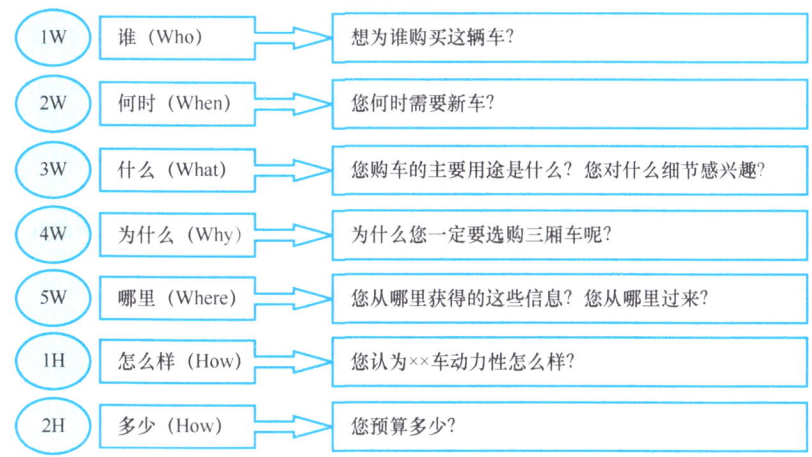

图5-6　5W2H提问方式

**（2）封闭式提问**　封闭式提问是指问题的答案有唯一性，范围较小且限制严格，主要用"是"或"不是"，"要"或"不要"，"有"或"没有"等简单词语来回答的提问。

封闭式提问的使用时机：在收集信息的过程中或收集到一定的信息后，用来确定自己的判断和理解，从而将客户的需求不断地挖掘出来，最后就能确认哪个产品或服务最符合客户的需求。

### 素养培育场

开放式提问与封闭式提问是两种基本的提问方法，在这两种方法的基础上，销售顾问还可以综合运用一些提问方法。

选择式提问：也叫限定式提问。就是在问题中限定两个可供选择的答案。选择式提问可以限定客户的注意力，掌握主动权。

例如：

"×先生，您是交订金，还是付全款呢？"

"您是要这个标准型还是那个豪华型呢？"

"您是上午来还是下午来呢？"

"×先生，在汽车的造型、动力、操控、舒适、安全性能这几个方面，您更注重哪个方面呢？"

探寻式提问："您今天要不要把车定下来呢？"

启发式提问："您觉得是不是红色的更加好看一点呢？"

假设性提问："如果您今天付订金的话，您是刷卡还是现金呢？"

……

### 3. 积极地倾听

了解客户的需求是一种崭新的观念，是以客户为中心的基础，以这种观点和理念进行销售，将会取得更长远的、更好的效果。在与客户接触的时候，不仅要学会问，还要学会听。要知道听也有讲究。

**（1）倾听的五个层次**　通过积极倾听，避免误解，让客户有受尊重的感觉。倾听包括五个层次，具体如图5-7所示。

**（2）倾听的类型**

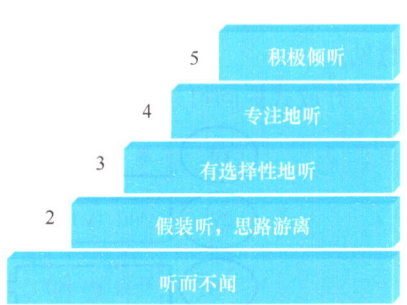

图5-7　倾听的五个层次

1）主动倾听。主动倾听是指集中注意力去倾听和理解某人说的话。在很多情况下，你可以间歇性地提供反馈，也可以在别人说完了之后提供反馈。你会把注意力全部集中在对方和对方所说的信息上，以便完全吸收对方所说的话。例如，和你的老板讨论一个重大项目；倾听你的好朋友最近的苦恼，并说出你的意见和想法等，都是主动倾听。

客户要买车，他需要买什么样的车、有哪些顾虑、有什么要求，都想告诉销售顾问，让销售顾问给他参谋，这需要销售顾问主动倾听。如果客户发现销售顾问没有仔细听他讲，那么他就会心生不满，后果可想而知。

## 经验教训

> 某汽车4S店的销售顾问小李正在接待一个女客户，这位女客户与他谈得非常愉快，谈着谈着就到了订金先付多少这个话题上了。这位客户说："我看看我包里带了多少钱，如果带得多我就多付点，带得少我就少付点，我凑凑看，能凑两万我就把两万块全付了。"这位客户一边打开包整理钱，然后一边说话。因为这件事情基本上已经定下来了，客户很开心，就把她家里的事情说出来了，主要是说她女儿考大学的事情。而小李在旁边一句没听进去。
>
> 这时又过来一名销售顾问，就问他："小李，昨天晚上的那场足球赛你看了没有？"
>
> 小李也是个球迷，这两个人就开始在那里聊起昨天晚上的那场足球赛了，把客户晾在了一边。这位女客户愣了一会儿，把拉链一拉，掉头走了。
>
> 小李感觉不对劲，他说："这位女士，刚才不是说要签合同的吗？"
>
> 这位女客户一边走一边说："我还要再考虑考虑。"
>
> 他说："那您大概什么时候过来啊？"
>
> "大概下午吧。"他也没办法，只能看着客户走了。
>
> 到了下午三点钟，这位客户一直没来。

2）被动地倾听。

被动倾听是指没有充分把注意力放到倾听上，这是典型的单边沟通，对对方所说的话几乎没有反馈。它只需要很少的努力去听别人在说什么，即使这样，被动倾听者也会因为没有完全集中注意力而错过部分谈话内容。

(3) **倾听的方法** 倾听是一种需要不断修炼的艺术。为了达到良好的沟通效果，销售顾问就必须不断修炼倾听的技巧，销售顾问可以通过以下几种方法来提升倾听能力。

1）集中精力，专心倾听。销售顾问应该在与客户沟通之前做好多方面的准备，如身体准备、心理准备、态度准备以及情绪准备等。疲惫的身体、无精打采的神态、消极的情绪以及用来信手涂鸦或随手把玩等使人分心的东西（如铅笔、钥匙串等）等，都可能让客户觉得不被尊重。

2）不随意打断客户谈话。随意打断客户谈话会打击客户说话的热情和积极性，如果客户当时的情绪不佳，而你又打断了他们的谈话，那无疑是火上浇油。

应对措施：当客户的谈话热情高涨时，销售顾问可以给予必要的、简单的回应，如"噢""对""是吗""好的"等。除此之外，销售顾问最好不要随意插话或接话，更不要脱离客户喜好而另起话题。例如，"等一下，我们公司的产品绝对比你提到的那种产品好得多……"

3）谨慎反驳客户观点。客户在谈话过程中表达的某些观点可能有失偏颇，也可能不符合你的观点，但是你要记住：客户永远是"上帝"，他们很少愿意销售顾问直接批评或反驳他们的观点。

如果你实在难以对客户的观点做出积极反应，那可以采取提问等方式改变客户谈话的重点，引导客户谈论更能促进销售的话题。例如："既然您如此厌恶保险，那您是如何安排孩子们今后的教育问题的？""您很诚恳，我特别想知道您认为什么样的理财服务才能令您满意？"

(4) 用信号表明您有兴趣　可以用下列方式表明您对说话内容感兴趣：

1）保持视线接触：聆听时，必须看着对方的眼睛。

2）让客户把话说完：让人把话说完整并且不插话，这表明您很看重沟通的内容。

3）表示赞同：点头或者微笑就可以表示赞同对方正在说的内容，表明您与说话人意见相合。

4）放松自己：采用放松的身体姿态，就会得到这样的印象，即他们的话得到你完全的关注了。

所有这些信号能使对方觉得你正在专心听取他说的内容。

(5) 及时总结和归纳客户观点　通过总结归纳，一方面可以向客户传达你一直在认真倾听的信息，另一方面，也有助于保证你没有误解或歪曲客户的意见，从而使你更有效地找到解决问题的方法。

例如："您的意思是要在合同签订之后的 20 天内发货，并且再得到 5% 的优惠吗？""如果我没理解错的话，您更喜欢弧线形外观的深色汽车，性能和质量也要一流，对吗？"

(6) 检查你的理解力　检查自己是否听得真切，并且已正确地理解了信息（尤其是在打电话时），可以按如下步骤做：

1）讲述信息：把听到的内容用自己的话复述一遍，就可以肯定是否已准确无误地接收了信息。

2）提出问题：通过询问，可以检查自己对信息的理解，也能使客户知道你在积极主动地聆听。

(7) 站在对方的立场　每个人都有他的立场及价值观，因此，销售顾问必须站在对方的立场，仔细地倾听客户所说的每一句话，不要用自己的价值观去指责或评价对方的想法，要与对方保持互相理解的态度。

## 素养培育场

### 学会赞美

在与客户的交往中，适当的赞美可以拉近汽车销售顾问与客户的距离，使得销售活动能更顺利地进行下去。但是不恰当的赞美，就会让客户觉得很假、很做作。因此，赞美客户需要懂得一定的技巧。

技巧一：不要轻易赞美新客户，礼貌即可。销售顾问在接待新客户的时候，千万不要马上就天花乱坠地赞美他们，你的过度热情会吓到客户，使得他们调头就走。对待新客户，只要礼貌即可。因为在还不熟悉的情况下，贸然赞美客户，会让客户有种反感，甚至认为你有谄媚之意。

技巧二：留意老客户细节上的变化。客户看车是不可能一两次就能成交的，总会在买车之前要考虑很多。所以，销售顾问可以在第二次接见客户的时候，细心发现客户身上服饰、发型等的变化，有的话，可以适当赞美一下，这样的效果非常好，你的细心会让客户有被重视的感觉。

技巧三：借助别人的口去赞美。销售顾问可以借助别人的话语去赞美客户，这样就不会显得太做作，而是让客户觉得这样的赞美是客观的，如可以说："是的，刚才旁边的那个客户也说你所选择的颜色是很有个性或品味的！"

技巧四：从具体的事情、细节去赞美。在赞美客户的时候，可以从具体一个点的事情、细节、问题等层面上去赞美。如你可以从赞美客户所提的问题很专业，看的问题比较深入等方面入手。这样的赞美往往能让客户感觉你是在真诚地赞美，而不是谄媚。

技巧五：完成交易后，通过赞美确定客户购买的信心。客户购买完产品之后，销售顾问不能简单地认为整个交易活动就结束了。而是要通过赞美去确定客户购买产品的信心。一般来说，有些客户在购买完产品之后，会习惯性怀疑自己是否买亏了或是买回去之后用得不合适，所以他们都会去询问身边的人来判断自己是否买得合适。因此，销售顾问要在结束销售交易活动之后，对客户说些赞美的话语，让客户树立对产品的信心，这样他们的心里就舒服多了。

 作业

完成"学习工作页"项目 5 任务 5 的测试题和技能训练。

# 项目 6  车辆推荐

## 项目解析

车辆展示，包括车辆的静态展示——车辆推荐，车辆的动态展示——试乘试驾。

车辆推荐：车辆推荐是销售顾问展示专业素养、激发客户购买兴趣的关键步骤。一般而言，客户会对销售顾问的汽车知识，以及对车辆的特性、优势和好处的解释具有比较深刻的印象。通过车辆推荐，能更好地建立起客户对销售顾问的信任感。

## 任务 6-1  选择车辆推荐方法

### 学习目标

通过本任务的学习，你能够：

1. 熟练按照车辆说明的基本流程对来店客户进行接待。
2. 熟练运用"FAB"的方法对车辆的优势、利益和好处进行说明。
3. 熟练运用"ACE""CPR"、构图讲解法、道具讲解法等方法，对车辆的优势、特点等进行说明。

### 情景课堂

刚毕业的小刘是销售队伍中的一名新人，学习做事积极认真，汽车专业知识功底也非常扎实。可是自从上岗接待客户以来，总是留不住客人，很多客人听他没讲几句就借机离开去找其他的销售顾问了。为此他非常苦恼地向老销售顾问小王请教，小王现场观察了小刘的产品介绍环节。小刘接待了一名年轻女性客户，从简单地交流中就会发现这名女客户基本不怎么懂车，小刘却没能意识到这个问题，依然非常热情地向客户介绍："这辆车在

项目 6 车辆推荐  75

安全方面配备了 ABS 和 EBD，它们……"小刘正介绍得起劲，客户只是重复着几个英文字母"ABS……EBD……"而且整个人看上去一头雾水的感觉，客户围着车子转了几圈再没问什么问题，就淡淡地说了一句"我再看看其他车，谢谢。"小刘呆呆地留在原地，一脸的无辜。

请思考：
1. 小刘为何会失去客户？
2. 在为客户介绍车辆时需要注意哪些细节？

 **知识链接**

### 一、车辆展示流程

客户在购买汽车时的心理可以概括如下：
1）只想和能诚挚地帮助其购买合适车辆的销售顾问打交道。
2）希望销售顾问能够明白、准确地回答自己的问题。
3）需要帮助其收集有关这款车型的可靠信息。
4）希望能够自由收集所需要的相关信息。

如果客户相信该种车辆将满足他的需求的话，就很可能订购一辆；如果客户对销售顾问的专业能力具有信心的话，可能会更快地进入"商谈"阶段。

因此，车辆展示就是要根据客户的需求，就车辆的性能、特性、优势等进行讲解并让客户体验，在产品层面上建立客户的信心，以达到展示车辆优势，促成销售的目的，这也是产品销售的必经阶段。车辆展示流程如图 6-1 所示。

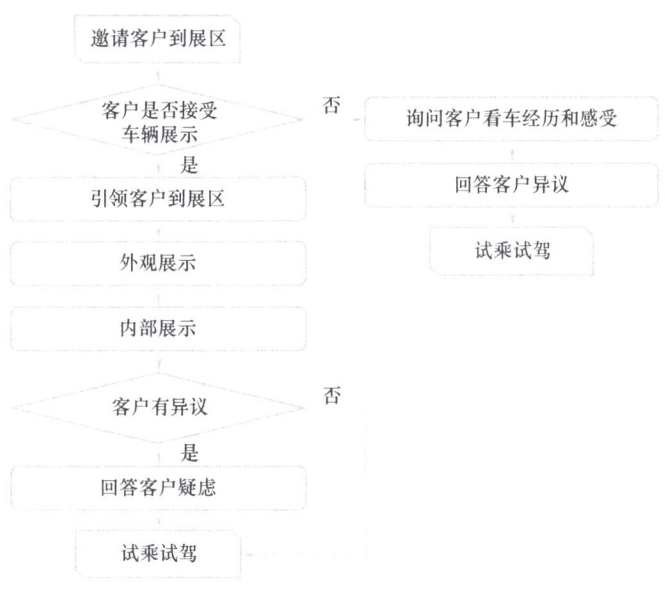

图 6-1  车辆展示流程

## 二、FAB 介绍法

### 1. FAB 法则

汽车销售顾问可以使用 FAB 法则对汽车进行介绍。FAB 法则即属性、优势、利益的介绍法，对应的英文是 Feature、Advantage 和 Benefit，按照这样的顺序来介绍，就是说服性演讲的结构，以此让客户相信你的产品是最好的。

（1）**属性**　属性（Feature）就是指汽车所包含的客观现实，如材料、外观等。属性是有形的，可以让客户真切地看到、摸到。这就要求汽车销售顾问必须对自己所销售的汽车有足够的认识和了解，进而发掘产品的潜质，找到其他人所忽略的地方。

（2）**优势**　优势（Advantage）就是指清楚说明汽车相应具体功能或优势，是根据汽车的特性总结而来，用来解释汽车的属性如何能被利用，可以回答客户"它能做到什么"的疑问。

（3）**利益**　利益（Benefit）就是指客户最关注的汽车所能带给他们的好处，如果购买了你所推荐的汽车，可以获得哪些利益。

### 素养培育场

著名画家丰子恺有次出外写生，一开始在路上碰到一个商人。丰子恺就跟人家进行自我介绍，他告诉那个商人：自己叫丰子恺，"丰"是那个"咸丰"皇帝的"丰"。商人摇摇头，不知道。他又告诉商人："丰"是那个"五谷丰登"的"丰"。商人还是摇头说不知道，丰子恺不得已在这个商人手上写了"丰"，商人看完，恍然大悟，讲：不就是"汇丰银行"的"丰"嘛。丰子恺想，哦，原来讲"汇丰银行"的"丰"他就明白了。那我下次碰到人作自我介绍的时候就用"汇丰银行的丰"进行介绍，省的人家不明白并浪费时间。

丰子恺又往前走，走到一小山村碰到一位老农。他又开始很热情的跟老农进行自我介绍，他告诉老农：他叫丰子恺，丰是那个"汇丰银行"的"丰"，结果老农摇摇头说不知道，他又告诉老农："丰"是那个"咸丰皇帝"的"丰"，老农还是摇头说不知道。丰子恺只好在自己的画纸上写一个"丰"字。老农看了哈哈大笑讲：这不就是"五谷丰登"的"丰"嘛。丰子恺又再次迷糊了。

每个产品可定有 N 多"卖点"和"销售话术 FAB"，但是面对不同的客户说法是不一样的。这个案例也告诉我们一个解决的办法是要用对方熟悉的、一直接触的环境语言去交流，就可以很快引起对方共鸣。例如案例中的商人因为经商所以对银行很是熟悉，因此跟他交流"汇丰银行"的"丰"他就明白，而农民因为跟庄稼打交道多，因此跟他交流"五谷丰登"的"丰"他就明白。如果是跟一位历史老师交流那应该说"咸丰皇帝"的"丰"；如果是跟女孩子交流，就用"苗条丰满"的"丰"……

总之，销售顾问在做"产品卖点"和"销售话术 FAB"的时候，要提前考虑到会遇到哪些类型的客户，面对这些不同的客户应该怎么去说话。也就是在做"产品卖点"和

"销售话术FAB"的时候要提前考虑客户是谁,然后再针对性设计"产品卖点"和"销售话术FAB"。

另外,某一个"产品卖点"和"销售话术FAB"也许对A客户有用但对B客户未必有用。不要因一时的成功就以为可以普及推广,要有反思和创新。

### 2. FAB法则在介绍迈腾中的应用

FAB法则在介绍迈腾中的应用见表6-1。

表6-1 FAB法则在介绍迈腾中的应用

| 特性 | 优点 | 利益 |
| --- | --- | --- |
| LED前照灯 | 创新的LED前照灯造型配备LED日行灯,更加时尚醒目 | 让客户更加有面子;同时更明亮的光线让夜间行驶更加安全舒适 |
| 动态灯光辅助系统 | 在不同行驶环境中,系统自动调整前照灯照程 | 避免对相向前车或对向来车驾驶造成眩目而影响判断力,减少安全隐患,提升夜间行车安全性 |
| 前照灯随动转向系统 | 在夜间弯道行驶中,前照灯会随着转向盘转动提前照亮前方道路 | 保持灯光方向与汽车的当前行驶方向一致,随时对前方道路提供最佳照明,从而显著增强了黑暗中驾驶的安全性 |
| 前部预碰撞系统 | 即将发生危险时,系统主动声光报警的同时还会自动制动 | 避免由于驾驶人注意力不集中导致的追尾事故,大大提高驾驶安全性 |
| 车道保持系统 | 对于偏离车道的车辆,系统会自动修正转向盘,保证车辆在既定车道内行驶 | 避免由于驾驶人疲劳驾驶导致的车辆偏离既定车道造成的损失,提升高速行驶的安全性 |
| 雨量感应刮水器 | 雨天自动调节刮片频率,保证行车视野的清晰 | 下雨天减少手工操作,时刻确保前方清晰视线,提升行车安全 |
| 自动折叠外后视镜 | 集成近10项功能于一身,全面智能 | 实用性强,在行车、倒车等行驶条件下均能拥有清晰的后方视野,提升行车舒适性和安全性。锁车可以自动折叠外后视镜,停车防剐蹭,变道危险时会给予警示,体现高科技感的同时,更加安全 |
| 变道辅助系统 | 可以探测车后最大70m的距离 | 最大程度降低由于视野盲区、注意力不集中等所带来的潜在风险,方便、舒适、安全 |
| 激光焊接&热成型钢板 | 大面积采用高强度钢和超长激光焊接技术,使得车身强度非常高 | 可有效抑制车身碰撞变形,并将碰撞能量引导至车身各部位骨架,分散碰撞力,为车内驾乘人员赢得更大的生存空间,确保人员安全 |
| 电动尾门 | 只需一个按键即可关闭行李舱 | 避免客户伸手够不到行李舱盖顶部的尴尬,或者雨雪天气关行李舱盖弄脏手的烦恼。按行李舱内的按键,或长按遥控钥匙上的行李舱按键,即可关闭行李舱。只需客户轻轻动一下手指,操作轻松便捷的同时,更彰显尊贵气息 |
| 行李舱感应开启 | 只需一个踢腿动作即可打开行李舱 | 彻底解决双手拿取物体时打不开行李舱盖的窘境,让客户时刻优雅自如 |

(续)

| 特性 | 优　点 | 利　益 |
|---|---|---|
| 360°全景影像 | 可以单独放大显示任何一方的单视图，还可以切换视图的显示角度 | 让客户行车不再有视野盲区，从容应对窄道会车、泊车入位等难题，有效减少剐蹭等事故发生 |
| 睡眠头枕 | 全新一代迈腾的后排睡眠头枕，同级别车型中率先采用 | 长途行车时，后排乘员可以安心睡眠休息，睡姿头枕可以更好固定颈部位置，避免"睡姿不雅"的尴尬，同时又可以更好地保护颈部，避免受伤，如同飞机头等舱的待遇，真正的高端座驾，让后排乘员全程享受尊贵配置，同时彰显车主的高端品位 |
| 四门无钥匙进入&一键起动系统 | 无钥匙进入&一键起动释放了对钥匙的束缚，使用起来非常方便。领跑级别标准，一键起动按钮质感极佳，同级别中一般都是前门配备无钥匙进入 | 无须费力地去包里或兜里找钥匙了，只要轻轻一拉、一碰、一按就可以完成前后车门的解锁、锁车以及车辆点火起动一系列操作，方便实用，告别包里找钥匙难、手里提物拿钥匙难等烦恼。全程不见钥匙却处处使用钥匙，彰显科技感，让车辆使用者备受朋友同事的赞许或羡慕 |
| 丹拿音响 | 全球顶级音响品牌，在专业领域、汽车领域以及个人音响领域均排名前三，是音响界高品质的代名词 | 宽广饱满的中频及富有细节的高频随可得；行李舱内的低音箱，更是营造出深沉的低频与强大动态效果。此系统在不同驾乘位置分别进行了声音调校，预设了4种不同的调校曲线，保证不同位置的驾乘人员分别获得最佳的声音享受 |
| 自动泊车 | 自动泊车3.0系统，融合平行泊车、平行驶出、垂直车尾泊车、垂直车头泊车等功能，同级别车功能都没有这般丰富 | 面对有些小车位，客户不再"一笑而过"，轻轻按压按钮系统就可以自动帮助调整方向，停进小车位，避免有车位停不进去的尴尬和继续找车位的烦恼。驶出功能更是消除有时候被后方车辆堵住出不来的尴尬局面。系统完全控制转向盘，双手完全解放，而且适用多种停车模式，是真正的汽车前沿技术，绝对彰显科技感 |
| MKE疲劳提醒 | MKE疲劳提醒功能，通过多方数据监测驾驶人疲劳状态，并主动提醒 | 高速长途行驶时驾驶人极易疲劳，而疲劳驾驶是众多高速交通事故的重要原因之一，MKE疲劳提醒系统可以根据行车数据判断驾驶人的疲劳状态，并主动进行声光提醒，以避免危险的疲劳驾驶，尽一切可能保障车辆行车安全 |
| 发动机起停技术及制动能力回收系统 | 全系标配的蓝驱技术，是节油的重要手段 | 发动机起停技术可以消除车辆在等红灯时的怠速油耗，新增的部分功能更能消除在停车之前减速过程中的怠速油耗，同时制动能力回收技术还可以把多余的能量转换为电能存储起来，以备后续使用。这些都可以大大降低油耗，油耗低了，自然能节省很多成本 |

## 三、其他相关技巧

### 1. 构图讲解法

当人们听到或看到某件事情的时候，往往会在潜意识里为这件事构造出一幅图画，然后根据这幅图画做出判断。

在产品销售过程中，汽车销售顾问也可以利用这种构图的效果，达到有效刺激客户购买欲望的目的。

客户在决定购车的时候，会在潜意识里勾画出他拥有汽车之后会是一种什么样的场景，然后根据这一场景和图画来判断。客户会在他的潜意识中，描绘他理想中车辆的颜色、外形、内部装饰、空间等内容。因此，汽车销售顾问要想将车辆销售出去，就必须了解客户心中的这幅图画，并且通过自己的介绍，描绘一幅更美丽的图画，以此来达到有效刺激客户购买欲望的目的。

(1) 采用构图讲解法的好处

1）构图讲解法能给客户留下深刻的印象。
2）能增加客户的参与感，引起客户的共鸣。
3）容易让客户明白。
4）吸引客户注意力，激发客户的购买欲望。

(2) 构图讲解法应用的三个时机　应用构图讲解法时，需选择好时机，见表6-2。

表6-2　构图讲解法应用的时机

| 序号 | 时机 | 构图讲解的内容 |
| --- | --- | --- |
| 1 | 叙述功能的时候 | 汽车销售顾问在介绍SSC车载高级音响系统时说："皇冠车配备这款音响，不论高音还是低音都能完美呈献，让您有一种亲临音乐会现场的感觉，当您在驾车途中，遇到堵车心烦的时候，打开音响，让轻柔的乐曲在心间流淌，让您的身心沐浴在动人的旋律之中，心中的烦恼瞬间消失……" |
| 2 | 叙述车辆操作与使用的时候 | 汽车销售顾问在介绍车载导航系统时，可以这样说："皇冠车配备了GPS导航系统，您只需设定目的地，导航系统就能通过语音进行引导，有了它，您再也不用在行车过程中左顾右盼地寻找目的地，再也不用为去陌生的地方而翻看地图了，导航系统就像一个无所不知的贴身助理，您只需轻点屏幕，设定好目的地，导航系统就能带您到任何想去的地方" |
| 3 | 突出车辆特性的时候 | 在突出车辆安全特性时，汽车销售顾问可以说："人的生命只有一次，汽车固然只是一个交通工具，但对于您的家人来说，您开车在外，最重要的就是安全，如果一辆车安全性差，您的家人会多么担心啊！皇冠车的安全性达到了世界顶级水准，光安全气囊就有8个，所以买皇冠车不但能给您安全保障。同时，也能给您的家人带来安心，即使您出差在外，家人也不会担心……" |

(3) 构图讲解法应用的重点　汽车销售顾问在进行构图讲解法的过程中，首先要把握客户的心理，了解客户心中的那幅图画都有些什么内容，然后才能根据自己所销售的产品，提炼出有针对性的销售主题，然后构造一个应用情景，最后将这个主题与情景搭配起来，连缀成一个故事或生活场景。通过这种方法，可为客户营造出一幅幸福、美满的图画，让客户觉得这个生活场景比他心中的那幅图画更美更动人，从而激起客户对这幅美丽图画的向往，使客户自愿接受你的产品介绍，最终购买产品。

**2. 道具讲解法**

道具演示法就是为了让车辆介绍更加逼真、生动，利用一些相关道具边演示边介绍。应用道具演示法应注意三个问题。

1）道具的选择要巧妙，让客户意想不到，最主要的是通过道具吸引客户的注意力，唤起客户的想象力，激发客户的好奇心，给客户留下深刻的印象。

2）在具体实施的过程中，要注意语言、手势动作与道具的应用要协调，表情要自然、逼真，让客户觉得真实可信。

3）道具演示法一般是在客户无法理解产品特性的情况下采用的方法，因此，要根据产品的特性，决定是否采用道具演示法和采用什么道具来进行演示。该方法不可滥用。

### 素养培育场

#### 汽车销售顾问的敬业精神

通过下面销售顾问向客户介绍皇冠车发动机的一段对话,可以看出什么?

汽车销售顾问:"皇冠车的发动机,采用了丰田公司最先进的VVT-i技术,不仅功率大,耗油量低,而且非常的安静,您看,用眼睛根本看不出它有振动。"说着,汽车销售顾问拿出一支香烟,立在桌子上。

汽车销售顾问:"我们起动发动机,将这支烟立在发动机上,绝对不会倒下,您相信吗?"

客户:"不能吧!这样都能行吗?"

汽车销售顾问起动发动机,然后将香烟立在发动机上。

客户惊呆了:"真的可以啊!真了不起,从来没见过这么安静的发动机啊!"

在亮点展示中,汽车销售顾问利用一支烟就能让客户对皇冠车发动机的性能有深刻的印象,这充分体现了汽车销售顾问恰到好处地运用了道具演示法展示发动机的性能,也充分体现了汽车销售顾问在工作中的敬业精神。

**3. ACE法**

(1)竞品比较技巧(ACE法)  ACE是Acknowledge、Compare、Elevate的首字母缩写。

1)大多数客户关注不止一个品牌,所以必须要了解竞争对手。

2)了解竞争对手的车辆配置和操作能更清晰地解释本品牌的好处,给客户购买本品牌的理由。

Acknowledge(认可)——对于客户观点予以肯定,认同客户对竞品的评价。

Compare(比较)——提出真实数据,客观证明本品牌产品优势。

Elevate(提升)——将本品牌产品优势设为购买标准,再次确认客户是否认同。

(2)ACE法应用举例  ACE法应用举例见表6-3。

表6-3 ACE法应用举例

| 问题 | 认可 | 比较 | 提升 |
| --- | --- | --- | --- |
| 奔驰E300的加速性能没有宝马530的好 | ×先生,您的感觉非常敏锐,我也非常欣赏宝马530发动机的加速性能 | ×先生,一部好车的加速性取决于发动机与变速器的搭配,奔驰E300和宝马530同样搭载的是3.0排量自然吸气式发动机,不同的是奔驰E300搭载的是7速变速器,而宝马530搭载的是6速变速器,7速变速器的换档更快,加速感更绵密细致,6速变速器则少了一档,因此换档变化比较明显,这是这两部车加速感不同的原因 | 奔驰E300和宝马530的加速性能都是不错的,但奔驰E300更能让您在享受加速快感的同时兼顾乘客的舒适性 |

项目6 车辆推荐

（续）

| 问 题 | 认 可 | 比 较 | 提 升 |
|---|---|---|---|
| 我觉得宝马3系 I-Drive的操作比奔驰的方便 | ×先生，我同意您的看法，像宝马3系 I-Drive这样的系统把所有的功能整合起来集中操作是很方便 | ×先生，您刚才说音响和通信系统的操作方便对您非常重要，这也是梅赛德斯-奔驰开发 COMAND 导航系统以及音响、导航和空调的中央控制时的主要关注点，该系统和宝马 I-Drive 系统一样，具有所有配置的中央一键控制功能。但是，与宝马3系相比，COMAND 横向导航更简单、直观 | 有鉴于此 COMAND 设计了容易直观操作的驾驶室管理，不用记忆上下左右各是什么功能 |
| VOLVO 比奔驰安全性要好 | ×先生，看来您非常懂车，而且对车的安全方面非常重视，的确 VOLVO 最近这几年在安全的改进方面做了非常多的努力 | 相信您也非常了解奔驰技术发展历史，梅赛德斯-奔驰致力于安全技术的研究已有70多年的历史，在1966年就发明了安全气囊、安全带收紧器，而 VOLVO 是在 2000 年才有的这两项技术，我们比它整整早了34年，您看现在的国际要员的座驾大多都是奔驰，说明奔驰不但安全是一流的，品牌也是一流的 | 再说您买车不止关注安全性一个方面吧，您刚才说了经常用车跑长途和接送客人，舒适性和豪华性也是您考虑的吧 |
| 宝马 A4 的空间比奔驰 C 的空间大 | ×女士，您说的没错，宝马 A4 的膝部空间确实比奔驰 C 的大一点 | 但只比奔驰 C 多了一个拳头那么大的空间，您看我们的前排座椅的后面特意为我们的客户留出了凹入式退补空间设计，您看腿部放到里面是不是感觉很舒适；再说侧部空间，我们这款 C 级车的侧门板采用的是加固防撞设计，厚度是 10cm，而宝马 A4 是 9cm，侧门我们比宝马 A4 多了 1cm，我们侧部还有防撞钢梁，在车辆受到侧面撞击时，对人身体的伤害就会比较小，相比较宝马 A4 而言，我们在侧门的安全方面显得更加突出，您说是吧 | ×女士，您买车不止是因为空间一个因素才买的吧。我们这款 C 级车有很多的亮点，您看您经常搭载女儿上下学，和家人一起开车游玩，驾驶的舒适性和操控性也是您考虑的吧 |

**4. CPR 法**

**（1）解决客户疑问技巧 CPR** CPR 是 Clarify、Paraphrase、Resolve 的首字母缩写。

1）客户表示疑问或异议是一个向其介绍更多信息的机会。

2）在回应前倾听客户意见。

3）用 CPR 方法处理疑问或异议得当时，既能体现销售顾问的专业知识，又是展示产品卖点的良机，有助于提高成交的成功率。

Clarify（说明）——诚意请客户说明具体疑问或异议，既表现出对客户的疑问或异议的重视，又便于销售顾问识别问题。

Paraphrase（复述）——复述以确认疑问或异议，考虑有针对性的话术。

Resolve（解决）——以巧妙的话术解释疑问、排除异议，再提出解决方案。

**（2）CPR 法应用举例** CPR 法应用举例见表 6-4。

表 6-4 CPR 法应用举例

| 问 题 | 澄 清 | 转 述 | 解 决 |
|---|---|---|---|
| 听说你们的配件到得很慢 | ×先生，请问您这个信息是从哪里得来的 | ×先生，到件慢是我们不能否认的，少数的几位车主是等了很长时间 | 但是到件慢的配件一般都是很少坏的配件，比如说变速器、发动机；有时候赶上客户的车偏巧撞到了这个部位。您知道像这样的部件一般都是从厂家订货，所以时间很长，但您放心这个问题一般很少发生 |

（续）

| 问　　题 | 澄　　清 | 转　　述 | 解　　决 |
|---|---|---|---|
| 奔驰车的保养比雷克萨斯偏贵 | ×先生，请问您说奔驰车的保养比雷克萨斯偏贵是贵在哪里 | ×先生，您说得对，雷克萨斯买车三年是免费保养的 | 如果我们卖台车像雷克萨斯获利那么多的话，我们也会像他们那样。事实上我们的S级车是一万千米才保养一次的，和其他品牌的车5000千米一保养相比，还是很划算的 |
| 奔驰车开起来比较重 | ×先生，您能说一下您感觉开起来很重不轻松的原因在哪里吗 | 您说加速踏板比较重，加速起来很吃力，我了解您的意思，关于这方面您大可放心，我向您来做个说明 | 梅赛德斯-奔驰的加速踏板采用的是最新的电子节气门的控制，有别于传统拉索式节气门的控制，它的力度调教得非常适合驾驶，有可能是座椅的角度没有调好，让您感觉踩加速踏板比较吃力，我帮您调好座椅再试试 |
| 奔驰S级的车子看起来不够动感 | 能不能告诉我您为什么觉得这辆车与您想象的不一样，能不能解释一下，为何它不够动感 | 如果我没有理解错的话，您是觉得外形的风格与您心目中的动感印象不符 | 我理解您为什么会有这种感觉，而且我同意外观设计是体现一款车的运动性的主要目标，不过我建议您近距离参观一下这款S级的轿车，您会注意到它其实很多元素都符合您对运动性的要求，并能给您留下运动风格的整体印象 |

## 素养培育场

　　帮助客户树立对产品的信心——运用正面的销售词汇。
　　销售辞令十分重要，请使用正面肯定的、能够在感情和情绪上引起共鸣的词语。

| | | | |
|---|---|---|---|
| 全新的 | 加速性能 | 令人仰慕的 | 可以从容拥有的 |
| 买得值得的 | 美观的 | 舒适的 | 尖端科技 |
| 计算机控制的 | 独特的 | 经久耐用的 | 环保的 |
| 经济的 | 按照人体工程学设计的 | 高效的 | 非同凡响的 |
| 优秀的 | 易操作的 | 原装的 | 远远胜于 |
| 有乐趣的 | 有保证的 | 纯正的 | 高性能的 |
| 大功率的 | 高级别的 | 大马力的 | 高智能的 |
| 创新的 | 有趣的 | | |
| 维护费用低廉的 | 使用寿命长的 | 低成本的 | 新潮的 |
| 全新的、改良了的 | 自然的 | 经过验证的 | 流行的 |
| 有保障的 | 高品质的 | 可靠的 | 全力推荐的 |
| 可循环再造的 | 胜人一筹的 | 时尚的 | 结实的 |
| 成功的 | 肯定的 | 安全性能增强的 | 大转矩的 |
| 不马虎的 | 高档的 | 紧跟时代潮流的 | 生机勃勃的 |
| 多用途的 | 有价值的 | 保修 | 没错 |

项目 6 车辆推荐

完成"学习工作页"项目6任务6-1的测试题和技能训练。

## 任务6-2 六方位绕车介绍

通过本任务的学习，重点掌握以下知识：
1. 熟悉一款车型的商品知识和卖点。
2. 运用"六方位绕车介绍法"对一款车辆进行说明。
3. 结合"FAB"等方法对车辆的优势、利益和好处进行说明。
4. 对车辆说明中客户的常见问题进行基本应对。

客户信息：张先生，28岁，医生，已婚，有一个五岁的儿子，购车的主要用途是接送孩子上学。
时间：周六上午9点。
天气：晴，室外温度35℃。
备注：一家三口一起来。
请思考：销售顾问应如何根据客户的需求特点进行个性化的商品介绍？

### 一、六方位绕车介绍法

在进行汽车推荐时，汽车销售顾问要掌握一个很有效的方法：六方位绕车介绍法，如图6-2所示。这里所说的"六方位绕车介绍法"是指汽车销售顾问在向客户介绍汽车的过程中，销售顾问围绕车前方、车侧方、车后方、后排座、驾驶室、发动机舱六个方位，向客户介绍车辆的配置、优势和带给客户利益的汽车介绍法。

（1）1号位：车前方45°角　车前方主要介绍整车、造型设计等，介绍重点包括：品牌特征、前脸造型、前风窗玻璃、刮水器设备、前车灯特性、前照灯照射范围、风阻系数、车身标志、保险杠、制造工艺。

（2）2号位：车侧面　车侧面主要介绍侧面造型和安全性等，介绍重点包括：车身结构、车身材质、车门、制动系统、悬架系统、轮胎、后视镜、主被动安全性、碰撞保护、车的长度。

（3）3号位：车后方　车后方主要介绍尾部特色和行李舱等，介绍重点包括：设计元素、制动灯、尾灯、行李舱盖开启的方便性、行李舱容积大小、后排座椅是否可折叠。

（4）4号位：车后座　车后座主要介绍乘坐的空间及其舒适性，介绍重点包括：展示进入后排的便利性、座椅舒适性、座椅可放倒性、内部空间（头部和腿部空间）、儿童安全锁、悬架系统、其他舒适性设备（如控制按钮、安全设备、音响设备、空调等）。

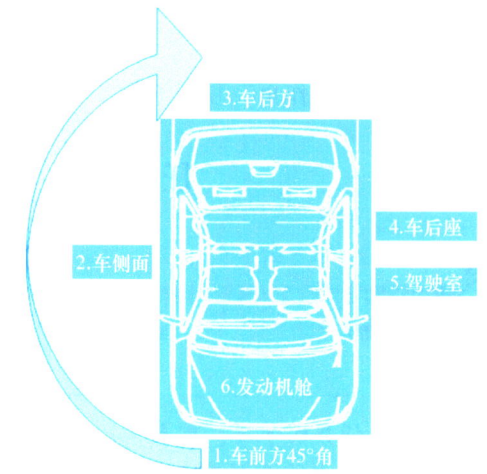

图6-2　六方位绕车介绍法

（5）5号位：驾驶室　驾驶室主要介绍乘坐舒适性和驾驶的操控性，介绍重点包括：座椅的多方向调控介绍、转向盘的调控、电动窗、中控门窗、气囊及安全带、视野、腿部空间、操作方便性及音响设备、空调、防盗系统、制动系统、变速器、静音设计。

（6）6号位：发动机舱　发动机舱主要介绍发动机特点和动力性，介绍重点包括：演示打开发动机盖的便利性、讲解发动机的技术创新、发动机布局、排量、结构、性能参数、油耗。

下面以凯美瑞六方位绕车介绍为例，见表6-5。

表6-5　凯美瑞六方位绕车介绍

| 方　位 | 介　绍　内　容 |
| --- | --- |
| 车前方45°角 | 第七代凯美瑞是全方位的均衡之王，实现了同级别车型当中综合油耗最低、舒适配置丰富和人性化，安全配置齐全、车内静谧性优秀、自然吸气发动机车型中提速快以及制动距离短的一款全能车型<br>凯美瑞坚持一贯的高品质、高可靠性和高耐用性理念，把车辆的舒适性、动力性、燃油经济性、安全性以及行驶稳定性巧妙地融合在一起。打造了一辆感性品质与理性技术完美结合的新一代中高级轿车之王<br>**前部造型**：宽厚、动感，前照灯、进气格栅采用一体化设计，整体感更强。**进气格栅**加入横向镀铬装饰条，符合中国消费者的审美，同时也起到将车头向两侧延展的效果。**发动机舱盖**，U形的鼻翼线内部明显隆起，加强了立体感和厚重感，丰田徽标进一步放大，提高了辨识性<br>**保险杠**：下部向前突出，运动感得以加强，**雾灯**的镀铬装饰罩，造型新颖锐利、引人注目<br>**前风窗玻璃**：采用带有隔音膜夹层的前风窗玻璃，能有效阻隔太阳光热和紫外线，隔音功能也大为增强，为您营造出一个宁静、清凉的驾乘空间<br>**前照灯**：设计非常的美观、锐利。凯美瑞采用了氙气灯，光感自动控制、带有清洗/自动水平控制装置，还配备了AFS前照灯随动转向系统，可以为车辆提供非常智能化的照明，提高了车辆行驶的安全性<br>**LED晶钻日间行车灯**：可辨识度极高，提升了车辆日间行驶的安全性 |

(续)

| 方　位 | 介绍内容 |
| --- | --- |
| 车侧面 | **整体造型**：侧面造型流畅饱满，10辐铝合金轮毂配合车门下方的镀铬装饰条，提高了整车的高级感；楔形的车身设计，动感十足，符合空气动力学，凯美瑞实现了同级别车中优秀的风阻系数（0.28）<br>**电动外后视镜**：造型美观，具有电动调节、电动折叠、加热和亲水功能<br>　　值得一提的是，在外后视镜内侧，凯美瑞还引进了源自F1赛车技术的扰流鳍片，可以极大地提升车辆高速行驶时的稳定性，并且降低风噪<br>　　凯美瑞采用的是经过重新调校的**前后独立悬架**，在提高车辆舒适性的同时，兼顾了运动感和操控性<br>　　前后采用的是**16寸盘式制动系统**。在**安全性配备**方面，配备有AFS前照灯智能随动系统、HAC上坡辅助系统、ABS+EBD+BA智能化制动辅助系统、TRS牵引力控制系统、VSC车身稳定系统、全方位倒车雷达等，有效预防事故的发生，特别是对制动系统的进一步优化，百公里制动距离达到同级别优秀的39m<br>**被动安全**：凯美瑞采用了丰田一贯的GOA车身设计，在碰撞时，能够快速地吸收振动能力，并分散到车身的各个骨架，使驾驶舱的变形最小化，极大地保证了车内乘员的安全性。凯美瑞在碰撞安全性试验中获得了NCAP最高等级，5星级好成绩<br>**采用10个安全气囊和新一代安全带，降低头部与颈部伤害的WIL概念座椅**等，在车辆发生碰撞时，最大限度地保护了乘客的安全 |
| 车辆后部 | **车尾造型**：稳重大方，加宽的镀铬装饰条和两侧的尾灯融为一体，从视觉上起到将车尾向两侧延展的效果<br>**下部**：双镀铬排气尾管在提升车尾稳重感的同时加入了运动的元素<br>**行李舱开口**：达到同级别车型中最宽，取放物品非常方便。同时，后悬得到了优化，进一步拓展了行李舱的使用空间，**行李舱容积**达到504L，在同级别车型中处于领先地位。随车工具排放整齐，取放方便。备胎采用了和4个轮胎相同品牌的同尺寸备胎，令车主的出行更加安心<br>　　新凯美瑞还优化了行李舱关闭时的阻尼，**轻松操作**即可实现行李舱盖板的一次性关闭，极大地提升了整车的高级感 |
| 后排座椅 | 　　前风窗玻璃面积扩大，**A柱**内衬板经过优化设计拓展了前方视野。车门和**B柱**内衬板经过全新优化，使车内乘员横向**空间**明显改善。前排和后排的顶部，都经过内凹式处理，明显加大了头部的空间<br>　　相比以往凯美瑞低地台设计，本款凯美瑞的地台高度又降低了15mm，高度仅为35mm。相比竞品车在后排乘坐三名乘员时中间乘员的腿部空间明显改善<br>　　丰田首先使用的**副驾驶座椅侧面位置调节开关**，使后排乘员在为自己调节舒适位置时更方便、快捷<br>**后排座椅**：采用真气打孔座椅，按40：20：40独立分割，靠背可电动调节15°，配有中央扶手、电动后窗遮阳帘和手动侧窗遮阳帘、车顶阅读灯。宽敞、豪华、舒适、私密性，全部一一做到<br>　　后排手枕上的诸多按键，保留了座椅靠背角度调节、音响调节、电动遮阳帘调节，还加入了后排空调温度的设定<br>　　新凯美瑞采用360°全方位**隔音设计**，整车采用全方位隔音、吸音和风噪弱化的三维静音工程，在车的底盘、车门、玻璃、顶部、轮罩等各个部位都采取科学、高效的隔音降噪工艺，发动机舱盖下面装了非常厚实的隔音棉，发动机与驾驶室之间采用了高效的隔音和隔热材料。有效降低了风噪、路噪及发动机噪音，精密性达到雷克萨斯的水准，丝毫不影响车内人员的低声交谈 |

（续）

| 方　位 | 介　绍　内　容 |
|---|---|
| 驾驶室 | **驾驶席旁**：配有智能钥匙，离车门 70~100cm 轻拉门把手即可解锁，非常便利，省却了找钥匙开门的麻烦，让出行变得更加轻松惬意。采用了触摸式门锁系统，使用方便，显得很高档<br>**内饰风格**：彰显豪华车的高级感和细节的高品位感<br>**中控台**：采用水平基调的低 T 字形设计，全部的按键都在驾驶人触手可及的地方，体现了人性化，上深下浅的内饰颜色，配合立体弧形的木纹装饰，以及银色风格的金属饰板，四种颜色有机整合，和谐统一<br>贯穿仪表板左右的针脚处理，会让我们联想到手工制作，彰显了内饰的豪华感<br>**车内氛围灯**：凯美瑞的前排和后排座椅均采用了脚部照明灯。在车辆行驶过程中，脚部照明灯、门把手灯等仍会微微点亮。灯光的效果更能营造出一种舒适、浪漫、轻松的氛围，犹如置身于酒吧，使车内乘坐倍感温馨<br>**驾驶席座椅**：采用真皮打孔座椅，具有 10 向（副驾驶 8 向调节）电动调节功能，同时还有座椅记忆功能。在同级别车中是较豪华和舒适的。驾驶座椅具备了 3 个档位调节的加热和通风功能，冬天加热，夏天通风，冬暖夏凉<br>座椅侧面有两个调节**按键**，可调节座椅前后位置。方便右后排乘客直接电动调节副驾座椅的位置，以获得更加舒适、宽敞的乘坐空间，非常方便<br>凯美瑞还配备了以往只有豪华车才有的**转向盘**四方位电动调节功能，调节范围更大，操作更简便。同时还能实现转向盘自动复位功能，当车辆熄火时，转向盘会自动回到最前端和最上端的位置，方便驾驶人上下车辆。搭载电动助力转向系统。奢华、高贵、手感好，电动助力转向系统可根据车辆行驶速度与转向盘的转动角度自动调节最合适的转向助力，低速时转向轻盈，高速时转向沉稳，转向精准，操控性更好<br>凯美瑞还搭载有触摸屏**语音娱乐系统**，集 GPS 卫星导航、DVD 语音娱乐、蓝牙音频连接、倒车音响多项功能于一身<br>**GPS 卫星导航**：在以往触摸屏的基础上，目的地搜索还加入了手写功能，使用更加便利，可以直接在面板上进行手写输入<br>当我们把档位放置在倒档时，还会显示出车后的影像。和过去相比，加入了倒车提示诱导线，在倒车时更加方便驾驶人的操作，提升了安全性能<br>凯美瑞搭载有 JBL 顶级**音响系统**。JBL 作为全球顶级的音响品牌，得到广大发烧友的热爱。全球超过 80% 的演出现场和 70% 的录音棚都会选择 JBL 品牌。全车有 10 个扬声器，分布在 10 个不同的位置上，其中 2 组采用同轴扬声器，确保乘员无论在什么位置上都能享受到如同影院一般的震撼效果<br>凯美瑞的**空调系统**经过全面的升级，可以实现 3 区独立温度设定，并保留了光触媒功能。除此之外，还加入全球最新的 NANOE 纳米负离子净化功能。NANOE 功能将车内的氧分子进行电离，产生离子，通过驾驶席位的出风口向车内散布，水分子会紧紧包裹住离子，由于离子带有微小的电量，会主动地吸附在成员的皮肤以及头发上，因此可以实现美容、护肤的功能，开车就像做美容一样<br>**6 速手自一体变速器**：日本原装进口的，由全球最大变速器制造商-爱信生产的一款最先进的 6 速手自一体变速器，结构紧凑，质量小，含 S 档运动模式，巡航节能模式、智能坡道逻辑控制系统、高智能化变速控制系统。与发动机完美匹配，换档平顺，驾驶轻松又不失操控乐趣，燃油经济性大大提高<br>杂物箱无论开启还是关闭，阻尼适中，声音轻微，这也体现了凯美瑞设计的合理性以及用料的高档 |
| 发动机舱 | 发动机舱整洁有序。2.5L 发动机搭载有双 VVT-i 智能可变气门正时技术，ACIS 谐振进气控制系统等诸多先进技术，可以实现同级别自然吸气发动机中性能的极致。额定功率 135km、额定转矩 235N·m，与 6 速手自一体变速器完美匹配，可以实现 0~100km 的加速时间只需要 8.5s。同时加上电子助力转向系统，智能控制机油泵，可以实现百公里综合油耗 7.8L，为同级别发动机领先 |

## 六方位绕车法训练

1. 车前方45°角

汽车销售顾问首先应引导客户站在车斜前方（前方45°，2~3m）。左手引导客户参观车辆。

此时，客户会注意到汽车的标志、保险杠、前车灯、前风窗玻璃、大型蝴蝶刮水器设备，还有汽车的高度、越野车的接近角等。销售顾问在这个时候要做的就是先让客户喜欢上这款车。

比如，向客户介绍的是捷豹XJ车系的车型，那么可以邀请车主和你并排站在捷豹轿车的正前方，然后说："捷豹轿车一贯表现优雅而经典，周身流淌着高尚的贵族血统，耐人寻味。看，由车前照灯引出的四条拱起的发动机舱盖线条、大型的镀铬进气格栅、四个圆形前照灯都延续了XJ车系的传统，品质自然出众。车头看起来蛮精致、蛮漂亮的，是吧？"趁着这个大好时机，你可以给客户讲讲关于捷豹轿车车标的故事，强调你所销售的汽车与众不同的地方。

我们知道，每一款车的造型都有它与众不同的地方，如流畅明快的发动机舱盖线条、活泼俏皮的车灯、威武大气的保险杠……不过，在这个时候，向客户讲太多的技术参数是不恰当的，而应尽力给客户描述出驾乘时的一幅幅美丽画面，比如高大的棕榈树、惬意的晚风、羞红了脸的彩霞、浪漫的海滨、温馨的二人世界或者野性十足的戈壁、奔跑的羚羊、大漠驼铃……

2. 车辆的侧面

走到轿车的侧面，让客户听听钢板的厚实的声音，引导客户关注车辆的侧面造型与独特工艺。

3. 车后方

站在轿车的背后，从行李舱开始，依次介绍高位制动灯、后风窗加热装置、后组合尾灯、尾气排放等。并开启行李舱介绍，掀开备胎和工具箱外盖进行介绍。

尽管汽车的正后方是一个过渡的位置，但是汽车许多附加功能可以在这里介绍，如后排座椅的易折性、后门开启的方便性、存放物体的容积大小、汽车的尾翼、后视窗的刷水器、备用车胎的位置设计、尾灯的独特造型等。

4. 后排座椅

邀请客户入座到后排座椅的位置上，注意他喜欢触摸的东西，告诉他车子的装备及其优点，认真回答他的问题，不要让他觉得被冷落。

有时汽车销售顾问可以告诉他们一些非正式的信息。在奥迪A4上市之初，许多奥迪汽车的销售做预案都会有这样的经历，那就是只要一说"第一批奥迪是德国原装的"，客户就会很快做出购买决定。如果你喜欢一些汽车的奇闻逸事，比如国家元首或体育明星喜欢乘坐哪个品牌的汽车，那么你也可以告诉你的顾客，在客户还缺乏相应的品牌忠诚度的时候，告诉客户一些非正式的信息也是促成交易的好办法。

### 5. 驾驶室

销售顾问不可钻进车内，对汽车的功能及操作做详细介绍。客户查看了汽车的外形，检查了汽车的内饰，对汽车的性能有了大致的了解，那么接下来就是告诉他驾驶的乐趣以及操作方法了。这时，汽车销售顾问可以鼓励客户进入车内。先行开车门引导其入座。当客户坐到驾驶人位置时，最好让客户进行操作，同时进行讲解和指导，介绍内容包括座椅的多方位调节、转向盘的调节、视野、腿部空间、安全气囊、音响、空调、车门等。

### 6. 发动机舱

最后，引导客户到发动机舱，根据实际情况向客户介绍发动机及其油耗情况。汽车销售顾问打开发动机舱盖并固定，依次向客户介绍发动机舱盖的吸能性、降噪性、发动机布置形式、防护底板、发动机技术特点。汽车销售顾问应把发动机的基本参数包括发动机缸数、气缸的排列形式、气门、排量、最高输出功率、最大转矩等给客户做详细的介绍。

## 二、六方位绕车法 10 要点

1）将话术背熟，绕车讲解是介绍产品知识的最基本工具，必须有组织有亮点，背熟了才能灵活应用。

2）从始至终，面带微笑，轻松自如地介绍。

3）六方位介绍从客户最想知道的方位开始，所以销售顾问要用概述的技巧询问客户，找出客户的购买动机，做有针对性的介绍。

4）用手势引导客户到相关的方位，注意走位，别与客户撞在一起。

5）介绍时，眼睛应面向客户，而不是看着车介绍，应注意绕车介绍时客户才是主角。

6）别忘了多让客户亲手操作，要多让客户去接触车子。

7）不断寻求客户认同、认同客户聆听时的兴趣，若发觉客户不感兴趣，要试探性提问，找出客户的需求，再继续按客户的兴趣提供介绍。

8）介绍当中要注意客户眼神中散发出来的购买信号，记住眼睛是心灵之窗。

9）越高档的车型，车辆本身就越能散发自身的魅力，而廉价低档次的车型，由于车子本身亮点不多，销售顾问要更加能说善道，努力介绍。

10）六方位介绍旨在让客户了解产品、认同产品，若介绍当中发现客户已经认同产品时，即可停止六方位介绍，设法引导客户进入试乘试驾或条件商谈的阶段。

## 三、车辆商品说明的执行要点

商品说明的执行要点，如图 6-3 所示。

### 1. 商品说明的准备

1）掌握商品知识、能够熟练进行六方位商品说明。

2）充分了解竞品信息，掌握商品的对比优势。

3）在销售工具夹内准备主要的商品和竞车资料，便于向客户展示说明。

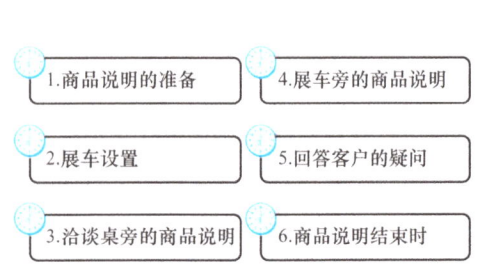

图 6-3　商品说明的执行要点

4）展厅内展架上每一车型准备10页以上的商品单页，随时补足，便于客户取阅。

### 2. 展车设置

1）展车拜访按规范执行，包括展车数量、型号、位置、照明、车辆信息牌等。

2）展车前后均有车牌（前后牌），指示车辆名称/型号。

3）保持展车全车洁净，轮胎上蜡，轮毂中央车标摆正，轮胎下放置轮胎垫。

4）展车不上锁，车窗关闭，配备天窗的车型打开遮阳内饰板。

5）展车内座椅、饰板等的塑胶保护膜须全部去除，放置精品脚垫。

6）展车转向盘调整至较高位置，座椅枕调整至最低位置，驾驶座座椅向后调，椅背与椅垫呈105°角，与副驾驶座椅背角度对齐一致。

7）展车时钟与音响系统预先设定，选择信号清晰的电台，并准备3组不同风格的音乐光盘备用。

### 3. 洽谈桌旁的商品说明

1）充分利用商品型录、小册子和销售工具夹内的商品资料辅助说明。

2）注意饮料的供应和续杯。

### 4. 展车旁的商品说明

1）从客户最关心的部分和配备开始说明，激发客户的兴趣。

2）创造机会让客户动手触摸或操作有关设备。

3）客户在展车内时，销售顾问的视线不要高于客户视线。

4）销售顾问指示车辆配备时动作专业、规范，切忌单指指示。

### 5. 回答客户的疑问

在客户说到竞争车型时，应强调商品的优势，避免恶意贬低竞争产品。

### 6. 商品说明结束时

1）针对客户需求，再一次总结商品特点与客户利益。

2）在商品目录上注明重点说明的配置，作为商品说明的总结文件。

3）转交车型目录，并写下销售顾问的联系方式或附上名片。

4）主动邀请客户试乘试驾。

## 作业

完成"学习工作页"项目6任务6-2的测试题和技能训练。

# 项目 7 试乘试驾

## 项目解析

车辆展示,包括车辆的静态展示——车辆说明,车辆的动态展示——试乘试驾。

试乘试驾:试乘试驾是商品说明的延伸,是让客户亲自体验车辆性能的最好时机。客户通过切身驾乘感受,可加深对销售顾问口头说明的认同,强化其购买信心。在试乘试驾过程中,销售顾问应让客户集中精神进行体验,并针对客户需求和购买动机适时地进行解释说明,使其建立信心。

## 任务 7-1　试乘试驾流程设计

### 学习目标

通过本任务的学习,你能够:
1. 熟练掌握"试乘试驾"流程。
2. 能够根据车辆特性进行"试乘试驾"的路线设计。

### 情景课堂

客户张先生专程来4S店里了解最近很热门的一款车型,汽车销售顾问为他做了详细的介绍,张先生里里外外将这款车看了几遍,看起来很喜欢这款车,于是销售顾问向他提议试乘试驾,未想到,张先生听了,连连摆手,表示不用试乘试驾。

销售顾问:"张先生,您是不是不喜欢这款车?"

客户:"没有。"

销售顾问:"那您今天是不是有事抽不出时间呢?"

客户："也不是，我今天特意来看车的。"

销售顾问："这样的话，我真心建议您试试这款车，它在目前市面上几十款紧凑型车中的销量排名前三，如果没有品质保证就不可能有这样的成绩。选车是一个反复挑选和相互比较的过程，您试过这款车，再去对比其他的紧凑车型，心里会更有底，您说是吗？另外，张先生，这款车在网上有个公认的称号，叫"小钢炮"，据说它的动力"激情澎湃"，2.0TSI发动机，加上6速DSG双离合自动变速器，它的极限速度可以达到235km/h，百公里加速成绩达到7.1s。今天上午就有四位客户专程从南城开了近4个小时的车程来我们店，就为了试试这款车。好车真的只有试了才知道。张先生，我现在就给您去安排一下吧？"

客户："等等，我今天可下不了订单啊，我还是下次再来试吧，你也挺忙，我试了也不买不是耽误你的时间吗？"

销售顾问："张先生，谢谢您替我考虑这么多，为客户服务就是我的工作。张先生，您是不是在担心试乘试驾后我会缠着您下订单呢，这个您大可放心。其实我坚持请您试乘试驾这款车，主要是因为刚才听您聊起现在市面上比较热销的几款车型，发现您的看法和想法都很有深度，您对汽车非常内行。我们这款车刚刚上市，说实话，我对它的理解可能都没您透彻，我也是请您来试乘试驾一下，想听听您对车的理解，肯定能让我更深刻地认识这款车，张先生，您就算帮我个忙了，好吧？"

客户："你这么说我都不好意思了，那就试试吧！"

【启示】如果客户对汽车感兴趣，应该是非常愿意试乘试驾的，通常会主动要求试乘试驾，以便进一步体验汽车的性能与品质。当客户看上去对汽车比较感兴趣，却不愿意参与试乘试驾时，那么销售顾问应该首先寻找原因，是客户有急事不方便试乘试驾，还是对车型根本没有意向，或者担心试乘试驾后遭到销售顾问的死缠烂打，甚至因为耽误了销售顾问的时间而遭到埋怨。销售顾问在确认了客户拒绝试乘试驾的原因后，才好对症下药。通常情况下，销售顾问可以以汽车的卓越性能来吸引客户亲身体验，或者采用一种攻心为上的策略，即明明白白地告知客户，试乘不一定非要当场买车，但是只有试过车，才知道这款车的优劣。

请思考：如何通过试乘试驾，加深客户的认同？

##  知识链接

### 一、试乘试驾概述

**1. 试乘试驾的含义**

试乘试驾是指客户在经销商指定人员的陪同下，沿着指定的路线驾驶指定的车辆，从而了解这款汽车的行驶性能和操控性能。经销商指定的人员通常是接待客户的销售人员或者专门的试驾员。指定的车辆通常是经销商提供的试驾专用车，而暂未售出的库存车辆是不应被客户试驾的。

需要注意的是，试乘和试驾是两个不同的过程，一般应该让客户先试乘，即首先由销售顾问驾驶，让客户先熟悉适应新车环境，销售人员解答客户的问题，并在试乘过程中由销售顾问介绍和演示汽车特性。有一些客户因为时间原因或者急于体验，会要求省去试乘过程直接试驾，而作为销售顾问应该采用合适的话术要求客户先进行试乘再进行试驾。

### 2. 试乘试驾的目的

试乘试驾是车辆推荐的延伸，也是让客户亲身体验产品性能的最好时机。客户通过亲身体会和驾驶感受，加上销售顾问把握机会动态介绍，可加深客户对本品牌车辆的认同，从而增强其购买信心，激发购买欲望。

试乘试驾很重要，因为试乘试驾对于客户和商家都有不同的目的，对客户来说他可能正在收集产品信息为后期购车做决策依据，所以试乘试驾。而对于商家来说就是要让客户在试乘试驾中体验到产品的优势，同时通过针对性的措施规避产品的不足或者有目的地呈现产品不足从而促进销售成交。

站在销售顾问的角度来说，试乘试驾的主要目的是：

1）让客户对产品有切身的感性体验。
2）通过试乘试驾建立客户对产品的信心，激发客户的购买欲望。
3）通过试乘试驾收集更多的客户资料，便于促进销售。

## 二、试乘试驾邀约

### 1. 约定邀约

约定邀约是指以电话、短信等方式，主动邀请客户参加试乘试驾活动。

（1）**邀请卡邀约**　将制作精美的试乘试驾活动邀请卡邮寄给潜在客户，再通过电话确认。

（2）**电话邀约**　最实用的一种邀请方式，通过电话和客户直接对话，邀请客户参加试乘试驾活动，这种邀请方式最适合较为熟悉或者有需求的客户。

常用的电话邀约话术："陈先生您好，我是××公司销售顾问，我叫王小楠，您叫我小王就可以了，是这样的，为了感谢您一直在本服务站进行维修保养，我们将于本周六举办一场VIP尊荣客户试车体验活动，这次的活动我们会安排各种驾驶技巧的体验内容，特别邀请您来当我们活动的嘉宾。"

（3）**短信邀约**　通过短信方式邀请客户参加试乘试驾活动。常用的短信邀约话术：尊敬的××先生：您好！为了让您能够更深入体会新车型的驾驶乐趣，我们诚挚地邀请您参加24日（本周六）的"SAGITAR速腾，深度驾乘体验"活动。希望您届时出席！销售顾问××诚挚邀请，热情恭候。联系电话×××。

### 2. 现场邀约

现场邀约指的是在向客户介绍产品之后，可以通过主动邀约的方式向客户推荐试乘试驾活动。销售顾问在产品介绍后应该主动邀请客户进行试乘试驾，带领客户到展厅或停车场的试乘试驾展示板前进行说明，成功邀约试乘试驾，达到凸显产品优势，提高品牌知名度的效果。

销售顾问应该主动提供试乘试驾服务，具体行为规范及参考话术见表7-1。

项目 7　试乘试驾

表 7-1　行为规范及参考话术

| 流　程 | 行　为　规　范 | 参　考　话　术 |
|---|---|---|
| 主动向客户提供试乘试驾服务 | 1. 主动提供试乘试驾服务<br>2. 介绍试乘试驾带给客户的好处，告知大概所需要的时间<br>3. 如果客户表达已经在其他经销店接受过试乘试驾服务无须再次试乘试驾，建议不要强制客户接受试乘试驾服务，而应询问客户对车辆试驾的感受，并对客户的疑问给予合理的解释，同时尊重客户的意愿<br>4. 如果相应车型的试驾车被占用，应告知客户需要等待的时间，询问客户是否等待，或者考虑其他车型试驾<br>5. 如果客户没时间或者不接受，可以预约下一次到店进行试乘试驾体验，登记试乘试驾预约，并在下一次预约前一天提醒客户<br>6. 如果客户接受，可通知试驾专员提前准备相应的试乘试驾车辆 | 销售顾问："×先生，刚才我为您介绍这款车的时候，您问到了它的动力性、制动性，还有它在各种路况下的表现。我想您是真心喜欢这款车，那最好的方式就是试乘试驾一下，真正的好车，只有试一下才会知道，我这就给您安排试乘试驾，您看好吗？"<br>销售顾问："×先生，我们店提供试乘试驾服务，您通过试乘试驾能够亲自体验 CC 的卓越性能。如果时间允许的话，我们会立刻为您安排试乘试驾。"<br>销售顾问："×先生，您已经在其他店体验过试乘试驾了？不知道您感受如何？是否还有什么疑问我可以帮您解答？如果您希望再感受一次试乘试驾，我非常愿意帮您立刻安排，也许您会有更深刻的感受。"<br>销售顾问："×先生，非常抱歉，CC 试驾车目前正在试驾，您还需要等待 20min 左右的时间。您可以到休息区稍等片刻，我帮您拿一杯饮料好吗？……您也可以试驾我们另一款迈腾车型，两款车排量相同，会有相似的驾驶感受。"<br>销售顾问："×先生，非常抱歉，如果您今天时间上不允许的话，也可以预约，我会为您安排择日试乘试驾，这样我们会预留车辆，对您来说，就无须等待了。"<br>销售顾问："×先生，您预约明天的试乘试驾服务，我们已经为您安排妥当，提醒您尽量按时来店，同时带上驾照。也诚挚地邀请您的家人或者朋友一同来试乘试驾，我会在店恭候您的光临。" |

### 三、试乘试驾的流程

试乘试驾流程如图 7-1 所示。

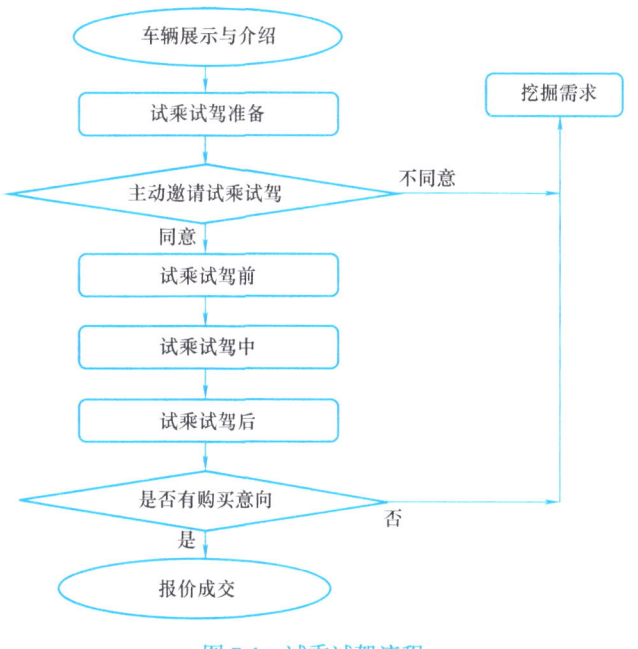

图 7-1　试乘试驾流程

 课堂互动

"试乘试驾"的4个关键时刻"试乘试驾准备、试乘试驾前、试乘试驾中、试乘试驾后",都是为了展示车辆性能,起到促进销售的目的。那么在"试乘试驾准备"这个关键时刻,应该做哪些方面的准备工作呢?(经销店、销售顾问、车辆、行车路线等)

1. 小组内进行讨论,将讨论结果记录在白纸上(15min)。
2. 在课堂上展示小组的讨论结果(15min)。

### 1. 试乘试驾的准备

**(1) 车辆准备**

1) 经销店必须准备专门的试乘试驾用车。
2) 试乘试驾车由专人管理,保证车况处于最佳状态,油箱内有1/2箱燃油以上。
3) 试乘试驾车应定期美容,保持整洁,停放于规定的专用停车区域。
4) 试乘试驾车证照齐全,并有保险。

**(2) 文件准备** 需准备试乘试驾需要用到的相关表格,包括试乘试驾登记表、试乘试驾同意书和试乘试驾意见表。

 课堂互动

请在小组内完成下列问题:

1. 车辆的哪些性能可以通过"试乘试驾"展示出来?
2. 在老师发放的路线图上,结合凯美瑞车型的特点,在各路段上可以体验到该车的哪些性能特点?请直接记录在路线图上,如图7-2所示。

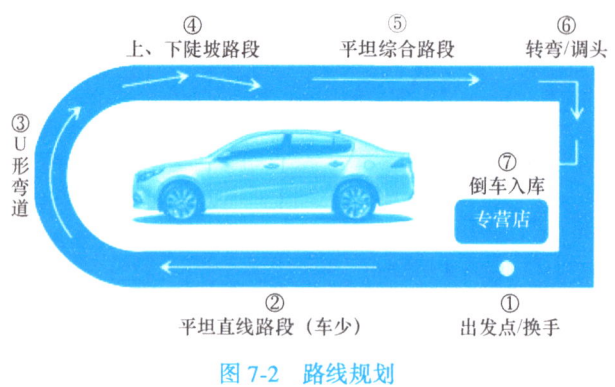

图7-2 路线规划

**(3) 路线规划准备** 试乘试驾路线首先应以确保行车安全为前提,确保客户有足够的时间体验车辆性能,在选择路线时要考虑以下几个方面,如图7-3所示。

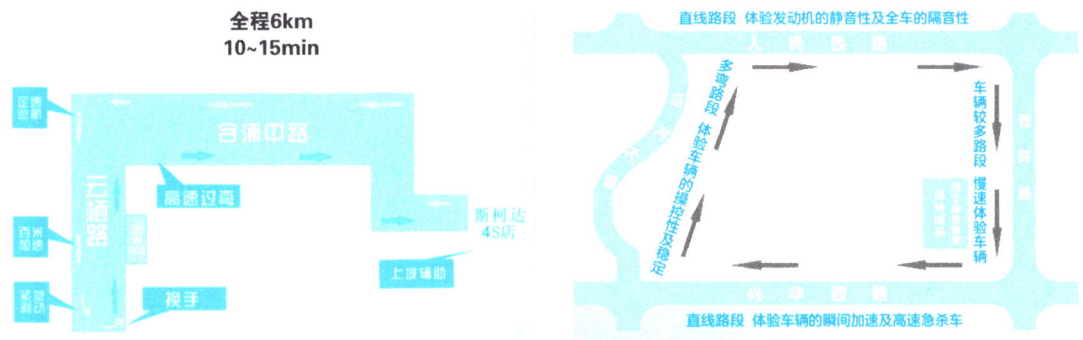

图7-3 经销店试乘试驾路线图

1)应选择有变化的道路,以便全面显示汽车的优势;如展现爬坡能力、直线加速性能、高速行驶稳定性及操控性、制动性能等。

2)汽车销售顾问必须熟悉所选道路,且所选道路应能完成15~20min的试车。

3)所选道路应避免建筑工地和交通拥挤的地区。

4)对于可能会有突发情况的路段,应事先调查清楚。

5)要保证在试车途中应有一处地点可以安全地进行试乘试驾换手工作。

(4)人员准备

1)销售顾问能熟练驾驶,且具有合法的驾驶执照,试乘试驾之前要熟悉客户资料。

2)若销售顾问驾驶技术不熟练,则请其他合格的销售顾问进行试乘试驾,自己陪同。

**2. 试乘试驾前**

1)向客户说明试乘试驾流程,重点说明销售顾问先行驾驶的必要性。

2)向客户说明试乘试驾路线,请客户严格遵守,参考话术见表7-2。

表7-2 试乘试驾时间和路线说明参考话术

| 流　　程 | 参　考　话　术 |
| --- | --- |
| 时间说明 | 我们试车大概只需要15min,您看时间可以吗? |
| 路线说明 | 1)我们已经为您准备好了您所关注的试驾车型,全程大概4.2km,这边有我们的试驾路线,我大概跟您介绍一下,等一下我会先开一圈,以便您熟悉车辆的性能特点和路线;接下来您就可以亲自驾驶这辆车了(同时签订试乘试驾协议)<br>2)我公司提供了两条试乘试驾路线图,可供您选择,根据刚才您提到的对车辆的需求,我建议您试驾这条路线,因为该路线最高限速80km/h,车流量较少可以充分地体验车辆性能<br>3)"这条路线包含了一般弯路、快速路等路段,符合您用车需求",根据试乘试驾路线图,为客户讲解试乘试驾的测试项目,测试重点及注意事项:"为了您的行车安全,请您在试驾全程中系好安全带" |

3)查验客户的驾驶证照并复印存档,签署安全协议与相关文件,如图7-4所示的"试乘试驾协议书"。

4)向客户简要说明车辆的主要配备和操作方法。

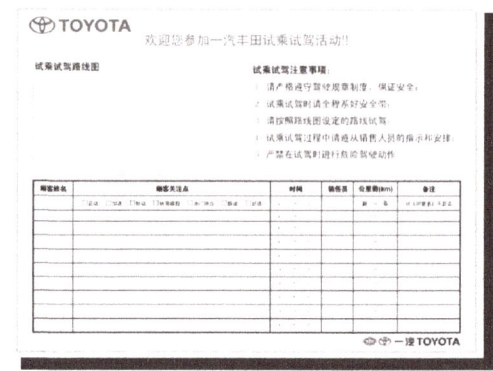

图 7-4 一汽丰田试乘试驾协议书（正反面）

### 3. 试乘试驾中

**（1）试乘试驾中——客户试乘时**

1）若有多人参加试乘试驾，则请其他客户坐在车辆后排座椅。

2）销售顾问先帮客户开启车门，然后快步回到驾驶座位上，主动系好安全带，确认车上人员系好安全带，提醒安全注意事项。

3）关注客户同伴，询问其座位位置是否舒适，并主动帮助其调整椅背或后座扶手，使其乘坐感觉舒适。

4）设定好空调及音响，同时在进行设定时逐一跟客户解释说明。

5）销售顾问将车辆驶出专用停车区域，示范驾驶。

6）销售顾问驾驶时依据车辆行驶状态进行车辆说明，展示车辆动态特性，说明车辆主要性能及特点。

**（2）试乘试驾中——换手**

1）在预定的安全地点换手。

2）换手时协助客户调整座椅、后视镜等配备，确认客户乘坐舒适并系好安全带，再次提醒安全驾驶事项。

3）在客户的视线范围内换到副驾驶座。

4）就车辆操作等向客户进行静态介绍，确认客户已对操作熟悉。

**（3）试乘试驾中——客户试驾时**

1）客户试车过程中，以精简交谈为原则，不分散客户驾驶注意力，确保行车安全，让客户静心体会驾驶乐趣。

2）试驾时应播放适合的音乐，音量大小适度。

3）适当指引路线，点明体验感觉。

4）不失时机地称赞客户的驾驶技术。

5）仔细倾听客户的谈话，观察客户的驾驶方式，发现更多的客户需求。

6）若客户有明显的危险驾驶动作或感觉客户对驾驶非常生疏，应及时果断地请客户在安全地点停车；向客户解释安全驾驶的重要性，获取谅解；改试驾为试乘，由销售顾问驾车返回展厅。

**4. 试乘试驾后**

1）确认客户已有足够时间来体验车辆性能，不排除再度试乘试驾的可能性；协助客户将车辆停放于指定区域，并引导客户回到洽谈桌旁。

2）适当称赞客户的驾驶技术。

3）针对客户特别感兴趣的配置再次加以说明，并引导客户回忆美好的试乘试驾体验。

4）针对客户试驾时产生的疑虑，应立即给予合理和客观的说明。

5）总结试乘试驾体验，填写图 7-5 所示的“试乘试驾意见表”。

TOYOTA

**试乘试驾意见表**

试乘试驾车型：________　　________年____月____日

1．请您就以下项目对试乘试驾车型给出您的意见：

| | | | | | |
|---|---|---|---|---|---|
| 起动、起步 | □好 | □较好 | □一般 | □差 | □很差 |
| 加速性能 | □好 | □较好 | □一般 | □差 | □很差 |
| 转弯性能 | □好 | □较好 | □一般 | □差 | □很差 |
| 制动性能 | □好 | □较好 | □一般 | □差 | □很差 |
| 行驶操控性 | □好 | □较好 | □一般 | □差 | □很差 |
| 驾驶视野 | □好 | □较好 | □一般 | □差 | □很差 |
| 乘座舒适性 | □好 | □较好 | □一般 | □差 | □很差 |
| 静谧性 | □好 | □较好 | □一般 | □差 | □很差 |
| 音响效果 | □好 | □较好 | □一般 | □差 | □很差 |
| 空调效果 | □好 | □较好 | □一般 | □差 | □很差 |
| 操控便利性 | □好 | □较好 | □一般 | □差 | □很差 |
| 内部空间 | □好 | □较好 | □一般 | □差 | □很差 |
| 内饰工艺 | □好 | □较好 | □一般 | □差 | □很差 |
| 上下车便利性 | □好 | □较好 | □一般 | □差 | □很差 |
| 外形尺寸 | □好 | □较好 | □一般 | □差 | □很差 |
| 外部造型 | □好 | □较好 | □一般 | □差 | □很差 |

2．您对陪同试驾人员的满意程度？

□很满意　□满意　□一般　□不满意　□很不满意

3．您对经销店试乘试驾服务的满意程度？

□很满意　□满意　□一般　□不满意　□很不满意

4．您的其他宝贵意见和建议：

姓名：________　　地址：________

电话：________　　E-mail信箱：________

一汽TOYOTA

图 7-5　一汽丰田试乘试驾意见表

6）利用客户试驾后对产品的热度，引导客户进入商谈阶段，适时询问客户的订约意向。

7）对每一位客户均热情道别，并感谢其参与试驾。

8）待客户离去后，填写客户信息，注明客户的驾驶特性和关注点。

## 作业

完成“学习工作页”项目 7 任务 7-1 的测试题和技能训练。

## 任务7-2 试乘试驾技巧

### 学习目标

通过本任务的学习，你能够：
1. 依据车辆特性进行动态说明。
2. 应对试乘试驾流程中客户的各种问题。

### 情景课堂

一家人参加试乘试驾活动，男士坐在前面开车，他太太抱一个小孩坐在后面，副驾驶位坐的是销售顾问。到路口碰到红灯，他一踩制动，结果车停下后，后排座上他太太抱着的那个孩子的脑袋碰到了前面的座椅，孩子"哇"的一声就哭起来了。夫妻俩本来是很高兴的，结果两个人在车上吵起来了，弄得很不愉快。

【分析】

在试乘试驾流程中，一定要注意很多细节。销售顾问在上路之前一定要做一个静态的介绍，在客户坐上车以后，先让客户不要急于上路，先试一试加速、制动和档位的感觉，别挂错了档。销售顾问一定要让客户先体验，了解这些细节再上路，避免出现事故。

请思考：1. 这其中哪些环节销售顾问做得不够到位？
　　　　2. 试乘试驾需要注意哪些事项？

### 知识链接

#### 一、依据车辆特性进行动态说明

作为销售顾问，陪同客户试乘试驾完以后，如果客户没有产生更大的购买欲望，可能主要是因为你没有对客户关心的问题进行确认。所以，你在执行这个流程的时候，一定要让客户不间断地参与和确认。

**1. 车门的声音**

在客户试乘试驾车辆之前，销售顾问应给客户做静态的介绍。销售顾问可以说，"您看这辆车的门，您听一听这辆车关门的声音"。这也是很多销售顾问成功的一个关键。引导客户说："这辆车货真价实，安全性很好，没有空荡荡的感觉。"

**2. 发动机的动力**

在销售车辆的时候，经常有一些客户把竞争对手的车拿来和你销售的车做比较，所以你在介绍的时候，一定要突出你所销售的车的优势，并且尽量让客户感觉到。

**3. 车辆的可操控性**

（1）**车窗按钮**　通过在驾驶中同时操控各类车窗按钮等让客户来参与。

（2）**音响按钮**　让客户通过对音响系统的操作体验车辆的操作便利性。让客户感觉到想做什么事情不用担心，触手可及。这就是可操控性。

（3）**舒适性**　注意要在客户体验完，下车的时候再问他车的舒适性怎么样。如果在他开车的过程中问，他就注意这一点了，只要稍微颠一下，他就觉得这个车舒适性不好。等到体验完快下车的时候再问："你坐在里面的感觉怎么样，颠不颠?"其实每辆车都颠簸，但是当时他的精力集中在双手使用哪个键、哪个开关这些方面了，不会注意这辆车在什么地方颠的问题。

## 二、与客户交流的技巧

（1）**请客户进展厅**　销售顾问要提前设计，把客户在展厅里面看车时所关心的那些问题，在这次试乘试驾的过程中让他参与和确认。确认完，客户说没问题了，就请客户到车里坐一下。在一般情况下，如果客户不坐，可以考虑下面两种方法。

1）送礼品。这时你可以说："等一下，我们还有一份礼品送给您。"这是一种让客户和你进展厅的方法。

2）填表。你还可以说："还有一件事情麻烦您配合一下，有一张表请填一下，您对这款车有什么好的建议，您自己有什么感受都可以写到里面。"在这种情况下客户一般不会推辞。因为客户不花钱开了车，心想：配合一下有什么关系呢！这个时候销售顾问就可以把客户带到展厅里面去了。

（2）**留住客户**　回到了展厅以后，销售顾问可以接着和客户谈，让客户参与，让客户确认。一项一项地提示他，提示完以后，客户本来怀疑的问题都解决了。

1）留住客户带来的孩子。进展厅以后，客户带去的小孩要特别关注。例如，给他们提供糖果，带他们去儿童娱乐区，或者玩电脑游戏。小家伙往那儿一坐，大人一般很难把他叫走了。这都是把客户留下来的方法。

2）让客户抽烟、喝咖啡。有的客户坐下来以后就会抽烟，你可以让客户休息一下，抽一支烟。抽一支烟大概需要三五分钟，在抽烟的过程当中，可以给客户冲一杯咖啡。一步一步进入下一个流程。

（3）**确认事先所谈的问题**　在这个时候不要忘记一个很重要的因素，就是确认事先谈的问题，客户所担心的每一个问题都经过确认以后，彼此就该签合同了。这种情况下，客户一般不会退出。因为从心理学的角度来说，他看你为了他忙碌，然后又让他试乘试驾，一项一项和他确认，这些都没问题了再退出他会感到亏欠你，下面肯定是进入买车状态了。

（4）**以客户的需求为中心**

**课堂互动**

汽车销售流程中的各个环节都应该体现"以客户为中心"的思想。

那么在试乘试驾的环节，如何做到"以客户为中心"？

1) 在确认客户有足够的时间体验车辆及其特色后,说明车辆的特色和好处。
2) 在试乘试驾过程中不要提及价格。
3) 重点强调或突出在车辆展示时介绍的特色和好处。
4) 了解车辆是否符合客户的需求。
5) 提出那些一下就能激起客户兴趣的内部配置和特征。
6) 客户在试驾过程中,如果没有提出问题,销售顾问尽量不要讲话,让客户自己充分体会车辆的特性。
7) 每次都应根据车辆动态方面的特有强项,以及每位客户的特别需求,对试乘试驾进行量身定制。

研究表明,下列要点能够增加客户对试驾的满意度:
① 主动提供试乘试驾的机会。
② 在试乘试驾过程中,选择常见类型的路面。
③ 试乘试驾时间不应太短,以 15~20min 为宜。

**(5) 把握实际,强调汽车的亮点** 为了安全起见,销售顾问在客户试乘试驾过程中,尤其是在不稳定的路况条件下,不宜长篇大论地介绍汽车的卖点。因此,在试乘试驾过程中遇到红灯、中间休息或者处于平稳地段时,销售顾问可以根据实际情况,抓住机会和客户交流试车的体验。客户在试车时,对汽车性能有亲身操作和体验,再加上销售顾问的辅助介绍,会有更加深刻的印象。

例如,在客户倒车入库过程中,销售顾问可以在停车后,使用以下话术介绍车辆倒车功能的便利性:"在刚才倒车的时候,您是不是感觉到虽然车很大,但是倒车入库是一件很轻松的事情。倒车视野非常好,而且前后全方位驻车系统会及时提醒您哪里有障碍物,以及障碍物有多远! 只要您一挂倒档,这个功能就自动启动了。还有,您有没有感觉到在车辆低速时可以提供给您很大的助力,来回打转向盘都很轻松! 就算是用一个手指也能轻松转动转向盘。"

**(6) 正确处理客户异议** 在试乘试驾过程中,客户抱着既向往又挑剔的心理,因此很有可能直接指出汽车的某些不足之处。在这种情况下,销售顾问不要据理力争,也不要敷衍搪塞,以免破坏客户试乘试驾的心情。销售顾问应该通过专业的知识来引导客户的思路,引导客户对试乘试驾车辆进行正面、积极的体验和评价。处理客户异议的话术举例如下:

客户:"车子行驶的速度有点儿慢哦!"
销售顾问:"其实您不问这个问题,我也正想向您解释呢!"
客户:"那你解释一下。"
销售顾问:"行驶的速度感觉不快,主要是由这款车的夹层玻璃引起的,它是由两层玻璃中间加一层 PVB 胶片制成的一种安全玻璃,光学性能好,不但可以吸热、防紫外线,还可以使光线变得柔和,从而给人一种减速的感觉。另外,这款车减速效果好,开起来很稳,也会让您感觉速度不快。其实您看看车速表就知道了,现在的时速已经超过 80km 了,您说这速度慢吗?"

**(7) 对客户多一些赞美** 在试乘试驾过程中对客户多一些赞美,可以激发客户的积极性,使其乐于主动与销售顾问分享试驾感受。常用的话术有:

"先生/女士,您车开得真稳,刚刚提速的时候我一点儿都没有感觉出来,非常平稳。

项目7 试乘试驾 101

您感觉怎么样呢?"

"先生/女士,刚刚您那个紧急制动真是干净利索,我虽然开了几年车,但是刚才如果是我驾驶,恐怕做不到。"

"先生/女士,您倒车真是驾轻就熟,就这么两三下,车子就停得四平八稳,真不错。您觉得倒车雷达好用吗?"

### 素养培育场

#### 汽车销售试乘试驾流程实战策略

1)试乘试驾很重要,因为试乘试驾对客户和商家都有不同的目的。对客户来说,可能正在收集产品信息为后期购车做决策依据,所以试乘试驾。对于商家来说,就是要让客户在试乘试驾中体验到产品的优势,同时通过有针对性的措施规避产品的不足或者有目的的巧妙呈现产品的不足从而促进销售成交。

2)在试乘试驾时,站在销售顾问的角度来说,有两个主要目的。一是向客户展示产品的优点,二是规避产品的不足。在试乘试驾前,销售顾问应充分了解产品的优点有哪些、缺点有哪些。优点应通过试乘试驾路段的选择来充分展示,缺点应巧妙地转化为客户可以接受的特点,甚至可以转化为优点来进行规避。

3)汽车4S店的试乘试驾陪驾专员应具备8个方面的素质:①对品牌的高度忠诚;②熟悉厂家及品牌历史;③了解车辆性能及优缺点;④高度关爱试驾车辆;⑤熟悉竞争对手车型的优缺点;⑥优秀的产品示范能力;⑦良好的语言表达能力;⑧得体的商务礼仪呈现。

4)试乘试驾成功邀约的7个关键:①主动提出试乘试驾邀请;②说明试乘试驾目的;③解除客户的顾虑;④询问客户原用车辆的情况;⑤了解客户对原用车辆的评价;⑥约束原用车为高档车客户的期望值;⑦引导原用车为低档车客户的关注点。

5)试乘试驾前要做的12个充分准备:①试乘试驾车辆外观符合标准;②试乘试驾车辆内部空气清新;③提前开启空调保持舒适温度;④车内放置头枕及撑腰垫;⑤准备不同风格的试音道具;⑥便携式记事便签;⑦客户试乘试驾情况调查表;⑧试乘试驾路线设计图;⑨试乘试驾车辆保险齐全;⑩查验、复印、留存客户驾照;⑪查验、复印、留存客户身份证;⑫签订"试乘试驾协议书"。

6)陪同试乘试驾的13个关键环节:①上车前使转向盘处于回正状态;②为客户及其他人提供饮料;③控制车钥匙的使用;④说明试乘试驾具体流程;⑤先静态体验后动态体验;⑥先试乘后试驾;⑦帮助客户调整座椅坐姿;⑧检查乘客系好安全带;⑨控制车速不超过60km/h;⑩与客户随行人员保持沟通交流;⑪遇到路况有变提前说明;⑫适时记录客户提出的问题;⑬询问客户对车辆的体验感受。

7)试乘试驾结束后要做的7个关键动作:①与客户一起就体验情况进行总结;②展示其他客户试乘试驾体验留言;③让客户填写"试乘试驾满意度调查表";④请客户给出正面评价;⑤向客户提出购车要求;⑥请客户介绍其他新客户;⑦请客户参与其他的互动活动。

8）什么时候邀请客户试乘试驾？三种情况下应该邀请客户试乘试驾：①当客户对产品表现出极大兴趣、主动提出试车时；②当客户对产品表现出较大兴趣，但是对销售顾问的说辞有疑虑时；③当客户对产品有偏见，销售顾问需要改变客户的看法时。

9）每个前来购车的客户都有自己的驾车风格，销售顾问在陪同客户做试乘试驾前应该有所了解。对客户的利于展示产品优点的驾车风格，可以鼓励客户保持，并且在试乘试驾时充分发挥出来。对那些不利于产品优点展示或可能暴露产品不足的驾车风格，则需要提前做预防性约束，或者调整路段。

10）在销售过程中，客户提出不利的问题并不可怕，关键是如何预防问题的发生。经过多次试乘试驾后，销售顾问应该总结出试乘试驾过程中经常遇到的若干主要问题，从而采取措施进行预防。例如，在问题发生之前先巧妙地向客户做预防性引导，从而减少在试乘试驾过程中出现的"惊喜"，提高试乘试驾客户满意度。

11）完美的产品很少，在汽车销售过程中，客户总能找到产品的不足之处。不足之处如果让客户发现了，销售顾问再解释，往往会被客户认为是在狡辩。这时说得越多客户疑心越重，因为事实是很难隐藏起来的。聪明的做法是有技巧地说出来，把缺点转化为特点，从而让客户觉得这是合情合理的。例如，在试乘试驾前，可以向客户说：我们这款车是由德国工程师设计的，所以保留了许多德系车的特点，如车身钢板比较厚、车身比较结实、悬架比较硬等，等一下您在过减速带的时候应该能感受到的。这样说过之后，会增加客户对销售顾问的信任。

12）很少有人会主动承认自己的错误。同样，在试乘试驾过程中，如果客户对产品的驾驶操作不熟悉导致了不愉快体验，他们很少会归结为自己的原因，反而会认为是产品不好，把责任推到产品或者销售顾问身上。所以，在试乘试驾前，销售顾问应该向客户介绍车辆各功能部件的操作方法，然后让客户亲自动手试一试，确认客户会操作后，才能把车辆交给客户驾驶。在这个过程中，销售顾问可以这样说："先生（女士），为了让您获得更好的试乘试驾体验，我们得一起花几分钟来熟悉一下这款车的一些功能特点和主要部件的操作方法。我先给您讲解一遍，然后您再尝试一遍，您掌握了使用方法之后，我们再开始真正的试乘试驾，这样您就不会发生误操作，会让您的试乘试驾更加顺利。"

13）在试乘试驾之前，聪明的销售顾问应该巩固与客户的关系。一般可以采取的比较简单有效的方法是，销售顾问与客户找到3个以上的共同点。销售顾问与客户的共同点越多，客户对销售顾问越有好感。例如，聪明的销售顾问会这么说："先生，我们有太多的相同点了，您看我们都来自同一个地方、说同一种方言、同一个母校，还都同样销售过建材产品，不同的是您做了老板，而我是专门为您提供服务的人，哈哈，您得关照着点我哦。"

14）了解客户的随行人员与客户是家人、朋友，还是同事或者上下级的关系，这很重要。可以根据客户与随行人员的关系分别采取不同的应对策略。如果随行人员是客户的朋友，一般是来充当参谋的，要想办法降低他在试乘试驾过程中的挑剔程度。如果随行人员是客户的家人，则要重点关注他的喜好，给予适当的奉承赞美，满足他的心理需求，使他得到充分的尊重。例如，可以这样说："先生，这位是您的朋友吧，你们是在同一个公司上班的吗？""嗯，您这个关切是非常有必要的，看来您在生活中很细心哦。"

15）当客户第二次来店的时候，随他同来的朋友往往是"坏事的主儿"，聪明的销售

 项目7 试乘试驾

顾问应该主动、热情地向他做自我介绍，并递交名片，最好能提供一份独特的礼物，然后询问客户的姓名或者称呼方式，互相认识后就不再是陌生人了，从而建立起初步的朋友关系，有利于降低他在销售过程中的"破坏"行为。

16）在试乘试驾过程中，销售顾问一般陪同客户坐在前排，以便向客户提供及时服务。客户的随行人员一般会坐在后排座椅上，但也不可冷落了他。在条件允许的情况下，应该让同事陪同客户的随行人员乘坐在后排提供有关的解说服务。提高了客户随行人员的服务满意度，他就不会在客户面前挑销售顾问或产品太多毛病。

17）在试乘试驾时，如果销售顾问坐在前排陪同客户，请同事帮忙陪同后排乘客时，可以这样说："朱大哥，这是我的同事，叫王××，接下来在整个试乘试驾过程中，将由她为您提供服务。因为我坐在前排，恐怕对您有服务不到位的地方，所以请了他过来帮帮忙，您有什么需要了解的，都可以问他，也可以问我。"

18）在试乘试驾时，聪明的销售顾问在车辆起动之前不会把车钥匙交给客户，只要车辆一熄火就把车钥匙拿回手上。因为上车后还有很多信息要提前告知客户，但是客户往往没有耐心听讲。究其原因，大多是因为销售顾问过早地把车钥匙交给了客户，客户拿到车钥匙之后就习惯性地点火试车，自然没有耐心听销售顾问说话了。

19）试乘试驾要分两个阶段进行：第一个阶段是先让车辆处于静态，此时销售顾问引导客户体验产品的有关属性；第二阶段是试乘与试驾阶段，在这个阶段，应该先让客户坐在副驾驶座进行试乘体验，由试乘试驾专员驾车，一边开车一边向客户做介绍，然后再让客户驾车，销售顾问坐到副驾驶座，为客户答疑解惑，提供服务。

20）试乘试驾结束后，可以向客户提出三项要求，分别是向客户提出购车要求、要求客户介绍其他新客户、要求客户参与其他的互动活动。当然，不能简单直接地提出，要有技巧，分先后顺序提出。根据互惠心理原理，一般来说，销售顾问做出退让之后，客户也会不知不觉地做出退让。这三项要求是销售顾问引导客户逐步妥协的过程，应该首先提出客户购车要求。这项要求对客户来说压力是最大的，一般不会答应。销售顾问接着就可以提出第二项要求，即要求其介绍新客户。如果客户还是不答应，就应该提出第三项要求，即要求客户参与公司举行的后续活动。通过这种方式向客户提要求，一般能提高客户对销售顾问所提要求的配合程度。

 **话术举例**

**试乘试驾话术**

**试乘试驾准备（A）**

王先生，您好！（如果销售顾问与客户相识，无须递送名片）。欢迎您来参加我们的试乘试驾活动，里面请。

（边走边说）试驾车我已经给您准备好了，就是您上次看的那款××版。

关于试驾的注意事项再给您讲解一下。您请坐。

喝点什么饮料？我们这里有免费的××、××和××。我记得您上次喝的是××，这次还点这个？（拿水的同时，携带文件夹）您请慢用。那我坐下来给您讲解一下？（入座后）谢谢！

王先生，等一下我们先办理试驾手续，然后由我们专业的试乘试驾专员——小刘，带您去试驾。最后，麻烦您返回经销店，协助我们填写一下"试乘试驾反馈表"。整个过程大概需要45min的时间，您看行吗？

那请出示一下您的驾驶证。

好的，谢谢！（做查看驾驶证动作）。哇，您有××年驾龄了，驾驶技术一定很好。

王先生，这是我公司的"试乘试驾客户协议书"，请您先过目。请您看看有什么地方需要我解释的？如果没有问题请您在客户确认的位置签字（用手指出签字位置）。我去复印一下驾驶证。

王先生，这是您的驾驶证，请收好。等下由专业的试乘试驾专员带您去试驾，我先给您介绍一下路线。我们经销店已经为您选择了一条合适的试驾路线，全程2km，总耗时约5min。您请看。我们从经销店出发，前面是下坡道，再向右，这一段请直行（配合手势指示），这里有人行道，要注意车速，这里可以体验一下连续弯道；这里左转之后是一个大直道，我们可以体验一下××的高速性能；这条路左转有个陡坡，之后就回到了我们的经销店。您看这样可以吗？（客户体验重点需要在讲解相应路段时进行提示）

您有什么想特别想要体验的吗？

好的，您想体验的重点，我们试乘试驾专员会提醒您的。

行，那我向您介绍一下试乘试驾专员。

我们的试乘试驾车都是定期保养的，车况都很好，您可以尽情体验。我们的试乘试驾专员也会提醒您道路状况的，您可以放心驾驶。那我现在就带您过去？

**（A/B 交接）**

A：王先生，（如有两位前来，称呼两位姓名的同时，用目光示意试乘试驾专员）这位就是我们的试乘试驾专员。（试乘试驾专员点头示意）

B：王先生，您好，我是试乘试驾专员××（握手/递名片），很高兴为您服务！刚才我听同事介绍说今天主要想体验一下……性能，是吗？（如果是多位客户，还须确认：主要是王先生试驾，是吗?）

B：试驾车已经为您准备好了，请。

（同时）

A：我就在展厅恭候您/两位！（希望您能有一个完美的试乘试驾体验）。

**试乘试驾专员（B）**

王先生，××采用的是智能无钥匙进入系统，只要钥匙带在身上就可以直接打开车门，无须按一下。您看是不是很方便？

您请进，小心碰头。（引导主驾入座，如有陪同人员，引导陪同人员后排入座）。

王先生，××的座椅是×向电动调节，现在这个位置怎么样？您也可以自己调节。（如有陪同人员，询问：×先生，您那儿怎么样?）那我坐在副驾驶位？

王先生,您听,我们的关门声非常厚重。(从车前方走向副驾位)

(坐下后)王先生,请您系好安全带!谢谢!

这是车辆的钥匙,请您拿好。现在我们调节一下后视镜的角度(指出后视镜的调节开关,引导客户亲自调节角度)。(后视镜调节好后)转向盘可以四向调节,您可以调到最舒适的位置。

王先生,我们在驾驶过程中要注意安全第一,毕竟您的安全是最重要的,最高时速不能超过××km,请您务必遵守交通规则,并听从我的指引。在驾驶过程中,我会适时提醒您行驶路线和体验的要点。

需要我介绍一下相关操作吗?(如果客户说不用,那就不要介绍;如果客户说需要介绍,介绍一下档位设置就行了)好的,P就是驻车档、R就是倒档、N就是空档、D就是前进档。车辆前进的时候放在D位就可以了。

行,那我们可以开始了吧!请您踩住制动踏板,按下这个键。好,我先记录一下行驶里程。

您看,我们的TSI发动机起动非常平稳,丝毫感觉不到任何抖动。如果不留意转速表的话,根本感觉不到车辆已经起动了,对吧?

试乘试驾专员预告(简称预告):好的,现在您可以挂到D位,轻踩加速踏板起步。

试驾专员反馈(简称反馈):起步很迅速,动力很充沛,是不是?这就是号称世界十佳的发动机带来的非同凡响的效果。

前面是下坡,请注意减速。

之后请后转。(转弯时就开始说)××采用了电子助力转向系统,低速转弯非常轻便。中段加速超车(速度从60km/h加到80km/h这一过程)。

预告:转弯之后来到一个开阔的直线路段,您可以稍稍踩一下加速踏板。

反馈:怎么样?中段加速的性能也不错吧!推背感很强吧,换档也很流畅是不是?

我打开音响请您试听一下。怎么样?音质还不错吧!(为了使后面的谈话听清楚,可以关掉音响)您买了车之后,可以和您的手机进行匹配,就可以播放您手机上的歌曲了,还可以语音点歌呢!

### 坏路通过

预告:前方是坏路段,您小心驾驶、减速慢行。同时可以感受通过坏路时的乘坐舒适性。

反馈:车身振动很小,对吧?××采用了前麦弗逊、后多连杆的独立悬架设计,兼顾了车辆的操控性和舒适性,能够轻松应对路面的各种状况,提供了绝佳的舒适性。

说到舒适性,我们的座椅值得一提,我们采用了真皮材质,不仅多向可调,而且有通风、加热、按摩功能,非常舒服。

——前方人流量较大,请您注意减速慢行,转弯(/连续转弯)。

——前面是一个环形左转弯,您可以体验一下××弯道表现。

——您看现在转弯是不是很稳,侧倾也很小?

预告:接下来呢会有一个连续转弯。

反馈：您的驾驶技术真不错，过弯非常流畅。您良好的驾驶技术在我们这款车上得到了充分展示。转向精准，干净利索，对吧？这正是电子助力转向和车身电子稳定控制系统共同作用的结果，其他同级车没办法做到这一点。

### 高速行驶（车速 80km/h）

预告：王先生，前面的路况比较好，您可以保持80的时速，体验一下××高速稳定性和静音效果。

反馈：时速到了80，车子还是非常稳定，流畅的车身线条和完美的悬架设计让车子丝毫没有发飘的感觉，对吧？

您看在这样的高速下，车内还是很安静的。我们的谈话丝毫不受影响。

### 紧急制动（车身稳定系统）

预告：这段路车少，您可以试一下车子的紧急制动。请把应急灯打开以提醒后面车辆注意安全。（时速在80km左右将车子紧急制动）

反馈：车子的制动效果是不是很好？制动响应快，没有明显的"点头"现象，车身没有左右晃动，制动距离也短，对吧？非常安全。

现在请把应急灯关闭。打左转方向，请您轻踩加速踏板，前面有个Z形上坡路段，要加油上坡。

请前方左转再左转，就可以回到我们的4S店了。这里请停车。平时如果您要倒车的话，我们车上配备了倒车影像，用起来非常安全和方便。

车停稳之后，您可以按下这个按钮（配合手势），它的作用相当于驻车制动。只要按一下，就可以将车稳稳地停住。这样就可以安全驻车了。我记录一下行驶里程。

王先生，我们的试乘试驾体验完了，您辛苦了，请回到展厅休息一下，由我的同事小李继续为您服务。您下车小心碰头。（小李上前迎接）

王先生，您辛苦了，请坐。我给您再上一杯××，好吗？

这是我们的试乘试驾反馈表。麻烦您对车辆的各方面性能给一个评价，还有哪些没有的服务也写一下。以便我们在后面的服务中做得更好。

谢谢！（接过反馈表）看来您对我们这次试乘试驾还是很满意的，特别是××方面的性能。感谢您对我们的肯定。

您开得这么好，对我们的车也这么满意，那您今天要不要定下来呢？价钱我们上次已经谈好了，而且今天是10周年店庆，现在下单还有价值5000元的大礼包赠送，以及免费升级为白金会员，以后的人工费可以享受8折优惠。

（不下单）嗯，好的。那您回去再慎重考虑一下，不过我要提醒您机会难得呀！

感谢参加我们的试乘试驾活动，这是我们的小礼品，欢迎您有时间可以带上家人和朋友再来参加我们的试乘试驾活动，同时我们有什么优惠信息也会第一时间通知您。

（下单）好的。您是支付现金还是刷卡呢？好，这边请。这是您的订单和收据。车到了之后我们会马上通知您。这是试乘试驾的礼品，感谢您选择我们××的车辆。

请带好您的随身物品，我送您出去。欢迎下次光临，再见。

项目7 试乘试驾

完成"学习工作页"项目7任务7-2的测试题和技能训练。

# 项目 8 异议处理和议价成交

## 项目解析

异议处理：在销售洽谈的过程中，当销售顾问以各种形式向客户介绍和展示车辆后，一般情况下，客户是有反应的。客户的反应不外乎两种：①同意购买，但在实际销售活动中，这种反应是较少见的；②提出各种各样的购买异议，这种反应是很普遍的、不可避免的。销售顾问应该正确地认识和把握客户异议，采取不同的策略，促进交易。因此，正确对待和妥善处理客户异议，是销售顾问必备的基本功，也是每个销售顾问必须掌握的技能。

报价成交：销售顾问应该让客户了解购车细节，促进购买成交，做好客户的购车顾问，提升客户满意度。说明销售价格、制作合同与签约是这个环节的主要组成部分，在任何商务谈判中价格的协商通常会占据70%以上的时间，这是整个销售流程中非常重要的环节。

## 任务8-1 异议处理

### 学习目标

通过本任务的学习，你能够：
1. 正确认识客户异议。
2. 运用基本方法解决客户异议。
3. 熟悉不同类型的客户异议。
4. 熟悉客户异议处理的一般步骤。
5. 熟悉典型客户异议处理的一般方法。

项目 8　异议处理和议价成交

## 情景课堂

**【情景1】** 王某与朋友一同来4S店，其对4S店销售的车型非常满意，但是其朋友对此车评价一般，并且希望王某放弃购买此车，作为销售顾问的你会怎么办？

**【情景2】** 假如你是一名汽车销售顾问，一位客户看中了某款车型，但是该客户因为近期该品牌的"召回"事件而担心车辆的质量问题。作为销售顾问的你该如何解决？

**【情景3】** 客户A对车辆的性能、外形及售后服务方面都已经认可，但谈来谈去客户A还是拿不定主意。你看他比较有诚意，报了比较实在的价格，并告诉他："近期该车型没有促销活动，价格上不会有大幅度的调整。我给你的价格已经非常实在了。"客户A说："我看杂志分析说年底大部分车型都要降价。我想再等几个月看看。"作为销售顾问，你如何处理？

**【情景4】** 客户看上了一款汽车，内心觉得价格偏高。当他坐在驾驶室，尝试各种功能时，就不停地抱怨这不好那不好，你如何回应客户？

**【情景5】** 客户多次到店看同一款车，却一直说另一个品牌的车好。你如何回应客户？达成交易？

……

请思考：如何正确认识客户的异议？有哪些方法解决客户异议？

## 知识链接

### 一、正确认识客户异议

#### 1. 客户异议的概念

所谓客户异议，是客户对销售顾问或其推销活动做出的一种在形式上表现为怀疑（或否定或反对）的反应。简单地说，被客户用来作为拒绝购买理由的意见、问题、看法就是客户异议。在实际推销过程中，销售经常遇到"对不起，我很忙""对不起，我没时间""对不起，我没兴趣""价格太贵了""质量能保证吗"等被客户用来作为拒绝购买推销品的理由，这就是客户异议。

在销售洽谈过程中，客户往往会提出各种各样的异议，并且这些异议存在于整个销售过程中。这既是整个销售过程中的一种正常现象，也是销售走向成功必须跨越的障碍。从这个意义上说，遇到客户异议，才算整个销售工作的真正开始。因此，正确对待并妥善处理客户所提出的有关异议，是现代销售顾问必须具备的能力。销售顾问只有正确分析客户异议的类型和产生的原因，并针对不同类型的异议，采取不同的策略，妥善加以处理，才能消除异议，促成交易。

#### 2. 客户异议的成因

在销售过程中，客户异议的成因是多种多样的。既有必然因素，又有偶然因素；既有可

控因素，又有不可控因素；既有主观因素，又有客观因素。但归纳起来主要有以下四个方面的原因。

(1) 客户方面的原因

1）客户的自我保护。人有本能的自我保护意识，在没弄清楚事情之前，会对陌生人心存恐惧，自然会心存警戒，用排除排斥的态度，以自我保护。

当销售顾问向客户推荐商品时，对于客户来说销售顾问就是一位不速之客，推荐的商品也是陌生事物。即使客户知道推销品的功能、作用，但也会出于本能地拒绝，或者提出这样那样的问题乃至反对意见。绝大多数客户提出的异议都是在进行自我保护，也就是自我利益的保护。他们总是把得到的与付出的做比较。因此，销售顾问要注意唤起客户的兴趣，提醒客户购买该商品所能带来的利益，才能消除客户的不安，排除障碍，进而达成交易。

2）客户缺乏商品知识。现代科学技术的发展，使产品的市场寿命周期越来越短，新产品层出不穷，商品的科技含量大大提高。一些新产品，尤其是科技含量较高的产品有时不能立即被认识和接受，从而导致了客户异议的产生。一般来说，客户的文化程度越低，所获得的购买与消费方面的知识越少，越容易导致异议。

因此销售顾问应从关心与服务客户的角度出发，以各种有效的展示与演讲方式深入浅出地向客户推荐商品，进行启蒙和普及宣传工作，使客户正确认知商品，以便有效地消除客户异议。

3）客户情绪不好，心情欠佳。人的行为有时会受到情绪的影响。销售顾问和客户约好见面，客户临时遇到不开心的事情，就很可能提出各种异议，甚至恶意反对，借题大发牢骚，肆意埋怨。此时，销售顾问需要理智和冷静，正视这类异议，做到以柔克刚，缓和气氛。反之，就可能陷入尴尬境地。

4）客户的决策权有限。在实际销售洽谈过程中，销售顾问会遇到客户说："对不起，这个我说了不算。""等我家里人回来再说吧。""我们再商量一下。"等托词。这可能说明客户确实决策权力不足，或客户有权决策但不想承担责任，或者是找借口。

5）客户缺乏足够的购买力。客户的购买力是指在一定的时期内，客户具有的购买商品的货币支付能力。它是客户满足需求、实现购买的物质基础。如果客户缺乏购买力，就会拒绝购买，或希望得到一定的优惠。有时客户会用此作为借口拒绝销售顾问，有时会利用其他异议来掩饰缺乏购买力的真正原因。因此，销售顾问要认真分析客户缺乏购买力的原因，以便做出适宜的处理。

6）客户有比较稳定的采购渠道。当销售顾问及其企业不能使客户确信可以从经销店得到更多的利益或更可靠的合作时，客户是不愿冒险丢掉长期以来建立的业务关系的，因而对陌生的销售顾问及其产品怀有质疑、排斥的心理。

7）客户的购买经验与成见。客户在日常购买活动中的经验往往用以指导其后续的购买行为，如果客户在以往购买实践中有过较多的经验教训，他可能会牢记心中并形成对某个品牌（某人）的成见。尤其对一些新产品或高新技术产品而言，客户的经验与成见是导致销售失败的原因之一。

(2) 产品方面的原因　　由于产品本身的质量问题而引起客户异议的情况也很多，大致可归纳为以下几个方面：

1）产品质量。产品质量包括：产品的性能、规格、颜色、型号、外观等，如果客户对车辆上述某一方面存在疑虑、不满，便会产生异议。当然，有些异议确实是车辆本身有质量问题，有的则是客户对车辆的质量存在认识上的误区或成见，有的是客户想获得价格或其他方面优惠的借口。所以，销售顾问要耐心听取客户的异议，去伪存真，发现其真实的原因，设法消除异议。

2）车辆的价格。调查显示：75.1%的销售顾问在销售过程中遇到过价格异议。客户产生价格异议的原因主要有：客户主观上认为车辆价格太高，物非所值；客户希望通过价格异议达到其他目的；客户无购买能力等。

3）车辆的品牌或外观。无论是商品的品牌还是外观，都是商品的有机组成部分。如果客户对此有什么不满，就可能引起客户的异议。对车辆来说，也是如此。

4）对车辆的销售服务。销售服务包括售前、售中、售后服务。在日益激烈的市场竞争中，客户对服务的要求越来越高。销售服务的好坏直接影响客户的购买行为。

在实际销售过程中，客户对车辆的销售服务的异议主要有：销售顾问未能向客户提供足够的产品信息和企业信息，没能提供客户满意的服务，对产品的售后服务不能提供一个明确的信息或不能得到客户的认同等。

（3）销售顾问方面的原因  客户的异议也有可能是由于销售顾问素质低、能力差造成的。例如，销售顾问礼仪不当；不注重自己的仪表；对车辆的相关知识一知半解，缺乏信心；销售技巧不够熟练等。因此，销售顾问能力、素质的高低，直接关系推销洽谈的成功与否。销售顾问一定要重视自身修养，提高业务能力及水平。

（4）企业方面的原因  例如，企业经营管理水平低、产品质量不好、不守信用、企业知名度不高等，都会影响客户的购买行为。客户对企业没有好的印象，自然对企业的产品不会有好的评价，也就不会去购买。

**3. 正确认识客户异议**

客户异议存在于整个销售洽谈过程中，它既是销售的障碍，也是成交的前奏与信号。美国著名推销大师汤姆·霍普金斯（Tom Hopkins）把客户的异议比作金子；"一旦遇到异议，成功的推销员会意识到，他已经到达了金矿；当他开始听到不同异议时，他就是在挖金子了；只有得不到任何不同意见时，他才真正感到担忧，因为没有异议的人一般不会认真地考虑购买。"

客户存在异议是不可避免的，是合作的第一步。为客户解决异议，是对销售顾问专业知识的检验，能够提升个人的专业素质。

客户有异议表明客户对销售顾问及所销售的车辆有兴趣。一般情况下，客户越用心挑剔，就恰恰证明了他的关注程度越高。我们可以通过异议来了解客户隐藏在内心深处的需求和问题，从而调整销售策略和方法。销售顾问也可以通过异议来了解客户对所推荐的产品的认可和接受程度，并根据实际情况进行调整。

出现异议并不是一件坏事。面对异议，销售顾问不仅要接受，而且要欢迎，不要把异议视为销售的阻力，而要将其看作引领你继续完成交易的指示灯，并从而调整方向。销售顾问要使客户对自己建立信心，就必须能为客户解答难题、解决问题。

**4. 客户异议的类型**

在销售活动中，客户异议大致有以下几种类型，如图8-1所示。

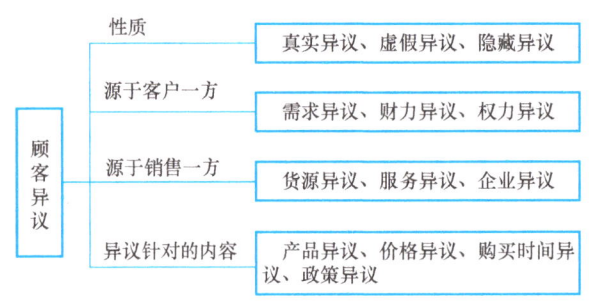

图 8-1 客户异议的类型

下面主要介绍按性质划分的几种异议：

1）真实异议。真实异议是指客户的真实意见和不同看法，因此又称为有效异议。对于客户的真实异议，销售顾问要认真对待、正确理解、详细分析，并区分不同异议的原因，从根本上消除异议，有效地促进客户的购买行为。

2）虚假异议。虚假异议是指客户用来拒绝购买而故意编造的各种反对意见和看法，是客户对销售活动的一种虚假反应。虚假异议并不是客户的真实想法，可能是客户为了争取更多的交易利益而假借的理由。一般情况下，对虚假异议，销售顾问可以采取不理睬或一带而过的方法进行处理。因为即使销售顾问处理了所有的虚假异议，也不会对客户的购买行为产生促进作用，因此虚假异议又称无效异议。对于客户的虚假异议，重要的是销售顾问如何分辨。

知识加油站

### 虚假异议很常见

在实际销售活动中，虚假异议在客户异议总量中的占比较大。日本有关销售专家曾对 387 名销售对象做了如下调查："当你受到销售顾问访问时，你是如何拒绝的？"结果发现：有明确拒绝理由的只有 71 名，占 18.8%；没有明确拒绝理由，随便找个理由拒绝的有 64 名，占 16.9%；因为忙碌而拒绝的有 26 名，占 6.9%；不记得是什么理由，好像是凭直觉而拒绝的有 178 名，占 47.1%；其他理由拒绝的有 39 名，占 10.3%。

这一结果说明，有近 7 成的销售对象并没有明确的拒绝理由，只是随便地找个理由来拒绝销售顾问的打扰，就把销售顾问打发走了。

3）隐藏异议。隐藏异议是指客户并不把真正的异议提出来，而是提出各种真的异议或假的异议，目的是要借此假象营造隐藏异议解决的有利环境。

例如，客户希望降价，但是提出其他如品质、外观、颜色等异议（表 8-1），以降低产品的价值，从而达成降价的目的。

## 项目 8　异议处理和议价成交

表 8-1　客户常见异议

| 序号 | 借　　口 | 真　实　原　因 |
|---|---|---|
| 1 | 我考虑考虑再说 | 没钱，目前不需要，价格太贵，对产品、公司、销售顾问不信任 |
| 2 | 没钱 | 有钱，但舍不得买 |
| 3 | 我要和领导（妻子）商量商量 | 自己拿不定主意 |
| 4 | 给我一点儿时间想想 | 没有其他人的同意，无权擅自购买 |
| 5 | 我还没有准备要买 | 认为可以买到更合算的 |
| 6 | 我们已经有了 | 不想更换供货厂家 |
| 7 | 价格太高了 | 想到处比价 |
| 8 | 没打算要买 | 此时忙着处理其他事情，没时间 |

### 二、处理异议的方法

#### 1. 处理客户异议的原则

客户的异议处理是销售顾问历来非常头疼的事，要处理好客户异议，首先要明确处理客户异议的原则。

**（1）事前做好准备工作**　"不打无准备之仗"是销售顾问战胜客户异议应遵循的基本原则。销售顾问在走出公司大门之前就要将客户可能提出的各种异议列出来，然后考虑完善的答复。面对客户的异议，做一些事前准备可以做到心中有数、从容应对；反之，则可能惊慌失措，或不能给客户一个圆满的答复以说服客户。

许多企业经常组织一些专家来收集客户的异议，制订标准应答用语，并要求销售顾问牢记、运用。在实践中，编制标准应答用语是一种较有效的方法。

**（2）选择恰当的时机**　美国权威机构通过对几千名销售顾问的研究发现，优秀的销售顾问遇到客户严重反对的概率只是普通销售人员的 1/10。主要原因是优秀的销售顾问对客户的异议不仅能给予比较圆满的答复，而且能选择恰当的时机进行答复。

可以说，懂得在何时回答客户异议的销售顾问会取得更大的成绩。销售顾问对客户异议答复的时机选择有两种情况：

1）即时处理的异议。在客户异议尚未提出时解答。防患于未然是消除客户异议的最好方法，销售顾问觉察到客户会提出某种异议，最好在客户提出之前就主动提出并给予解释，这样可使销售顾问争取主动，做到先发制人，避免因纠正客户看法或反驳客户的意见而引起不快。

在异议提出后立即回答。绝大多数异议需要立即回答，这样既可以促使客户购买，又表示对客户的尊重。

2）推迟处理的异议。对于有些问题，推销顾问延缓对客户异议的处理，反而比立即处理效果还好。

销售顾问对于不熟悉的问题，特别是一些技术性强的问题，在客户提出异议时，先将问题记录下来，待回去做深入了解之后，再来回答，或是让专业技术人员来回答。这样，使客户感到他的意见受到了销售顾问的重视，比仓促回答的效果更好。

如果客户在推销活动的早期阶段，提出难度大、核心的问题，销售顾问应表示这个问题稍后会有答案。同时，要赞美客户"您水平真高，一下子就提出这样核心的问题。"销售工作是一项由浅入深、由易到难、下楼梯式循循善诱的说服活动。

洽谈气氛紧张，双方情绪不好时，销售顾问对客户异议做"冷处理"。

(3) 耐心倾听

1) 耐心倾听。当客户提出各种异议时，销售顾问首先要做的就是耐心倾听，不打断。在提出对客户异议的处理意见之前，可以沉思片刻，让客户感觉到你很重视他的意见并经过了认真考虑。必要时，销售顾问可以简单概括和重复客户的异议。

2) 忌与客户争辩。不管客户如何批评，销售顾问永远不要与客户争辩。这是因为，争辩不是说服客户的好方法，与客户争辩，失败的永远是销售顾问。

客户提出异议是正常的、中肯的，销售顾问应该诚恳欢迎、虚心接受，并做出补偿辩护。即使客户异议是错误的，也不要直接反驳，而要间接说服他。

与客户发生争辩，很容易让客户感到他没有受到应有的尊重。销售顾问取得争辩胜利的同时，也很可能销售失败。

3) 给客户留"面子"。销售顾问要尊重客户的意见。客户的意见无论是对还是错、是深刻还是幼稚，销售顾问都不能表现出轻视的样子（如不耐烦、轻蔑、走神、东张西望、绷着脸、耷拉着头等）。

销售顾问要双眼正视客户，面部略带微笑，表现出全神贯注的样子，并且不能语气生硬地对客户说："你错了""连这你也不懂"，也不能显得比客户知道得更多："让我给你解释一下……""你没搞懂我说的意思，我是说……"。这些说法明显抬高了自己，贬低了客户，会挫伤客户的自尊心。

经验教训

> 销售顾问："李先生，这款车您考虑得怎么样了？"（注：直接询问客户想法）
> 客户："我再看看吧。"（注：客户这已经是第三次来了。）
> 销售顾问："这款车我们现在卖得很好，库存也不多了，再考虑可能就没有了。"（注：开始恐吓客户了，现在很多客户都比较成熟，他们可能根本就不认可这种说法。）
> 客户："哦，我要和我老婆商量一下再说……"
> 销售顾问："这么点儿事还要和老婆商量啊？您做主就可以了嘛。"（注：好像嘲讽客户没有主见，容易引起客户反感。）
> 客户："这个还是要征求她的意见……"
> 销售顾问："好吧，那随你吧。"（注：销售顾问基本上开始放弃了。）
> 客户："……"（注：客户很不舒服地离开了）

**2. 异议处理的五大步骤**

客户异议处理的五大步骤，如图8-2所示。

项目 8 异议处理和议价成交 115

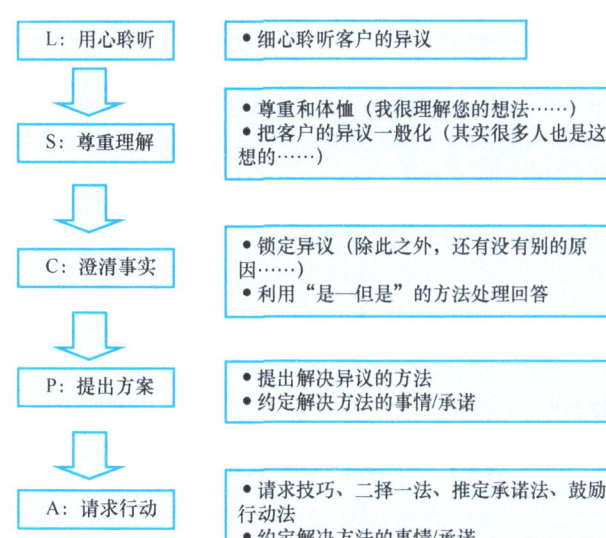

图 8-2 异议处理的五大步骤

(1) 范例 1："品牌认知" "品牌认知"的异议处理步骤见表 8-2。

表 8-2 "品牌认知"的异议处理步骤

| 步 骤 | 内 容 |
|---|---|
| Listen（用心聆听） | 点头回应 |
| Share（尊重理解） | 张先生，我理解您的想法，其实很多客户起初也有同样的问题 |
| Clarify（澄清事实） | 除此之外，您现在还考虑什么其他的问题吗<br>其实这个品牌在欧美市场的销量是非常好的。但是，进入我国市场的时间较晚，也没有与国内厂家合资，市场宣传得也不多。基本上都是靠老客户来宣传的。您听说的次数不多也不奇怪 |
| Present（提出方案） | 不如我们去试一下车？像您这样的"老司机"，车子好不好，您一开就知道了，您说对吗 |
| Ask（请求行动） | 我现在就带您去试乘试驾 |

(2) 范例 2："不需要" "不需要"的异议处理步骤见表 8-3。

表 8-3 "不需要"的异议处理步骤

| 步 骤 | 内 容 |
|---|---|
| Listen（用心聆听） | 对，您的想法我也很赞同（点头回应） |
| Share（尊重理解） | 买车毕竟是件大事，确实需要慎重地考虑一下 |

(续)

| 步骤 | 内容 |
|---|---|
| Clarify（澄清事实） | 消费者第一次买车的时候，肯定都得仔细地想一想自己是不是真的需要一辆汽车。不瞒您说，我手上很多新车客户都是这样的。不过，等他们真的买了车之后，上下班、出去玩方便了，生活圈子也扩大了很多 |
| Present（提出方案） | 要不您说一下您的要求，我帮您参谋一下 |
| Ask（请求行动） | 请您这边坐，看看我们的产品型录 |

(3) 范例3："不着急"　"不着急"的异议处理步骤见表8-4。

**表8-4　"不着急"的异议处理步骤**

| 步骤 | 内容 |
|---|---|
| Listen（用心聆听） | 点头回应 |
| Share（尊重理解） | 买车毕竟是件大事，确实需要慎重地考虑一下 |
| Clarify（澄清事实） | 不过现在马上就要"十一"了，我们店里的促销力度非常大，可以说是一年当中促销力度最大的时候了 |
| Present（提出方案） | 您要是近期能定下来的话，价格肯定是最优惠的 |
| Ask（请求行动） | 要不我给你看一下我们店近期的优惠活动？买不买没关系 |

(4) 范例4："不信任"　"不信任"的异议处理步骤见表8-5。

**表8-5　"不信任"的异议处理步骤**

| 步骤 | 内容 |
|---|---|
| Listen（用心聆听） | 点头回应 |
| Share（尊重理解） | 张先生，您说的这个问题很多客户买车时都问到了 |
| Clarify（澄清事实） | 我们的品牌确实发生过"召回"事件，不只我们品牌，基本上所有的汽车品牌都发生过"召回"事件，如宝马、奔驰之类的，"汽车召回"是汽车行业里很正常的事情。产品质量出了问题，当然得对客户负责，当然得把车子召回来修理，您说是吗<br>您说的召回事件是去年发生的。我们现在生产的车子都不存在这个问题 |
| Present（提出方案） | 我们试一下车，看看您喜不喜欢呀 |
| Ask（请求行动） | 您这边请，我们去办理一下试驾手续吧 |

### 3. 处理客户异议的方法

客户的异议是多种多样的，处理的方法也千差万别，销售顾问一定要因时、因地、因人、因事而采取不同的方法。在推销进程中，常见的处理客户异议的方法有下列几种。

**(1) 转折处理法（间接否定）** 转折处理法，是推销工作的常用办法，即销售顾问根据相关事实和理由来间接否定客户的意见。这种方法先退后进，客户在心理上容易接受。先承认客户的看法有一定的道理，也就是向客户做出一定的让步，然后讲出自己的看法。此法一旦使用不当，可能会使客户感到销售顾问圆滑、玩弄技巧，从而产生反感，提出更多的意见。在使用进程中，转折不要太过直接，要不露声色，要尽可能少地使用"但是"一词，而实际交谈中却包含"但是"的意思，这样效果会更好。只要灵活控制这种方法，就会保持良好的洽谈气氛，为自己的谈话留有余地。

客户：我不喜欢车辆的外观。

销售顾问：我们的车设计确实有些另类，很多客户初看之后都不太能接受。现在他们来经销店时和我说："车子开在路上的回头率可高呢！"一位客户有一次还被人敲窗户，问这是什么车。

**(2) 转化处理法** 转化处理法是利用客户的反对意见中有利于销售成功的一部分因素，并对此加工处理，转化为自己的观点进而消除客户异议。客户的反对意见是有双重属性的，"以子之矛，攻子之盾"，把拒绝的理由转化成购买的理由，把成交的障碍转化成成交的动力，这样做说服力很强。

这种方法是直接把客户的反对意见转化为肯定意见，但应用这种技巧时一定要讲究礼仪。如果使用不当，会让客户觉得被人钻了空子、受了愚弄，从而产生不快。此法通常不适用于与成交相关的或敏感性的反对意见。

例如：

客户：这辆车听说很重，开起来肯定很费油。

销售顾问：我们的车确实比同级别车辆稍重一些。不过这正是因为我们的车用料讲究、做工扎实，才会重一些的。

**(3) 以优补劣法** 以优补劣法，又叫补偿法。如果客户的反对意见的确是产品的缺陷，千万不能回避或直接否定。明智的办法是肯定相关缺点，然后淡化处理，利用产品的优点来补偿甚至抵消这些缺点。这样的说法，客户容易接受，有利于建立和维护双方的友好关系。这样有利于使客户的心理达到一定的平衡，有利于使客户做出购买决策。但是这样的说法，也是销售顾问承认了缺陷，削弱了客户对产品的信心。在使用时要注意补偿利益要大于异议涉及的损失，净利益要大于客户支付的价格。

例如：

客户：这车坐起来没有××车舒服。

销售顾问：在座椅的舒适性方面，我们的车可能确实不如××车。我们把造车精力都放在对客户最重要的性能上了——就是车辆的安全性。在安全性方面，我们有……

**(4) 委婉处理法** 销售顾问在没考虑好怎么答复客户的反对意见时，不妨先用委婉的语气把对方的反对意见重复一遍，或用自己的话复述一遍，这样能够削弱对方的气势。

有时转换一种说法会使问题容易回答得多，但不能改变客户的看法，否则客户会认为你

歪曲他的意见，从而产生不满。销售顾问能够在复述之后问一下："你认为这种说法确切吗？"然后继续下文，以求得客户的认可。如果客户抱怨"价格比去年高多啦，怎么涨幅这么高？"营业员可以这样说："是啊，价格比去年确实高了一些。"然后再等客户的下文。

(5) **反驳法** 反驳法是指销售顾问根据明显的事实与充分的理由直接否定客户异议的处理办法。从理论上说，这种办法应尽可能地避免。直接反驳容易使客户产生抵触心理，甚至伤害客户的自尊，造成紧张气氛。但如果客户的反对意见是由于客户的误解、成见、了解信息不充分等导致的有明显错误、漏洞、自相矛盾的异议，而你手头上的材料能够帮助你说明问题时，不妨直言不讳。但要注意态度一定要友好而温和，最好是引经据典，这样才有说服力，同时又能够让客户感到你的信心，从而增强客户对产品的信心。

反驳法也有不足之处，这种办法容易增加客户的心理压力，可能会伤害客户的自尊心和自信心，不利于推销成交。

客户：听说你们的车选用的内饰材料质量不过关、味道很大，对人体有害。

销售顾问：哎，也不知道这是哪来的说法，有客户也提出过这个问题。为此，我们老总请专业的检测机构做了检测，您看这是检测报告，空气质量完全达标。

(6) **冷处理法** 对客户不影响成交的反对意见，销售顾问最好不要反驳，采用不理睬的办法是最佳的。千万不能客户一有反对意见，就反驳或以其他办法处理，那样就会给客户造成你总在挑他毛病的印象。当客户抱怨你的公司或同行时，对这类无关成交的问题，都不要理睬，转而谈你要说的问题。这种方法可以避免节外生枝、浪费时间。

国外的推销专家认为，在实际推销进程中，80%的反对意见都应冷处理。但这种办法也存在不足，不理睬客户的反对意见，可能使客户觉得他没有受到应有的重视和尊重。所以在不理睬客户提出的某一异议时，要尽快找到需要讨论的话题，以免冷落客户。

例如：

客户："啊，你们公司周围的环境可真差，交通也不方便呀！"尽管事实未必如此，也不要争辩。你可以说："王先生，我带您看看产品……"

**作业**

完成"学习工作页"项目8任务8-1的测试题和技能训练。

## 任务8-2 议价成交、签约

学习目标

通过本任务的学习，你能够：
1. 熟练运用汽车报价方法。
2. 适当处理客户异议，引导客户成交。
3. 独立填写订单、销售合同。

## 情景课堂

### 如何报价?

**【情景1】经销店内**

客户:"你们最近有没有什么优惠?"

销售顾问:"先生,您好!您是要买车吗?"

客户:"是啊。你们店内比亚迪"宋"价格是多少?你报个实价,价格合适我就买了。"

**【情景2】电话中**

客户:"你好!是××经销店吗?"

销售顾问:"您好!这里是××经销店,我是销售顾问××。很高兴为您服务。"

客户:"你好!我想咨询一下最近比亚迪"宋"这款车型有没有优惠?……"

**【情景3】试乘试驾完,客户对车辆比较满意,但觉得价位有些高**

销售顾问:"张先生,这辆车这么适合您,您要是没什么异议,不如就把这辆车订下来吧?"

客户:"是不错,不过还不能定,还要比较一下。"

销售顾问:"那您还需要在哪方面比较呢?"

客户:"主要是价格方面,这款车是不错,只是比××款车价格高了一些。"

销售顾问:"看得出,要不是这款车深深打动了您,您也不会告诉我实话。这样吧,有关价格方面的问题我们到洽谈室坐下来认真聊一聊,相信一定会让您满意而归。"

请思考:以上三种情景都涉及了汽车价格商谈,销售顾问应该如何进行报价呢?

## 知识链接

### 一、汽车报价

#### 1. 汽车价格组成

汽车价格一般由三部分组成,即车厂利润+经销商利润+成本,其中成本包括汽车的制造成本、销售成本和物流运输成本。消费者在4S店里看到的汽车标价指的是厂家指导价,也指裸车价。为了避免经销商之间恶意竞争,厂家规定所有4S店的定价都是统一的。通过客户与销售顾问的讨价还价,最终成交价格一般会低于厂家指导价。

最终客户购车需要付出的费用包括裸车价、车辆购置税、车辆上牌费、车辆保险费、车船税等,有些车主追求个性化,在买车的时候还需要对车辆进行选装,会产生装潢费。若贷款购车,还会产生按揭费用,甚至有一些颜色紧俏车型还有加价的费用。销售顾问应该先确定客户所选车型,了解客户车辆保险需求、付款方式、精品加装的要求,制作"商谈MEMO",根据"商谈MEMO"的内容详细地向客户说明各种费用,回答客户提出的问题,"商谈MEMO"见表8-6。

# 120 汽车顾问式销售

**表 8-6　商谈 MEMO**

| 甲 TOYOTA | | 商谈 Memo | | | 填表日期：　　年　月　日 | |
| --- | --- | --- | --- | --- | --- | --- |
| | | | | | 经销店：×××× | |
| | | | | | 地址：×× | |
| | | | | | TEL：××××××××××× | |
| | | | | | 销售顾问： | |

| 先生/女士您好 | | 联系方式： | | | | |
| --- | --- | --- | --- | --- | --- | --- |
| 车名 | | 型号 | SFX | | 颜色 | 台数 |
| 应付款 | 车辆价格 | | 序号 | 精品名称 | 数量　单价 | 合计 |
| | 精品选购价格 | | 1 | | | |
| | 购置附加费 | | 2 | | | |
| | 保险费 | | 3 | | | |
| | | | 4 | | | |
| | 合计 | | 5 | | | |
| | 应付定金 | | 6 | | | |
| 余款 | 合计 | | 7 | | | |
| | 现付 | | 8 | | | |
| | 按揭 | | 9 | | | |
| | 现付方法：1. 现金　2. 支票　3. 转账 | | 10 | | | |
| 购置附加费用明细 | 车辆购置附加费 | | 合计： | | | |
| | 车船税 | | 分期付款明细 | 贷款比例 | | |
| | 上牌相关手续费 | | | 贷款金额 | | |
| | 其他 1 | | | 首付款 | | |
| | 其他 2 | | | 贷款年限 | | |
| | 购置附加费用合计 | | | 月还款 | | |
| | 强制责任险 | | | 本息合计 | | |
| | 车上人员责任险 | | | 其他费用 1 | | |
| | 第三者责任保险 | | | 其他费用 2 | | |
| 保险费用明细 | 车辆损失险 | | 其他： | | | |
| | 保费合计 | | 参考交车日期 | | | |

## 2. 报价方法

**(1) "三明治"报价法** "三明治"报价法，即"利益—价格—利益"三步报价模式。第一步针对客户需求，总结客户选定车型的主要配备及客户利益；第二步明确地报出价格，明确说明客户应付的款项与所有费用及税金；若客户需要代办保险，使用专用的表格准确地计算并说明相关费用；第三步重点强调客户选定的车型对客户生活或工作带来的正面变化，指出超出客户期望的地方。

**(2) 优势报价法** 作为一名优秀的汽车销售顾问，在开口报价时，应了解同类汽车品牌的价位，也应了解本店车型在同类车型中的价位所处的位置。若是高价位，你要回答为什么高，是产品的质量比同类产品高，还是用的材料比同类产品好，还是使用更方便、更有科技含量，还是更节能更环保。总之，要让客户觉得你的产品价格物有所值。若是中档价位，你要回答你的产品比高价位的产品有什么优势，同样的品质就是要通过价格优势与高价位的产品竞争。若是低价位，你要回答自己的产品为什么价位低，性价比如何，是有新的工艺还是有新的材料和技术。

**(3) 迂回报价法** 当客户直接询价时，要尽量通过问答的形式了解客户。例如，可以问客户选定的车型，用车的要求，对车型配置的要求，还有没有特殊的需求。通过这些问题的回答，可以判断客户是不是真正需要购买，对于真正有需求的客户，你可以给一个非常详细的报价。总之，一定要留出继续谈价的余地。

**(4) 让客户报价法** 面对询价者，老练的汽车销售顾问会问：您需要哪种配置的车型？或者，您想花多少钱来购车？一般有购车计划和目标的购车者，会把车型的性能、规格、技术要求说得很详细，价格也会有一定的范围，还会关心提车时间及售后服务等情况。这类购车者一定是潜在客户，对市场行情也了解得非常清楚。这时你的报价一定要真实可靠，在介绍车型的卖点时也要清楚无误。当然，也有的客户根本不报价，因为他自己都不清楚，只是想以你的报价为依据。对于这样的客户，了解他的意愿后，一定要报一款最低的车型价格给他，但要说明这款车型的优势、劣势所在，让客户明白货与价的关系。

综上所述，要根据具体情况，把四种报价方式，结合起来用。报价永远是随机应变的，但要遵守一个原则——利润最低保障的原则，如果实际利润低于利润的最低保障，则这单生意不如不做。

### 二、价格谈判技巧

从客户角度来说，希望得到最优惠的价格，所以客户对价格异议是多种多样的。从销售顾问对折扣的反应，可以看出他的专业水准。对销售成功起决定作用的绝对不是没有任何争取的让步。价格商谈不是让步，而是改变局面。一般情况下，客户对价格异议分为以下几种。

**1. 电话中询问底价**
这类客户是在电话中询问车的最低价格，可能的话术见表8-7。

**2. 与竞争对手比价**
此类客户一般会指出竞争对手更低的价格，常见话术见表8-8。

表 8-7 电话中询问底价的处理技巧

| 客户方面可能的话术 | 分析 | 汽车销售顾问方面的话术应对 | |
|---|---|---|---|
| | | 新客户 | 老客户 |
| "价钱谈好了,我就过来,否则我不是白跑一趟!""你太贵了,人家才……你可以吧?可以我马上就过来。""你不相信我啊?只要你答应这个价格,我肯定过来。""你做不了主的话,去问一下你们经理,可以的话,我这两天就过来。" | 电话中,销售顾问无法判断客户价格商谈的诚意。电话中的价格商谈容易不了了之,因为销售顾问即使满足了客户的要求,也无法在电话中收款签单。但是,如果一口拒绝了客户的要求,就连成交的机会都没有了。针对这类客户,销售顾问的处理原则是:①电话中不让价、不讨价还价;②不答应也不拒绝客户的要求;③对新客户,销售顾问的目标是"见面";对老客户,销售顾问的目标是"约过来展厅成交"或"上门成交" | "价格方面包您满意。您总得来看看样车呀,实际感受一下。就像买鞋子,您总得试一下合不合脚呀!""您车看好了?价格不是问题。那买车呢,除了价格,您还得看看购车服务和以后用车时的售后服务,所以呀,我想邀请您先来我们公司参观一下我们的展厅、维修站,看看您满意不满意。""厂家要求我们都是统一报价,而且经常检查,查到我们让价的话要重罚的。所以,你要是有诚意的话,就到我们展厅来一趟,看看车,咱们见面都好谈。""您忙的话,反正我经常在外边跑,哪天顺便过去一下,给您送点(车型、购车环节)资料介绍一下。"(试探客户的诚意)"客户是上帝呀,我哪能让您大老远跑过来!这样,我马上到您那去一趟,耽误几分钟,您地址在哪儿?"(试探客户的诚意) | "别人的价格是怎么算的?车价只是其中的一部分呀,这电话里也说不清楚,要不您过来我帮您仔细算算?""您这个价格,我实在是很为难;要么这样,您跟我们经理(老总)谈一下?您哪天方便,我给您约一下?""我去问经理肯定没用,像这种价格,他肯定不同意。我倒觉得,如果是亲自跟他见面谈的话,以您这水平,没准能成呢,我再在旁边敲一下边鼓,应该问题不大。" |

表 8-8 与竞争对手比价的处理技巧

| 客户方面可能的话术 | 分析 | 汽车销售顾问方面的话术应对 |
|---|---|---|
| "我打电话给其他店,你的价格比人家的要贵几百元。" | 1. 如果在谈论中客户提及竞争对手更佳的报价,一定要把这个报价询问清楚<br>2. 预防客户的误导<br>3. 寻找竞争对手报价的漏洞<br>4. 把价格转化成价值,强化客户所得的利益,让客户产生实惠感 | "其他地方报的价格这么低,可能在他的展厅里是实现不了的,一定还包含了其他的附加条件。"<br>"他们承诺您能拿到现车吗?可能您要等待很久。我有个客户之前就是在那里订车的,都已经好几个月了,也没有拿到车。在我这里订车没多久就上牌了。这通常是某些经销商的一种策略,让您一直等下去。"<br>"我相信您到外面看过这个车,也知道这个价格。我也相信您说的话。但是×先生,有一点要提醒您的是,买一台车,您付出的价钱不光只有车价,还有很多其他的组成部分。就拿我们的优惠来说,可能我的车价比人家贵几百元,几百元对您来说就是少吃一顿饭的钱。但是您别忘了,我们可以送给您价值 5000 元的服务金卡,这些个性化的服务是其他店没有办法比的。我们提供免费的地区救援车服务,您如果遇到要拖车,打个电话给我们,我们的服务人员就会免费给您提供这项服务,一次就可以给您省下 300~500 元,这样您的钱不是又回来了吗,对不对?您只不过少在外面吃一顿饭,但这个钱却可以让服务人员给您解决后顾之忧,您认为不值得吗?" |

### 3. 威胁压价

此类客户抓住销售顾问害怕流失客户的心态,以放弃成交来威胁销售顾问降价,常见话术见表8-9。

表8-9 威胁压价的处理技巧

| 客户方面可能的话术 | 分析 | 汽车销售顾问方面的话术应对 |
|---|---|---|
| "底价你都不肯报,我就不到你这里买了。""你再便宜××,否则我不买了。" | 针对此类客户,销售顾问要保持镇定,不要受客户的胁迫或诱惑而做出无原则的让步,不要怕因此而流失客户。要对客户进行需求分析,判断客户类型。因为有时客户将拿你的底价再去压其他经销商给出更低的价格,或下次再来的时候在本次的基础上再压价。此时销售顾问的报价已经成为牺牲品(垫背) | 如果客户还没有最终确定车型,让客户考虑成熟了再过来,可参考话术:"我这两天再提供一些信息和资料给您参考一下,您比较一下,定下来买我这款车后,您过来订车,我保证给您最优惠的价格。"<br>如果客户已经确定了车型,但要比较几个经销商的价格,就给客户一个"优惠价格承诺",可参考话术:"保证您满意我们的价格,有时间的话请来展厅再次体验下这款车,具体事宜我们见面详谈……"<br>"除了价格让您满意之外,我们还有这么好的售后服务……" |

### 4. 持币观望

此类客户对汽车市场有一定的了解,清楚新车上市后一般过一段时间会降价,所以表示等新车降价后再买,也有可能以此给销售顾问压力,希望销售顾问继续在价格上让步成交。客户方面常见的话术见表8-10。

表8-10 持币观望的处理技巧

| 客户方面可能的话术 | 分析 | 汽车销售顾问方面的话术应对 |
|---|---|---|
| "新车过段时间肯定会降价,我等降价了再来买。" | 针对此类客户,销售顾问应该首先肯定客户观点,不直接否定客户,承认其想法在一定程度上是合理的,理智地帮其分析汽车市场发展趋势,强调早点儿订车给客户带来的好处 | "先生,您真的很专业,对汽车市场有一定的了解,的确有一些新车上市一段时间会降价,但是具体降不降,什么时候降,降多少,谁都说不准的。您想一下,您有了车,就不用大热天挤公交,不用花钱打的士,更不用和朋友借车,人情难还。周末还可以开车出去玩,去海边、森林公园等,一起享受大自然,家人陪好了,事业就更好!您找我买车,您就可以专注提升生活品质。我是为您服务的,有想法就要马上行动。您知道,汽车价格受供求关系的影响,您眼光这么好,选的这款热销车,能不能降价真的不好说,不然您白等一场岂不是损失更大吗?" |

### 5. 赠品转换成现金

此类客户要求把赠送的赠品价值转换成现金,直接降低车价,常见话术见表8-11。

表 8-11　赠品转换成现金的处理技巧

| 客户方面可能的话术 | 分析 | 汽车销售顾问方面的话术应对 |
| --- | --- | --- |
| "您刚才说，买这款车就赠送价值3800元的赠品是吧？我听朋友说，一般买车赠送的东西都是劣质品，不好用。那我不要赠品，这3800元就直接抵消车款吧。" | 现在几乎每家汽车经销商都会对购车客户赠送一部分赠品礼包，如防盗器、挡泥板、脚垫、香水、靠枕、转向盘锁，还有一些经销商会送出相应的保养项目，如底盘防锈、首次保养费用、免费洗车等服务。所赠送的礼包或者服务项目一般都是客户买车后必须购买的，但这类赠品很大一部分在质量上没有保障，在真实价格上不是非常透明，售后服务更是缺乏保障，所以客户的抵抗心理是非常正常的。销售顾问首先要理解客户的感受，并重点向客户强调赠品的价格、价值、用途及售后保养，并委婉告知"赠品抵现金"是不可行的 | "先生，我理解您的想法。接触您这么久，我也已经把您当朋友了。如果这些赠品可以抵消车款，我早就给您抵消了。这款车的价格很透明，在其他店里的售价也是差不多的，我给您报的都是最低价，这价值3800元的赠品本来是买中级车才会赠送的，我是觉得和您投缘，所以特地向销售经理申请的。这些赠品确实非常实用，而且都是市场上不错的品牌，质量绝对有保障，您就放心接受吧。"<br>"先生，您的心情我理解。现在确实有一些店的赠品存在质量问题或者不实用，所以您觉得不放心，宁愿不要是吗？但是您放心，我们这几样赠品绝对不会令您失望的。第一，它们实用。您是懂车的人，GPS和倒车雷达，还有贴膜，这些实用不实用您肯定是清楚的。第二，它们都是市面上不错的品牌，是我们为这款车精心挑选出来的。您看，在我们店里这些赠品都是明码实价销售的；第三，这些赠品如果出现质量问题，您随时可以回店调换或者维修。我们这家店开了这么久，非常注重客户满意度，客户二次购买的比例非常大，我们是不会在赠品上欺骗客户的，您就放心吧！" |

## 三、成交签约

销售顾问在经历了客户接待、需求分析、产品介绍、试乘试驾环节后，像是进行了一场持久战，到了签约环节，应该是心情比较激动轻松的，但越是到最后，越是要小心，否则很容易"功亏一篑"。很多销售顾问没有在必要的时刻大胆地提出成交请求，或者没有抓住客户的购买信号"趁热打铁"，导致错失良机。

**1. 成交信号**

客户在充分了解并肯定了车型和价格信息后，会表现出一些购买信号，作为销售顾问应该及时抓住这些购买信号。

（1）**语言信号**　当客户询问如下问题时，说明有成交意向：

1）何时可以交车？

2）要求再度试乘试驾。

3）询问一条龙服务、交车细节。

4）讨论按揭、保险。

（2）**行为信号**　当客户有以下表现时，说明客户有成交意向：

1）反复回绕车仔细查看，表现出对车的喜爱。

2）带亲人、朋友来看车。

3）用心仔细查看说明书，并逐条检视。

销售顾问应该提供时间与空间，让客户在展厅再想一想，或与亲朋好友相商，尽量制造机会，使客户在不离开展厅的情形下做出决定。销售顾问应该抓住机会再次向客户总结一遍产品优势，以协助客户应付心理挑战，增强客户的购买决心。

### 捕捉成交信号

销售顾问:"张先生,您也亲自试乘试驾过这款车了,感觉怎么样?"

客户:"哦,这款车你确定十天后可以提车吧?不会让我等上好几个月吧?"(购买信号)

销售顾问:"您放心,十天后肯定可以提车。"

客户:"我只喜欢灰色车身的,另外内饰一定是深色色调的,这也没问题吧?"(购买信号)

销售顾问:"没问题的,一定满足您的要求,您之前提到要分期付款,是吗?"

客户:"嗯,分期付款压力小一点儿。"

销售顾问:"您就看中车子品质,一定懂得追求生活品质,真是个难得的理性之人。您打算首付几成,贷款期限想分期几年呢?"

客户:"首付六成吧,剩下的分两年还清,你帮我算算月供吧。"

销售顾问:"这款车总价是××,贷款额是××,包含保险费、上牌费等杂费,一共是××,每月月供××,您看看这份费用明细表。"

客户:"嗯,还不错,我担心现在交了钱,十天后你们交不了车,或者交了车,但是有质量问题,那怎么办?"(购买信号)

销售顾问:"这个您放心,我们在合同里都写明了,请看我们的合同,我跟您详细说说比较重要的条款……您看,合同解释得清楚吗?您还有别的问题吗?"

客户:"明白了,基本没什么问题了。"

销售顾问:"那么张先生,您需要在这份合同上填写一些信息……"

#### 2. 促成成交

很多时候客户是不会主动提出签约成交的,需要销售顾问主动提出。如果过于直接会给客户造成一定的压力,所以可以选择一些比较委婉的技巧性成交方法。例如,可以使用以下话术:

"您今天是想先看看再比较比较呢,还是想今天就付订金把车订下来?"

"您今天定下来的话,是付现金还是支票?另外我们这边还可以刷卡的。"

"这款车(款式、配置、颜色)卖得最好,现在只有一两部,要是您今天带钱了,先付点儿订金,我可以帮您先留下来。"

"你昨天来我们展厅所看到的那辆黑色样车,今天已经让客户提走了,现在该车型在仓库里只有7台,其中4台已经预定了。"

客户选择久了之后有时会因为选择太多而挑花眼,越挑越不知道买哪一款好。这种犹豫状态持续时间越久,客户的购买欲望就越低。销售顾问要想重新让客户进入购买状态,就要花费更多的时间和精力,所以针对这些对产品或者价格依然有顾虑但的确对车有兴趣的客户,销售顾问可以使用一些促成成交的方法帮助客户尽快做出决定。常用方法有以下几种。

(1) 对比成交法  所谓对比成交法就是把两款不同厂家、不同款式的车放在一起,将两车的优点、缺点罗列出来,然后让客户选择一款他认为对自己最有利的车。其关键就是态度要客观,让客户认为销售顾问确实是在帮助自己,从而心悦诚服地接受销售顾问的建议。

## 话术举例

销售顾问:"先生,您觉得这款车怎么样?"
客户:"一般。"
销售顾问:"先生,看样子您好像不是很喜欢这款车,那您刚才看的××型号挺不错的,要不您考虑下那款?"
客户:"不不不,那款看起来头太大,给人一种头重脚轻的感觉,看着不舒服。"
销售顾问:"那么这款车是什么地方让您不满意呢?"
客户:"说不清楚。其实,这款车和我刚才看的×款车都挺好,现在很矛盾,不知选哪款好。"
销售顾问:"我很理解您的心情。这样,现在我们一起来归纳总结下两款车的优缺点。这样会更清晰一些,有助于您更好地选择。从×车开始,您觉得×车哪些方面您比较满意?"
客户:"第一,价格实惠;第二,内饰比较好……"
销售顾问:"那您对×款车哪些方面不太满意呢?"
客户:"外观太普通,开出去见客户不方便,底盘太低,通过性能不是很好。"
销售顾问:"先生,那您对刚才试乘试驾的这款车觉得动力性怎么样呢?"
客户:"好,动力足,开起来不错。"
销售顾问:"好,动力足,平稳性好,那先生您认为这款车还有什么其他地方让您满意?"
客户:"外观设计好……"
销售顾问:"那这款车什么地方让您不满意呢?"
客户:"价格有点儿偏高,能不能再优惠点?"
销售顾问:"先生我可不可以这样理解,现在这款车除了价格因素外,其他的您都比较满意,是吗?"
客户:"是的。"
销售顾问:"其实先生,我们认识这么久了,彼此也成了朋友,我很想给您再降一点儿,这样您好我也好。但是您可能有所不知,目前我们4S店汽车定价都是非常透明的。您来之前应该也到其他店面了解过,目前全市4S店价格都是这个水平,而我们这家公司还额外赠送了大礼包,已经是最优惠的了。刚才我们归纳总结的结果中可以看出,这款车对您来说是最合适的了,您认为呢?"
客户:"我什么时候可以提车,现在下订单吧。"

对比成交法虽然可以使客户明确地意识到产品的优劣,有利于马上做出购买决定,但要注意的是销售顾问在引导客户对比时,不要带有强烈的主观色彩,要尽可能使对比条理、明细化,多使用具体的数据指标来进行分析。

**（2）从众促成法** 一个人的消费行为往往有很大的群体倾向，表现在行为上就是从众。从众效应是一种客户自发寻求安全感的方式。听到其他人说某款车好，他们就会跟风去购买，即便是最后上当了，大家一起上当的感觉会减轻他们的不满。另外，从众效应可以引起客户的紧迫感，产品的总量固定，而购买的人数越多，剩下的产品就越少，后来者选购的范围就越小，直至没有。在这种现象的刺激下，客户就产生紧迫感，购买欲望也会更加强烈，从而迅速做出购买决定。

### 话术举例

> 客户："你们这车不会有问题吧？"
> 销售顾问："王先生，您尽管放心，买这辆车绝对是物超所值，不仅是这个月，连着这半年，这款车都是销售冠军。您看，这是提车单，这个月才过了一半，我已经订出去11台了。您想这么多人买它，说明这款车的确是受欢迎的，您就放心吧！"
> 客户："那倒是，我在网上看见的评论也不错。"
> 销售顾问："是啊，车子好不好不是我说了算，也不是公司说了算，客户满意了才是好车，既然大家都觉得不错，那自然错不了。就像陈总，××贸易公司的陈总您认识吗？上个月他也在这儿买了这款车。"
> 客户："是吗？"
> 销售顾问："是啊，您看，他的提车单还在我这里呢。这车的目标客户群体本来就是成功人士，非常能彰显成功人士的那种气度，您买这车一定不会后悔的。现在就下订单吧。"
> 客户："就这样买了，会不会太冲动呢？"
> 销售顾问："看到喜欢的好车是要冲动一下的，不然好车就要被别人开走了。多少人都想冲动地将靓车开回家，却因为经济原因不能实现。其实买车这种事情冲动不冲动不是最主要的，您喜欢才是最重要的，您说呢？"
> 客户："就这样吧，这辆车我的确喜欢，下订单吧！"

从众固然可以获得一定的安全感，但是有些年轻人更喜欢标新立异、有个性、与众不同、追求个人独特的生活方式。所以销售顾问在使用这种方法时一定要首先对客户的性格特点进行分析。销售顾问所举的例子一定要具有足够的说服力，否则客户不会为之所动，所以要想成功利用客户的从众心理，一定要尽可能地选择那些影响力大、比较有权威的老客户作为举例对象。

**（3）富兰克林说服法** 富兰克林说服法是美国著名政治家富兰克林发明的。他说服别人的方法后来被人们称为富兰克林说服法，被销售顾问广泛地运用到推销中。该方法的核心内容是，销售顾问把客户购买产品所能得到的好处和不购买产品的不利之处一条一条地列出来，用列举事实的方法增强说服力。富兰克林说服法是从理智上打动客户的好方法。这种方法的优点在于利弊分明，买还是不买一清二楚。它适用于那些做事谨慎、擅长分析和对比、思虑周到、理智稳重的客户。这些人通常不会冲动决定，只要事实未得到足够的证明，销售顾问说什么，他们也很难为之动容，而富兰克林说服法可以帮助此类客户迅速做出决定。

## 话术举例

　　客户反反复复看了十几次车,很喜欢其中一款车,但对签单绝口不提,一提就说再考虑考虑。销售顾问小王意识到一直这样下去,不但耽误自己宝贵的销售时间,而且很有可能会发生"功亏一篑"的意外状况。这时,小王想起入职培训时,销售经理讲的富兰克林说服法。

　　小王:"李先生,您都已经来了几次了,您很喜欢这款车是吗?"

　　客户:"是啊。"

　　小王:"那么李先生,我想问一下,是什么原因让您左右为难,下不了订车决心呢?"

　　客户:"车,我挺喜欢,各方面也不错,但是买车毕竟是件大事,花了我这么多钱,我还是得好好比较比较,仔细考虑下才行啊!现在也比较矛盾。"

　　小王:"李先生,您说得太对了,买车不是买菜,一定要好好斟酌。这样吧,李先生,我们一起来分析一下这款车哪里对您有利,哪里对您不利,然后再决定买这款车能不能解决这些问题,您看可以吗?"

　　客户:"好吧。"

　　小王:"李先生您看,这是一张纸,我们把纸分成两部分,左边写有利的方面,右边写不利的方面。我归纳总结一下,您看是不是这样,这款车的动力性能好,悬架避振设计大大提高了车的稳定性,而发动机的技术也使其更节油……您认为呢?"

　　客户:"是这样。其他的我觉得也挺好。车子的储物空间也设计得比较好,这样就不用担心开车时小的物件滑到地板上了。这个门锁的设计也不错,经常带孩子出去是个比较好的保障。"

　　小王:"好的,这些优点我也写下来,然后我们再来看看买这款车您觉得不太有利的方面吧。"

　　客户:"怎么说呢,我比较喜欢这款车,但是我太太更喜欢另一品牌的×款车,我担心……"

　　小王:"您真是一位疼爱妻子的丈夫。您买车的话,妻子也是乘坐者,自然要考虑妻子的意见。×品牌的车子也不错。不过李先生,之前咱们也一起分析过那台车子设计更女性化一些,你妻子开是没什么问题的,但是正像您所说,车子主要还是您来开,您要是开那款车去见客户,恐怕没有那么合适,而我们的这款车设计属于柔中见硬朗,您妻子开也是合适的,您认为呢?"

　　客户:"这个问题我忽视了,还是你想得比较周到啊!"

　　小王:"这样看来,选这款车对您来说应该是最合适的,所以您大可放心。那么李先生,您现在要是没有其他问题,这是一份购车协议,您仔细看一下。"

　　客户:"好的。"

　　运用富兰克林说服法的时候要注意引导客户参与其中,如果没有客户的参与,就变成销售顾问一个人在自说自话了,不会有太大的说服力。因此,销售顾问应在控制得当的情况下

项目8 异议处理和议价成交

让客户参与进来,使客户感受到自己的意见能得到充分的重视,从而产生一种自我价值的满足感,有利于其做出购买决定。

(4) **细节促成法** 越是到了最后阶段,销售顾问就越容易急于求成。销售顾问越着急,客户就越容易起疑心,以至于进一步动摇客户的决定,甚至在最后阶段丢单。所以,不管客户因为什么犹豫不决,销售顾问都不能漠不关心,更不能毫不顾及客户情绪,急匆匆地让客户马上交钱,而要对客户的表现和心理状态表示理解,找出原因并耐心解决,让客户心甘情愿地付款购车。一个小小的细节做得足够好,客户会产生安全感,双方的距离会迅速拉近,销售顾问更容易跨越成交的最后一道障碍,但如果处理不好就会延误成交甚至前功尽弃。

 **话术举例**

> 客户:"这款车音响效果怎么样?"
> 
> 销售顾问:"先生您好,可以看出来您是非常注重生活品质的人,平时喜欢听音乐是吗?音乐效果怎样我说了不算,您自己听一下吧,请问您喜欢什么类型的音乐我找来给您播放听听?"
> 
> 客户:"算了,我喜欢听的一般地方没有。"
> 
> 销售顾问:"那可不一定,您说说看。"
> 
> 客户:"我是陕西人,自然喜欢听秦腔。"
> 
> 销售顾问:"您稍等。"(销售顾问一阵操作,嘹亮的秦腔马上回荡在车子里)
> 
> 客户:"不错不错,效果很好,没想到你们还有这个,这台车我要了,怎么办手续?"

**3. 签订合同**

一般情况下,当客户决定购车时,应该先签订购车协议、交付订金,然后在新车到店后再签订正式购车合同,交齐尾款提车。合同作为一种正式的买卖文件,签订时要注意的事项也很多,避免"节外生枝"。

(1) **签约前的准备** 签约是一个正式的销售环节,一定要做好事前的准备工作,才能防范签约阶段可能出现的风险,避免在成交后引起争议。签约前需要准备的资料见表8-12。

表8-12 签约前需要准备的资料

| 资料名称 | 说 明 |
| --- | --- |
| 正式的合同样本 | 提前备好一份拟好条款的正式合同样本,销售顾问必须对其中所有条款十分熟悉,以确保可以向客户准确解释每一条的意思 |
| 一份最近三个月成交客户的清单 | 清单内容应该包括客户姓名、所购车型、购车日期、数量等。那些购车后特别满意的客户资料尤为重要 |
| 过去三个月成交客户合同的复印件 | 最好选择那些成交价格高的客户的合同,3~5份即可 |
| 过去一个月潜在客户的清单 | 应该包含客户个人信息、喜欢的车型、颜色、用途等 |
| 现有库存的车型清单与数量 | 销售顾问应该十分清楚现有库存情况 |

(2) **签约时的注意事项** 首先应请客户再次确认报价内容,力求达到客户对每一项支出都非常清楚,包括车辆价格、保险费、上牌费、赠品加装等费用,另外还要重点核对项目、单价、合计总价是否正确。

其次要确认交车时间。在汽车销售过程中,由于受车型、颜色的影响,一般经销商会存在货源不足的情况。尤其是一些紧俏车型,客户可能要等待一段时间才能提车,所以销售顾问一定要再次检查库存情况。对于没有现车的车型,要确认新车到店时间,并向客户说明真实情况,确保客户同意交车时间,绝对不可以为了促成成交而欺骗客户。

最后要准确填写合同中的相关资料。汽车经销商都是使用厂家统一打印好的合同,在填写合同时,一定要认真填写车型、颜色、车架号、客户资料等内容,不能出现错误,填写完毕后要请客户检查确认。在签订合同之前还要交由销售经理进行审核,特别要审核车辆的成交价格、优惠幅度、赠品、交车时间等信息,得到销售经理的认可后,才可以与客户正式签订合同。

(3) **签约后的注意事项** 客户签约后,销售顾问应采用委婉的方式请客户尽快告辞并提供下一阶段的服务。"时间就是金钱",无论对于销售顾问还是客户来说,过多的闲谈既浪费自己的时间和精力,又容易"言多必失"引起客户不满。签约后,销售顾问心情比较兴奋愉悦,但是不宜过多在客户面前显现出来,否则会引起客户疑心,怀疑销售顾问在此次交易中获得意外利益,而自己掉进陷阱。

尤其要提醒客户注意阅读购车合同,避免漏看造成后期不必要的误会,尤其是合同当中的汽车品牌、制造商、型号、批号、配置、颜色、装潢、发动机号码、汽车代码(车架号)等汽车本身应有的要素,随车交付的文件,以及价款也要明确列明,如购置费、保险费、牌照费、税,还有销售商代办保险、贷款、竞拍牌照、上牌、装潢等费用。另外,还要明确是否有加急费、手续费、运费、出库费等费用,以及有无免费项目、是否有折扣等。合同要明确交车的时间、地点、方式,以及交付车辆时发现车辆质量和交车手续等问题的处理方法。同时,合同也应明确付款的时间、方式。

### 作业

完成"学习工作页"项目 8 任务 8-2 的测试题和技能训练。

## 任务 8-3 金融保险业务推荐

### 学习目标

通过本任务的学习,你能够:
1. 熟悉新车税费及上牌手续。
2. 熟悉新车保险业务相关内容。
3. 熟悉二手车置换业务相关内容。
4. 熟悉汽车贷款相关内容。

项目 8　异议处理和议价成交　**131**

### 为客户介绍置换业务

**【情景 1】**

李先生刚刚买了一辆小鹏新能源车作为家用,在办手续时,销售顾问给他推荐了很多保险产品,如交强险、第三者责任保险、机动车损失保险等。李先生一下感到糊涂了,怎么这么多保险呀?

**【情景 2】**

张先生是一位普通上班族,最近他周边的朋友和同事都纷纷加入了购车者的队伍。看他们在私家车里享受音乐、不用挤公交车,张先生也想购置一辆私家车,经过比较最终决定购买某品牌轿车,此车售价 24.89 万元,可是张先生目前只能拿出 10 万元……

**【情景 3】**

王先生最近想买辆新车,考虑到换了新车以后,手头上的旧车将毫无用处,并且摇号周期比较长,如果是买了新车上新的号牌,号牌也很难摇到。王先生想可不可以买了新车,用自己现在旧车上的号牌,要是自己的旧车还能抵部分新车车价那就最好不过了。带着自己的想法,王先生来到了 4S 店……

以上情景,涉及了保险业务、金融业务、二手车置换业务,这是在客户购买一辆车型时销售顾问经常要处理的业务。

请思考:销售顾问应该如何给客户介绍及办理呢?

### 一、新车税费及上牌手续

裸车价:购买的整车价格,不含任何其他费用。一般来说,裸车价等于厂家指导价减去优惠价。如果没有优惠的话,裸车价也可以是厂家指导价。如果要具备上路资格,还须缴纳一些相应的"入户费"。

**1. 车辆购置附加税**

①进口汽车占车价的 10%;②国产汽车车辆购置附加税:购置税=购车款/(1+17%)×购置税率(10%)。

**2. 汽车保险**

汽车保险包括两种保险类型,强制保险和商业保险。基本险种的保费一般占车价的 1%~4%。

### 3. 验车、上牌照费用

验车、上牌照费用根据车辆类型，有免检车辆与非免检车辆，需要300~500元不等。

### 4. 车船税

车船税是对行驶于公共道路的车辆和航行于国内河流、湖泊或领海口岸的船舶，按照其种类、吨位和规定的税额计算征收的一种行为税。车船税属于地方税，所以不同地区的价格也会不同，根据排量来划分收费区间。

车船税按国家规定征收，按排量分为7个档次，见表8-13。

表8-13　车船税价格

| 排　　量 | 价格区间 |
| --- | --- |
| 1.0L 及以下 | 60~360 元 |
| 1.0~1.6L（包含1.6L） | 300~540 元 |
| 1.6~2.0L（包含2.0L） | 360~660 元 |
| 2.0~2.5L（包含2.5L） | 660~1200 元 |
| 2.5~3.0L（包含3.0L） | 1200~2400 元 |
| 3.0~4.0L（包含4.0L） | 2400~3600 元 |
| 4.0L 以上 | 3600~5400 元 |

落地价：以上四项费用加起来，就是购买一辆车最终的实际费用，也就是通常所说的落地价。汽车落地价包括裸车价+购置税+保险+车船税+上牌费等。

### 5. 汽车上牌手续

**(1) 个人自主办理**　个人自主办理新车上牌，首先需要准备以下材料：**身份证**（外地户籍还需要暂住证或居住证）、**车辆合格证**、**购车发票**、**交强险保单**。另外，对于北、上、广、深等限号城市，用户还需要提供**购车资格证**（增量指标）。准备好上述资料后首先需要到购置税征稽所去办理购置税纳税（4S店一般也提供了购置税代缴服务，相比更加便捷），纳税完后就可以获得一本**车辆购置税完税证明**。

**拍照**：接下来就是去车管所正式办理上牌，到达车管所后填写完机动车登记申请表后，工作人员先对车辆进行拍照，也就是未来行驶证上的车辆照片。

**拓号**：车辆的发动机号和车架号随后需要拓号，用于标识车辆。

**车检**：现在绝大部分家用乘用车都在免检范围内，如果车辆不在免检范围内则需要进行动力、灯光、尾气、制动方面的检测。

**刑侦**：在刑侦检验室填写刑侦验车资料采集表，然后把拓印号，以及采集表上交给柜台的业务员录入资料，获得公安局刑侦验车通知书。

**验车**：为了确认采集表和车辆信息一致，工作人员还会再次打开发动机罩，比对发动机号和车架号。

**选号**：所有资料录入完毕后，这个时候就可以选号了，选号分为"10选1""网上"等方式，如果是"10选1"当天就可以拿到车牌；如果"网上"选号，则需要等待数日来领取,或者选择快递直接邮寄到家,自己动手安装车辆号牌,在这期间就需要办理临时号牌上路。网上选号如图8-3所示。

图8-3 网上选号

**安装**:号码选定后,接下来就是机动车号牌的安装。

上好牌后便可领取**车辆行驶证**、**车辆登记证**、**合格标志**。拿着行驶证和登记证到环保标志窗口打印环保标志。领取了环保标志之后可以去购买车船税,这时需要行驶证原件、登记证原件和复印件、身份证原件、购车发票及复印件。

(2) **4S店代为办理** 目前来说购买新车后,大部分车主会选择让4S店代为办理新车上牌和保险,首先可以节省一定的时间和精力;其次在车辆发生交通事故后,4S店负责处理保险方面的直赔也省去了车主的后顾之忧。

4S店代为办理上牌,用户同样需要提供身份证(外地户籍还需要暂住证或居住证)、车辆合格证、购车发票、交强险保单等资料,办理流程和自己去办没什么区别,用户同样需要到场(车管所),省去的是自己排队时间,及不用操心办理流程,但相比自主办理需要付出更高的费用。

## 二、新车保险

### 1. 交强险

交强险(机动车交通事故责任强制保险)是我国首个由国家法律规定实行的强制保险制度。

《机动车交通事故责任强制保险条例》(以下简称《条例》)规定:交强险是由保险公司对被保险机动车发生道路交通事故造成受害人(不包括本车人员和被保险人)的人身伤亡、财产损失,在责任限额内予以赔偿的强制性责任保险。交强险是强制性险种,机动车必须购买才能够上路行驶、年检、上户,且在发生第三者损失需要理赔时,必须先赔付交强险再赔付其他险种。

### 2. 商业险

商业保险分为主险和附加险。

主险包括机动车损失保险、机动车第三者责任保险、机动车车上人员责任保险共三个独立的险种,投保人可以选择投保全部险种,也可以选择投保其中部分险种。保险人依照本保险合同的约定,按照承保险种分别承担保险责任。

附加险不能独立投保。附加险条款与主险条款相抵触的,以附加险条款为准,附加险条款未尽之处,以主险条款为准。

(1) **机动车损失保险** 机动车损失保险的保险责任:保险期间内,被保险人或被保险机动车驾驶人在使用被保险机动车过程中,因自然灾害、意外事故造成被保险机动车直接损失;被保险机动车被盗窃、抢劫、抢夺,经出险地县级以上公安刑侦部门立案证明,满60天未查明下落的全车损失,以及因被盗窃、抢劫、抢夺受到损坏造成的直接损失,且不属于免除保险人责任的范围,保险人依照本保险合同的约定负责赔偿。

(2) **机动车第三者责任保险** 机动车第三者责任保险的保险责任:保险期间内,被保险人或其允许的驾驶人在使用被保险机动车过程中发生意外事故,致使第三者遭受人身伤亡或财产直接损毁,依法应当对第三者承担的损害赔偿责任,且不属于免除保险人责任的范围,保险人依照本保险合同的约定,对于超过机动车交通事故责任强制保险各分项赔偿限额的部分负责赔偿。因为交强险在对第三者的医疗费用和财产损失上赔偿较低,购买了交强险后仍可考虑购买机动车第三者责任保险作为补充。

(3) **机动车车上人员责任保险** 机动车车上人员责任保险的保险责任:保险期间内,被保险人或其允许的驾驶人在使用被保险机动车过程中发生意外事故,致使车上人员遭受人身伤亡,且不属于免除保险人责任的范围,依法应当对车上人员承担的损害赔偿责任,保险人依照保险合同的约定负责赔偿。

(4) **附加险** 附加险条款的法律效力优于主险条款。附加险条款未尽事宜,以主险条款为准。除附加险条款另有约定外,主险中的责任免除、双方义务同样适用于附加险。主险保险责任终止的,其相应的附加险保险责任同时终止。附加险主要有以下11种:附加绝对免赔率特约条款、附加车轮单独损失险、附加新增加设备损失险、附加车身划痕损失险、附加修理期间费用补偿险、附加发动机进水损坏除外特约条款、附加车上货物责任险、附加精神损害抚慰金责任险、附加法定节假日限额翻倍险、附加医保外医疗费用责任险、附加机动车增值服务特约条款。

## 三、二手车置换

随着机动车数量的飞速增加,二手车这个市场也在不断壮大。随着二手车买卖行为越来越普遍,近年来一些汽车经销商在销售新车的同时,也开展了二手车回收或者置换业务,希望依靠新车销售的良好口碑来促进二手车市场的发展。二手车置换,是用手头的二手车来置换新车,就是将卖旧车和买新车两个过程合并成了一个过程。

 **课堂互动**

杭州的王先生最近想买一辆新车。他已经有了一辆2007年买的上海大众帕萨特领驭。杭州已经限购,王先生打算用自己原来的车牌置换。那么应该怎么办呢?

### 第一步：二手车检测和估价

王先生把车开到 4S 店，由专业的评估师对车辆价值进行评估。评估师会根据二手车查定标准流程进行车辆查定，每辆车至少转四圈，大概用时 20min，然后在评估表上进行记录。具体查定细节，如图 8-4 所示。

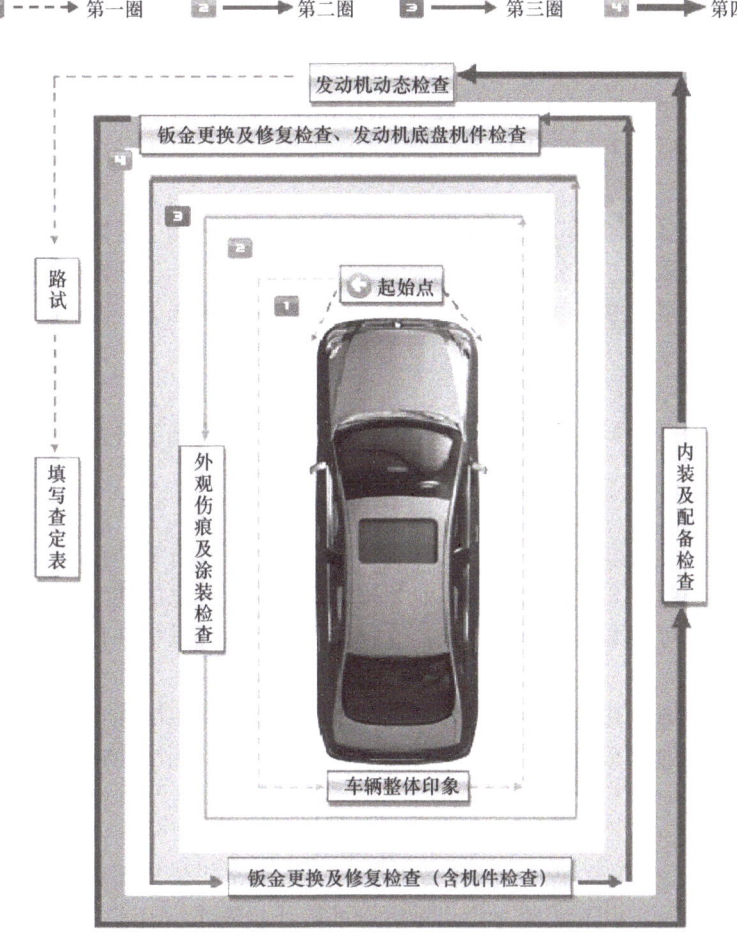

图 8-4　查定细节

二手车评估师会主要根据标准对车进行定价，如二手车查定情况、二手车使用情况，包括车辆年限、行驶里程、历史维护次数等，根据目前市场上新车的价格，参考权威机构提供的二手车价格数据库中该车型近期的成交价、当前市场需求等，对二手车进行估价。经评估后，给出的二手车价格是 5.5 万元。这些钱，既可以由 4S 店付给王先生，也可以在买新车时直接抵扣。王先生选择的是更为方便的后者。

### 第二步：过户

由于杭州已经采取了限牌措施，对于大部分人来说，以往"先给新车上牌，再将旧车过户"的方法行不通了。在给新车上牌前，必须先把旧车的指标腾出来，这就需要过户了。

王先生和4S店的二手车顾问跑了一趟车管所,将旧车进行了提档。需要注意的是,由于目前杭州的二手车交易政策尚未明确,因此目前杭州卖旧车,暂时只能过户到外地。在车辆外迁完成后,跟随了王先生近5年的车辆,已从他的名下划出。空出来的指标,已经准备好迎接新车了。

过户时需要以下证件:身份证、车辆登记证书、机动车行驶证、车辆购置完税证明、车辆有效保险的大单和小卡、维护手册及说明书,以及全套门锁钥匙。

### 第三步:登记

王先生登录了杭州市交通运输局旗下的"杭州市小客车总量调控管理信息系统"网站,选择了网站右侧的"更新"标签。在经过实名注册后,他向系统提出了"个人更新申请"。在填写了一系列资料后,王先生得到了申请成功的确认。

### 第四步:置换

王先生向4S店支付了新车的购车款后,提到了车。接下来,事情就简单了——拿着申请更新指标成功的确认书,王先生成功给新车完税、上牌。由于旧牌照王先生使用已满3年,在新车上,他保留了原号牌。至此,置换成功,前后用了3天。

## 四、汽车贷款

按揭买车是指申请购买汽车的借款人先付一部分首付,剩余部分由贷款人向购车者分期发放贷款。

### 1. 申请条件

申请贷款买车应具备以下条件:①具有有效身份证明且具有完全民事行为能力;②能提供固定和详细住址证明;③具有稳定的职业和按期偿还贷款本息的能力;④个人社会信用良好;⑤持有贷款人认可的购车合同或协议;⑥合作机构规定的其他条件。

### 2. 申请资料

①身份证、户口簿或其他有效居住证件原件,并提供其复印件;②职业和经济收入证明;③与经销商签订的购车协议、合同或者购车意向书;④合作机构要求提供的其他文件资料。

### 3. 申请方式

为了提高汽车的销售量,政府联合金融机构一起发起个人贷款买车业务。目前市场金融业对个人贷款买车主要有以下两种方式:①房产抵押贷款购车(用房产做抵押)。房产抵押贷款购车一般最长可贷5年,首付3成以上。利率主要根据贷款类型和个人资质综合决定。②个人信用贷款购车(无抵押无担保,一般要求信用良好,工作收入稳定),这种形式贷款买车一般可以贷5年,首付3成以上。

### 4. 买车流程

买车流程:①客户在银行特约经销商处选择汽车并签订购车协议或合同;②借款人向贷款行申请个人汽车按揭贷款;③经调查同意后签订合同;④办理汽车公证、抵押等手续;⑤贷款人(银行)办理放款;⑥贷款还清后,贷款人(银行)注销质押凭证,并退还给客户。

## 作业

完成"学习工作页"项目8任务8-3的测试题和技能训练。

# 项目 9 车辆交付

### 项目解析

车辆交付：交车步骤是客户最兴奋的时刻，若客户有了愉快的交车体验，就为今后的长期合作关系奠定了积极的基础。这将会提高客户满意度并提高他对 4S 店的信任度。

## 任务 9　付款交车

### 学习目标

通过本任务的学习，你能够：
1. 正确认识"交车"的重要性。
2. 熟练操作"交车"流程。
3. 运用合适的方式对等车期间的客户进行关怀。

### 情景课堂

#### 4S 店多次延误交车 甚至把责任推给车主

2015 年 6 月 6 日车主与某 4S 店约定以 33 万元价格加送 1 万元装潢费购买 2015 年生产的沃尔沃 V60，并且在 6 月 30 日前到车交付，随后车主签订购车协议交付了 5 万元预付款。接近约定日期，车主收到销售顾问通知，由于要对汽车做检查或者调整，只能 7 月 3 日提车。提车那天突然接到销售顾问通知，由于缺少进口车关单不能提车，在接下来的电话沟通和见面协商中，销售顾问几次推脱责任。

车主以协商条例与 4S 店进行协商退款，对方态度强硬并一直不给答复，4S 店总监也

同样不承认违约而把责任全部推给车主。协商期间销售顾问表示到货车辆是 2014 年并非订车所说的 2015 年，并且一再否认订车时双方约定的 33 万元车价和加送的 1 万元装潢费。

7 月 6 日中午，车主再次与 4S 店进行退款协商，对方态度强硬甚至试图狡辩混淆违约情况。下午市场监督管理局对双方进行了约谈，4S 店没有同意退款，甚至没有表示任何诚意或补偿。

汽车投诉网接到车主投诉，第一时间反馈到厂家那边。汽车投诉网通过电话与车主取得联系，目前 4S 店对车主进行协商退款……

请思考：在现实中，交车等待期间应该怎么处理呢？

## 知识链接

### 一、交车等待线上的处理

**1. 交车等待线上的执行标准**

在交车等待期间，汽车销售顾问要注意按照下面的方法来做。

**（1）交车期间的联系方式**

1）签约后、交车前，销售顾问将"袖珍驾驶员指南"邮寄给客户，或携带"驾驶员手册"拜访客户。

2）保持与客户的联系，瞄准时机打个电话给客户（或安排专人在签约后与客户联络）。

3）若等车期间恰逢节日，邮寄一份小礼物表示心意。

**（2）车有延误时**

1）第一时间通知客户，表示歉意。

2）告知解决方案，取得客户认同。

3）在等待交车期间，应与客户保持联络，让客户及时了解车辆的准备情况。

**2. 交车延误的处理**

 **课堂互动**

如果在现实中真出现了"交车延误"的情况，那么应该如何向客户解释呢？
请你打一个电话通知客户这件事情。
1. 在小组内讨论需要向客户说的话，将讨论结果记录下来（15min）。
2. 在课堂上进行模拟对话（10min）。

"交车延误"是现实中难免的情况。如果处理不好，很可能会引起客户的不满或投诉。如果真的遇到这样的情况，应该如何处理？

项目 9　车 辆 交 付

**交车延误的处理步骤：**

1）提前通知客户（第一时间通知客户）。

2）向客户解释交车延误的原因（理由要正当）。

3）再次抱歉，约定下次交车时间。

### 二、交车与客户满意度的关系

对于大多数客户来说，车辆的移交是决定、等待和期望过程的高潮。对他来说，车辆移交是一段值得纪念的经历。

从图 9-1 中可以看到，在购车的过程中，客户精神状态的发展与销售顾问精神状态的发展存在不一致的现象：销售顾问往往在签单时心情最好；而客户却在交车时心情最好，此时销售顾问的兴奋度已经开始下降了。如果销售顾问在此时能够和客户表现出一样兴奋的状态，与客户同乐，那么能够更好地提升客户的满意度。

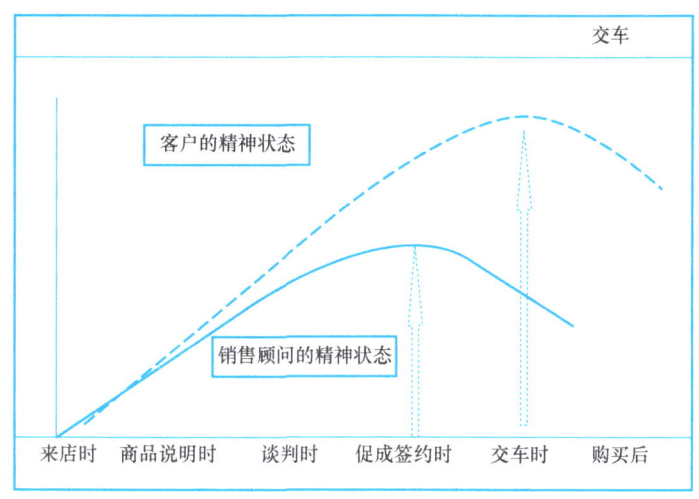

图 9-1　购车过程销售顾问与客户的精神状态对比

### 三、交车的执行标准

交车的执行要点，如图 9-2 所示。

**1. 交车前的准备**

（1）交车前的确认

1）销售顾问委托售后服务部门进行 PDI 检查见表 9-1。

2）再次确认客户的付款条件和付款情况，以及对客户承诺的事项。

3）电话联系客户，确认交车时间，并告知交车流程和所需时间，征得客户认可。

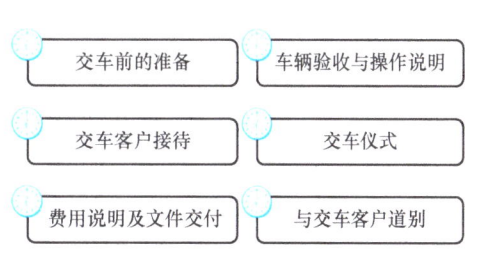

图 9-2　交车的执行要点

## 知识加油站

PDI 就是交新车时的检查,这是一个规范的术语。

做 PDI 检查,一般情况下需要一定的时间。销售顾问告知客户的时间计算上还要保守一些,以防止车在做 PDI 检查的时候出现问题。

**案例:**

一客户来某 4S 店买了车,他很开心。客户说:"我付全款给你都没问题,你给我做一个检查。什么时间可以取车?我出去绕一圈。"销售顾问说:"我们需要先给您的车做检测,2~3 小时以后可以给您车。"因为这个客户很兴奋,他想早点拿到车,所以不到两小时他就回来了。在对车进行检查时发现了问题,当把这个新车抬起来以后发现变速器漏油,而库房就剩这一台车了。了解到客户在 3 个小时之后才取车,以为还来得及,就把车拆了,换了油封,把变速器也拆了下来。拆一个变速器不是简单的事情,要拆很多零部件。没想到这个客户提前回来了。当时客户对拆车并没在意。

客户问道:"你不是说 2~3 个小时吗,现在已经两个小时了。"

销售顾问回答:"还在做检查,您再等一会儿。"

这时,客户有点儿不高兴了。3 个小时后变速器还没有装好。销售顾问又对他说:"您再稍等一会儿,马上就好了。"当车子拆装完了之后开了出来。客户一看,这个不就是刚才在举升机上拆的那辆吗?客户生气地说:"你们凭什么拆我的车?退车!"

表 9-1 新车交车 PDI 表

| 经销商名称: | | | 编号: | | |
|---|---|---|---|---|---|
| 车型: | | | 钥匙号码: | | |
| 车架号: | 发动机号码: | | 车身颜色: | | |
| 项次 | 检查内容说明 | | | 状况 | 维修确认及签字 |
| | | | | OK / NO | |
| 一、车辆外观/漆面检查(环车检查有无刮碰伤"变形") | | | | | |
| 1 | 前保险杆、发动机舱盖、右前翼子板、车顶、车门、左右后轮板、后行李舱盖、后保险杠 | | | | |
| 2 | 前后风窗玻璃、车门玻璃、其他玻璃 | | | | |
| 3 | 标志、电镀饰条、车门把手、外照后视镜 | | | | |
| 4 | 前照灯、侧灯、雾灯、尾灯、第三制动灯 | | | | |
| 5 | 安装刮水器片及轮胎饰盖 | | | | |
| 二、车辆室内检查 | | | | | |
| 1 | 遥控器功能、钥匙对车门开锁及上锁功能 | | | | |
| 2 | 天窗功能及电动座椅功能 | | | | |

项目9 车辆交付　141

（续）

| 项次 | 检查内容说明 | 状况 OK | 状况 NO | 维修确认及签字 |
|---|---|---|---|---|
| 3 | 室内灯、仪表各指示灯及危险警告灯功能 | | | |
| 4 | 喇叭、刮水器及喷水、前照灯、转向灯、侧灯、雾灯、尾灯及制动灯功能 | | | |
| 5 | 空调/音调功能及后风窗玻璃除雾功能 | | | |
| 6 | 电控和手摇车门玻璃升降及上开锁功能、外后视镜调整功能、儿童锁功能 | | | |
| 7 | 车门内外把手开启功能、发动机舱盖、行李舱盖、油箱盖开启功能 | | | |
| 三、发动机室检查 | | | | |
| 1 | 液位检查：发动机、变速器、制动油壶、转向助力泵、膨胀水箱、刮水器喷水壶 | | | |
| 2 | 蓄电池状态：电压值 | | | |
| 3 | 各油管、水管、束夹状况，有无泄漏等 | | | |
| 四、后箱室检查 | | | | |
| 1 | 后箱锁上锁及开锁功能 | | | |
| 2 | 后箱照明灯功能 | | | |
| 五、底盘检查 | | | | |
| 1 | 发动机及变速器下方有无漏油及漏水痕迹 | | | |
| 2 | 各水管/油管有无渗漏痕迹 | | | |
| 3 | 传动轴/转向系统有无漏油痕迹 | | | |
| 4 | 制动系统有无漏油痕迹 | | | |
| 5 | 悬架系统有无漏油痕迹 | | | |
| 6 | 调整轮胎胎压到规格内（新车出厂时胎压均高于规格上线，交车时务必调整） | | | |
| 六、特殊要求 | | | | |
| 1 | 内装及附加配备 | | | |
| 2 | 随车手册/点烟器放置定位 | | | |

　　PDI检查员：　　　　　提车人：

　　日　　期：　　　　　日　　期：

第一联（浅红）经销商存档　　第二联（白色）汽车销售顾问存档

（2）交车前的预约

1）告知客户交车的历程和所需占用的时间，征得客户的同意，以客户方便的时间约定交车的时间及地点。

2）再次与客户确认一条龙服务需求及完成情况。

3）提醒客户带齐必需的文件、证件和尾款。询问客户的付款方式，避免携带大量现金，询问是转账还是支票付款。若客户以银行转账的方式付款，则让客户将银行的汇款单传真过来，便于销售顾问在财务部查询。若用支票付款，则款到账后通知客户提车。若客户已经交齐了车款，则无须询问付款方式。

4）在通知客户取车前，销售顾问需确定该车的财务状况，即车款、保险款项是否已全部到账结清。如果有余款，需知道是什么款项，具体金额是多少。客户来取车时，需将该车的财务状况与客户确认一遍。特别是在有余款的情况下，需确认客户的付款方式，以便做时间上的安排。

5）务必注意，不能在客户未结清余款的情况下将车提走。如果客户为分期，则在验车上牌后，将相关手续送到金融人员处做好抵押，待银行款项到账后，方可让客户提车。

（3）交车当天的准备

1）展厅门口设置交车恭喜牌。交车区场地打扫干净，设置告示牌。

2）清洗车辆，保证车辆内外美观整洁，车内地板铺上保护纸垫。

3）重点检查车窗、后视镜、烟灰缸、备用轮胎和工具，校正时钟，调整收音机频道等。若车辆配有导航系统，则设定经销店的位置。

4）待交车辆油箱内加注1/4箱燃油。

5）通知相关人员交车仪式的时间和客户信息，确认出席人员。

**2. 交车客户接待**

1）交车客户到达时，销售顾问预先到门口迎接，态度热情。

2）恭喜客户，并立刻为客户挂上"交车贵宾证"。

3）每位员工见到戴有"交车贵宾证"的客户，立刻道喜祝贺。

**话术举例**

> 交付车款后，销售顾问带客户就座，详细介绍交车流程。话术举例如下。
> 
> ×先生/女士，现在我们正式开始交车，我先向您介绍一下流程：
> 
> 首先，您需要给我填写一份"××新车交付报告"，然后给您检查随车物品。这里有"新车交车确认表"，我会按这个表给您清点：一会儿我带您看车时，先给您检查随车工具，之后坐到车里给您介绍新车的功能特性，也就是对车辆上的重要操作仪表，以及其他可能涉及的各个功能键的使用进行讲解。
> 
> 车内电子件都没问题以后，我会和您共同检查漆面，这就是检验车的过程。
> 
> 全部都没问题了，我就会给您开发票，这就是全部流程。看您有没有其他问题或其他需要？……如果没有，那么现在就开始填写档案吧。

**3. 费用说明及文件交付**

1）销售顾问利用"新车订购单"说明各项购车费用。

2）销售顾问利用"相关手续及费用清单"说明其他相关费用。

3）销售顾问向客户介绍服务部门的服务顾问（SA）。

4）SA利用"说明指南"和"维护手册"解释车辆检查和维护的日程及其重要性。

5）SA利用"维护手册"说明车辆维护内容和范围，重点是保修期限和保修项目等重

项目9 车辆交付

要事项。

6）SA利用相关书面资料介绍售后服务网络，以及本经销店服务部的营业时间、预约流程、24h救援服务体制。

7）清点并移交车辆文件以及车辆钥匙。

### 话术举例

　　带客户回到展厅会客区就座，销售顾问安排财务人员开具整车发票，同时销售顾问应该说："×先生/女士，现在我给您介绍一下我们的服务顾问，以后关于维修保养方面的事情可以直接给他打电话，同时让他给您介绍一下保养方面的一些内容，请您稍等。"

　　"×先生/女士，这位是我们的服务顾问×××。×××，这位是×先生/女士。"

　　服务顾问："以后维修方面有问题就可以直接找我，也可以直接给我打电话。"

　　对客户说："×先生/女士，现在让我们的服务顾问向您介绍一下关于车辆保养和救援方面的内容及新车使用注意事项。"

　　服务顾问向客户介绍时，销售顾问应在场陪同。

　　服务顾问介绍完毕后，销售顾问向客户介绍保修方便的内容。

#### 4. 车辆验收与操作说明

1）销售顾问陪同交车客户进行车辆检查。
2）销售顾问依据"新车交接确认表"用简单易懂的语言进行车辆说明。
3）销售顾问依据《驾驶员手册》介绍如何使用新车。
4）销售顾问依据"安全注意事项"进行安全说明。

### 话术举例

　　档案填写完毕后，与客户检查文件配品（说明书、钥匙等），带客户在《保修手册》上签字，检查完毕带客户到交车区。

　　带客户到交车区后，可以让客户先看一下大概的外形，注意你的所有介绍一定要有针对性。此时，你应该说："×先生/女士，我现在给您看一下行李舱的随车工具。"

　　随车工具检查完毕，你应该说："×××先生/女士，现在请您坐到副驾驶的座位上，我给您讲解一下新车的功能特性。"……功能特性介绍完毕，在车内要询问客户："×先生/女士，您还有什么其他不太清楚的吗？"

　　新车功能特性介绍完毕后，让客户在"新车交付确认表"上填写，并和客户共同检查车辆外观（包括轮胎），没有问题，请客户签字确认。

#### 5. 交车仪式

1）介绍销售部长、服务部长或其他人员与客户认识。
2）向客户赠送鲜花，拍摄纪念照。另外，可向客户及其家人赠送小礼物。

3）经销店有空闲的工作人员列席交车仪式，鼓掌以示祝贺。

> 发票开具完毕后交给客户，销售顾问需告诉客户："发票一共三联。报税联是交车辆购置税时用的，注册登记联是上牌用的。最后您会剩一个发票联，您自己保留着。现在所有的物品都交给您了，咱们的交车就结束了。"
> 此时，销售顾问与客户合影留念。
> 交车结束后，销售顾问可以说："您现在有什么其他需要吗？"、"咱们的交车流程到此结束，恭喜您成为我们品牌车的车主！不知道您对我的服务是否满意？"得到客户的回答，销售顾问应说："您能满意，我非常感谢，那您以后再买车或有朋友买车，请帮忙推荐一下我们好吗？"

#### 6. 与交车客户道别

1）确认客户可接受的售后跟踪和联系方式，并简要告知跟踪内容。
2）送别客户，目送客户驾车离去。
3）客户离去后整理客户资料。
4）向销售部长报告交车活动，在销售系统上完成"交车完成输入"。
5）预估客户到达目的地的时间，致电确认安全到达。

> **交车仪式服务顾问话术**
>
> ★您好！我是服务顾问×××，感谢您购买我们的汽车，这是我的名片，以后您的车辆有任何问题都可以联系我。从今天起您的爱车就由我来为您服务了，接下来我来为您介绍一下汽车的一些基本结构和注意事项。
> 1. 打开发动机舱盖。
> 1）这是汽车玻璃清洁液。您的爱车需要定期加汽车玻璃清洁液，为了有效清洁您的爱车玻璃（因为环境污染，玻璃上都有一层油膜，需要清洁液才能刮干净），您需要加专用的汽车玻璃清洁液，我们服务前台就有（必要时告诉其使用的费用，或建议其马上购买，以免汽车玻璃清洁液用完后没法马上补充）。这样一方面有利于清洁，另一方面有利于延长您的刮水片使用寿命，但千万别往里面加洗洁精和肥皂水，有很多人不知道，加了洗洁精，结果刮水片几个月就老化了……
> 2）这里是冷却液，这是上限，这是下限，平时发现少了要及时补充，但必须补充蒸馏水或到我们这里补充专用的冷却液，不可加自来水或矿泉水，否则容易形成水垢，严重的会造成散热器穿孔和腐蚀……
> 3）×先生请看（拔起机油尺，给用户解释已为他的爱车做过非常详细的PDI检查），

机油的油量是这样来看它够还是不够的……我们已经为您的爱车详细做过检查了，各项指标、性能都合格，请您放心使用（同时，强调机油有适当的损耗是正常的，因为要求在行驶 3000km 左右要检查一下机油是否够，不够要及时补充。机油正常损耗和烧机油是两个概念，烧机油会有严重的发动机积炭，但机油正常损耗就不会出现该现象……）。

4）这是制动液，需更换时要到我们 4S 店来，由专业人员为您更换……

5）这是助力油，需更换时要到我们 4S 店来，由专业人员为您更换……

2. 接下来我来为您介绍一下轮胎。轮胎很关键，它是最重要的安全件，您以后更换轮胎最好到我们 4S 店来。因为，轮胎有很多等级、型号，不同的等级、型号价格不同，但外表都是一样的……轮胎一般使用到 3 万~5 万 km 就需要更换了（主要看您使用时的路况），判断轮胎更换的依据是（教客户看轮胎损耗标志线）……

3. 车辆首次保养是在使用 5000km 或 6 个月之内进行，您的新车最好在 1500~2500km 时进行一次换油保养，即只更换机油和机滤。因为新车发动机和变速器在头 2000km 内是最关键的磨合期，这时候磨合下来的铁屑是最多的，因此如果能更换一下机油和机滤对车辆是最好的……

4. ×先生（拿出说明书，介绍保修项目和易损件的保修期），我来为您解释一下保修期和保修项目……请有空的时候尽快阅读一下说明书。

5. 接下来我带您参观一下我们的服务设施和场所，您这边请……（如客户不去，要坚持请客户上维修站参观，确实无法配合的，应告知销售顾问准备交车仪式。如果客户同意参观，则应告知销售顾问多长时间后准备交车仪式），一会儿回来我们将为您举行交车仪式。

★ 在参观途中介绍以下内容。

1. 我们有预约服务……如果您有需要可以直接和我们预约，这样可以节省您很多时间，而且我们会指定专员在您预约的时间等着您……我们的预约是这样办理的……预约电话是……

2. 如果您的车出险，您首先得拨打您所投保的保险公司报案电话报案，然后等待查勘人员到位，之后就可以直接到我们 4S 店来做修理（我们将为您代办理赔事项），如果您的车辆无法继续行驶，请不要强行行驶，应马上联系我们，我们会将您的车拖回维修站；如有任何疑问，请第一时间和我们联系，24 小时服务热线是……

3. 车辆在磨合期间，1000km 内您要保持车速不超过 80km/h，2000km 内车速保持不超过 120km/h，磨合期间转速保持在 3000r/min 以下。

4. 我们还为用户开通了 24 小时施救电话……电话号码在您的遮阳板上。我的名片也有，您在任何时候有任何问题都可打此电话。

5. 这是我们的客户休息室，可以免费上网，这是……

6. 这是我们免费赠送给您的燃油添加剂，它对发动机有好处，主要是不堵喷油器、不积炭等……用完以后可以到我们这购买，价格是……

7. ×先生/小姐以上我给您讲的内容都在这个表格中，不知您是否还想了解什么？（您是否还有什么需要了解的？）如果没有的话，请您在这里签个字，谢谢。

8. 结束语：

×先生/小姐接下来我们要为您举行一个简短、隆重的交车仪式，这边请……（接下来可以将话题聊到生活和个人爱好）×××先生/小姐，买了车平时准备怎么用呢？平时爱不爱驾车旅游……我们经常会组织车友自驾游……我看您的气质应该是从事××类工作的吧？你们从事的工作很让我羡慕……

### 四、从客户满意到客户感动

成功交车是"交车"流程中激发客户满意度的基础。只有客户满意了，才能叫作成功交车。那么从客户的角度出发，怎样才叫作成功交车呢？

1）在所承诺的时间内交车。
2）确保车内外的清洁。
3）确保车辆的所有装置均处于正常工作状态。
4）交车时，油箱内加适量燃油。
5）向客户详细说明车辆的性能，以及各控制装置的操作方法。
6）向客户详细说明车辆的保修期及维护周期。
7）确保客户知晓如何在经销店进行车辆维修，将客户介绍给维修部门的人员，并确定首次维护预约。
8）在一个合理的时间段内，完成全部交车过程。

做到这些，能够保证客户的满意，但客户满意并不完全能激起客户的忠诚。只有超越客户满意，给客户制造惊喜，才能够更好地提升客户满意度。

### 作业

完成"学习工作页"项目9任务9的测试题和技能训练。

# 项目 10

# 售后跟踪

## 项目解析

售后跟踪：车辆交付并不是销售工作的结束，而是销售顾问与客户"友谊"的真正开始。虽然交车之前，双方关系良好，但客户会认为此时的"友谊"销售顾问是有目的的，所以为了更好地维护与客户的关系，消除客户的疑虑，销售顾问还应做好跟踪服务。

## 任务 10　售后跟踪分析

### 学习目标

通过本任务的学习，你能够：
1. 明确售后跟踪的意义。
2. 掌握售后跟踪的方法和内容。
3. 了解常见的客户关怀方式。

### 情景课堂

**小李提车**

小李是某公司的中层管理人员，为了工作方便，在某4S店买到了可心的轿车，与销售顾问小杨约好6月4日提车。6月4日下小雨，提到车的小李很兴奋，一路开回家，刚到家不久就接到了小杨的电话。小杨先问了小李路上是否顺利，接着又问了车辆的使用感觉，并提醒小李车辆停放、起动、使用的注意事项。小李听了非常高兴，庆幸自己遇到了

一个专业、贴心的销售顾问。
请思考：售后跟踪的内容和方法有哪些？

## 知识链接

### 一、售后跟踪的目的

售后跟踪是针对新车客户进行的回访，此类回访一般是由客服专员配合销售顾问进行的，目的在于：

1）提高客户的满意度，强化客户的忠诚度。
2）了解产品质量信息，消除客户的担心。
3）开发新客户。

### 二、售后跟踪的方法和内容

**1. 售后跟踪的方法**

售后跟踪的常用方法包括：电话、电子邮件、微信、登门拜访、传真和普通邮件等。

**2. 售后跟踪的内容**

售后跟踪一般包括交车2h后的关怀回访，购车后3日回访、7日回访和1个月之内跟踪回访3次。

（1）跟踪回访的工作要点

1）通过回访了解客户对销售服务的感受，询问客户有何疑问并给予解答。
2）加强和客户的联系，使客户感受到服务的持续性。
3）跟踪客户购车后的使用情况，及时解决客户反映的问题。
4）新购车客户3周内提醒磨合维护。
5）购车客户回访率100%。

（2）售后跟踪回访的流程　售后跟踪回访的流程，如图10-1所示。

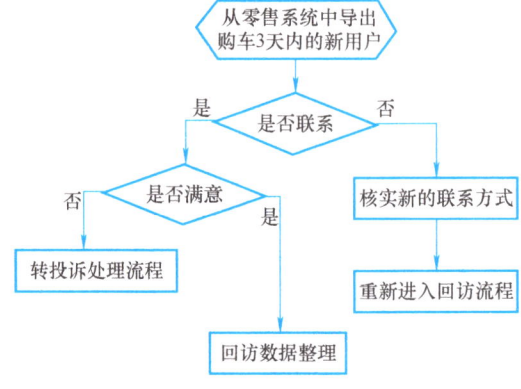

图10-1　售后跟踪回访的流程

项目 10　售后跟踪

★ "您好！×先生/女士，我是××汽车××销售店客户服务中心的客服专员×××。"
★ "×天前您在我公司购买了一辆××车，我想对您进行一个简单的电话回访，可能需要占用您几分钟时间。"（在征得客户同意的情况下进行回访。）
★ "请问您对我们的销售工作和产品还有什么建议和意见吗？"
★ "感谢您对××汽车的支持，如果您有任何需要，欢迎打我们的服务热线××××××××和××公司的服务热线××××××××，再见！"

（3）交车后 3 日跟踪回访

1）3 日跟踪回访流程，如图 10-2 所示。

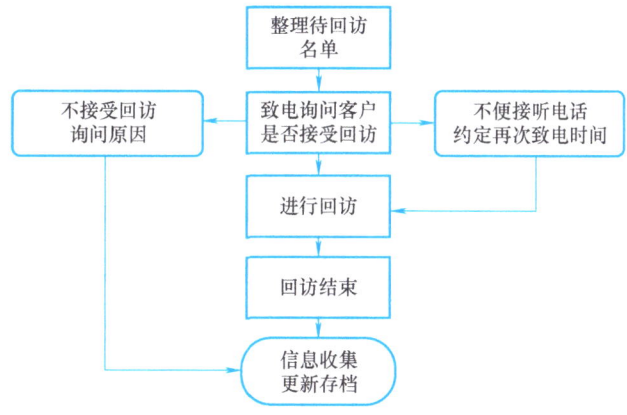

图 10-2　3 日跟踪回访流程

2）3 日跟踪回访流程说明，见表 10-1。

表 10-1　3 日跟踪回访流程说明

| 流　程 | 注 意 要 点 |
| --- | --- |
| 回访资料准备 | ① 在交车后第二天整理待回访名单（按照提车日期计算、按客户希望回访时间段划分回访计划）<br>② 整理客户信息<br>③ 准备回访工具<br>④ 梳理相关话术 |
| 进行回访 | ① 按照客户希望时间致电客户<br>② 自我介绍、询问是否方便接受回访<br>③ 如客户不便接受回访，约定后续回访时间，再次致电时询问客户日后回访时间是否需调整<br>④ 致谢客户<br>⑤ 询问客户车辆使用情况 |
| 回访信息整理 | ① 完善客户信息<br>② 遇客户反映问题，及时记录问题，告知客户会立即寻找相关人员解答，约定再次致电时间<br>③ 添加、完善客户信息卡<br>④ 汇总回访问题，及时将客户反馈意见上报 |

3) 3日跟踪回访话术，见表10-2。

**表10-2　3日跟踪回访话术**

| 场　　景 | 应对方式 | 应对话术 |
| --- | --- | --- |
| A先生不便接听电话 | 1. 对于致电造成客户不便向客户致歉<br>2. 约定再次致电时间<br>3. 再次致电询问客户是否更改日后回访时间 | 销售顾问："A先生您好，我是您的销售顾问×××，对您做个回访以便了解您爱车的使用情况，大约需要占用您××时间，您看您现在方便接听电话吗？"<br>A先生："抱歉，我现在在开会。"<br>销售顾问："非常抱歉打扰您了，我在1h后再给您打电话，您看可以吗？"<br>A先生："好的，没问题。"<br>销售顾问："好的．谢谢您。"<br>销售顾问："A先生您好，非常抱歉刚才打扰您开会，您现在接听电话方便吗？"<br>A先生："可以。"<br>销售顾问："谢谢您，首先再次感谢您购买我们的车辆！您这几天车辆使用顺利吗？"<br>A先生："挺好的。"<br>销售顾问："什么时候需要帮忙，您都可以随时拨打我们的服务电话。"<br>A先生："好的。"<br>销售顾问："谢谢您接受回访，祝您用车顺利，生活愉快。" |
| A女士反映车辆问题 | 1. 详细记录客户描述问题并重复以便确认<br>2. 及时解答或告知客户会在电话结束后立即处理<br>3. 约定再次致电时间 | 销售顾问："A女士，您好，我是您的销售顾问×××，对您做个回访以便了解您爱车的使用情况，大约需要占用您××时间，您看您现在方便接听电话吗？"<br>A女士："好的。"<br>销售顾问："谢谢您，首先再次感谢您购买我们的车辆！您这几天车辆使用顺利吗？"<br>A女士："车辆现在有××情况，不知道是不是有问题？"<br>销售顾问："是××情况吗？我已经详细记录了，在电话结束后我会立刻处理，您看××（时间）后给您答复，可以吗？"<br>A女士："可以。"<br>销售顾问："谢谢您。" |

**（4）交车后7日跟踪回访**　交车后7日跟踪回访的流程可参见3日跟踪回访流程，但话术会有所不同，具体见表10-3。

**表10-3　7日跟踪回访话术**

| 场　　景 | 应对方式 | 应对话术 |
| --- | --- | --- |
| A先生提出购车过程中办理手续不便 | 1. 确认并记录客户提出的问题<br>2. 对给客户造成的不便向客户致歉<br>3. 感谢客户提供意见<br>4. 告知客户通话结束后会立即反映问题 | 客服专员："A先生您好，我是××经销店的客服专员××，想了解您在购车时对我们的服务是否满意，大约需要占用您××时间，您看您现在方便接听电话吗？"<br>A先生："可以。"<br>客服专员："首先再次感谢您购买我们的车辆！您在购车过程中对我们的服务还满意吗？"<br>A先生："办理手续烦琐，时间太长。"<br>客服专员："您是指办理车辆牌照的手续比较烦琐，还是整体购车的手续比较烦琐？"<br>A先生："办理牌照，等了很长时间。"<br>客服专员："首先允许我对您造成的不便向您道歉，最近购买新车的人数较多，办理牌照都需要去车辆管理所，造成了办理时间的延长，我已经将您的意见记录了，在结束通话后，我会立刻反映您的意见。"<br>"谢谢您的宝贵意见，祝您用车顺利，生活愉快。" |

项目10 售后跟踪  151

（续）

| 场　　景 | 应对方式 | 应对话术 |
|---|---|---|
| 提车时A女士并未到场，家人代替提车 | 1. 询问对提车外的服务是否满意<br>2. 询问使用感受 | 客服专员："A女士，您好，我是××经销店的客服专员××，想了解您在购车时对我们的服务是否满意，大约需要占用您××时间，您看您现在方便接听电话吗？"<br>A女士："是我家人替我提的车。"<br>客服专员："您的家人对这次购车过程还满意吗？"<br>A女士："还行，没听说有什么问题。"<br>客服专员："挺遗憾您未能亲自参加爱车精彩的交车仪式，不过可以看看我们邮寄给您的DM，谢谢您。除了提车当天，在前期与销售顾问接触时，您对我们的服务还满意吗？"<br>A女士："销售顾问挺热情的。"<br>客服专员："谢谢您，您的车辆这几天使用还顺利吗？"<br>A女士："挺好的。"<br>客服专员："谢谢您的宝贵意见，祝您用车顺利，生活愉快。" |

**（5）交车后1个月跟踪回访**　交车后1个月的回访，能再次唤起客户对交车说明的记忆，了解客户的用车习惯。介绍首次维护服务，为客户首次维护入店做准备。需要说明的是，在回访过程中要询问客户车辆行驶里程，为客户预估首次维护时间，将客户及车辆信息填写在首次维护预估时间表中，以便提前一周进行首次维护邀约。如果在上次7日回访时客户还未上牌，本次回访再次确认牌照号。

### 话术举例

　　以服务顾问作为回访人员为例，在实际工作过程中，回访人员可以参考以下话术：
　　"×先生（小姐）您好，我是您的服务顾问×××，您的车辆已经使用1个月了，使用情况怎么样？大约行驶了多少里程？根据您的使用情况，我预计您的首次保养的时间大约在××。首次保养对于车辆的日后正常使用非常关键，首次保养会为您免费更换发动机机油和机油滤清器，为了避免您错过首次保养的时间，我会提前一周通知您，以免错过养护时间。售后部门的联系方式在您的车辆上有标识，您可以随时拨打我们的电话。很高兴能为您服务，祝您生活、用车愉快。"

**（6）交车后3个月回访（首次维护邀约）**

1）首次维护邀约流程，如图10-3所示。

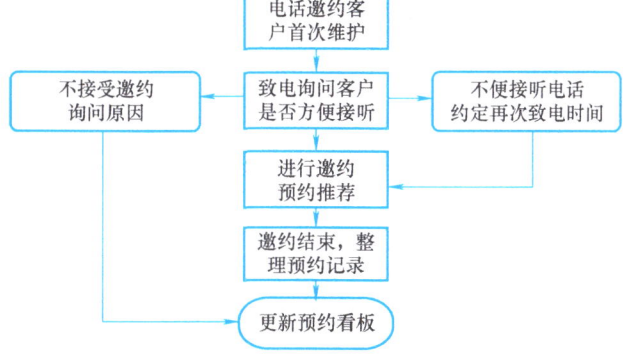

图10-3　首次维护邀约流程

2) 首次维护邀约流程说明见表10-4。

表10-4 首次维护邀约流程说明

| 流　程 | 注　意　点 |
| --- | --- |
| 邀约名单准备 | ① 根据购车后1个月的回访客户车辆里程预估记录，排定首次维护邀约时间计划<br>② 依据购车后1个月回访时的里程，预估客户行驶5 000km所需时间，提前一星期进行首次维护邀约，对于预估时间超过3个月的客户，在3个月的首次维护期限前一星期进行邀约<br>③ 制定邀约名单，查阅首次维护记录，删除已首次维护客户 |
| 电话邀约 | ① 按照客户希望回访时间进行邀约<br>② 自我介绍并解释致电目的，询问客户是否便于接听电话<br>③ 询问客户车辆行驶里程，解释首次维护重要意义<br>④ 解释预约的便利性，询问客户是否预约<br>⑤ 提示客户携带相关资料<br>⑥ 感谢客户，礼貌挂断电话 |
| 未邀约成功客户信息整理 | ① 未邀约成功客户信息整理<br>② 排定再次邀约时间计划<br>③ 更新客户信息卡中车辆里程 |

3) 首次维护邀约话术见表10-5。

表10-5 首次维护邀约话术

| 场　景 | 应对方式 | 应对话术 |
| --- | --- | --- |
| A先生提出首次维护时间是否能延后 | 告知客户及时首次维护的意义 | 客服专员："A先生您好，我是××经销店的客服专员××，我想就您的车辆首次保养进行邀请。您现在接听电话方便吗？"<br>A先生："可以。"<br>客服专员："您的车辆现在行驶了多少里程？"<br>A先生："3 000km。"<br>客服专员："平时都是在市内用车吧？您的车辆还有1周就将达到3个月的首次保养期限了，您看方便的话我帮您进行预约好吗？"<br>A先生："等5 000km时再去吧。"<br>客服专员："首次维护对于车辆非常关键，是按照3个月或5 000km先到为准，因为新车磨合期的机油内杂质会很多，不能及时保养会对发动机造成伤害，影响车辆日后的动力、油耗等。建议您还是按照3个月的维护期限准时来做首次维护，以便您的车辆日后使用的性能得到保障。"<br>A先生："好的。" |

## 三、汽车企业常见的客户关怀方式

### 1. 亲情关怀

选择对客户有意义的节日，如客户的生日、春节、中秋节赠送礼物，或电话、短信问候，让客户感受到被重视、被关注。

### 2. 优惠活动

为客户安排各种优惠活动。厂商或者4S店可以在节假日为客户举办各类活动。例如，驾车旅行优惠、免费检测车辆、优惠修车、汽车知识讲堂等活动。售后客服人员要通知到位，详细告知客户活动的内容、日期、地址，以及要注意的事项等。

### 3. 电子贺卡祝福

电子贺卡祝福是利用电子邮件传递贺卡。它通过网页链接传递，收卡人在收到这个链接地址后，点击就可打开贺卡图片。贺卡种类很多，有静态图片的，也有动画的，甚至带有美妙的音乐，表达了送卡人的美好祝愿。

### 4. 上门拜访

上门对客户进行拜访是最直接、最隆重的方式。一般来说，进行拜访之前要和客户沟通好，表明此次上门拜访的目的、形式、占用时间等，并且约好时间、地点，按约定的时间、地点准时赴约。

完成"学习工作页"项目10任务10的测试题和技能训练。

# 参 考 文 献

［1］李燕．汽车推销技巧［M］．北京：电子工业出版社，2015．
［2］刘秀荣，吴风波．汽车顾问式销售［M］．北京：机械工业出版社，2020．
［3］翟芳．汽车营销实务［M］．北京：化学工业出版社，2013．
［4］宋润生，韩承伟．汽车营销基础与实务［M］．北京：机械工业出版社，2018．
［5］刘金霞，宋宝珍．汽车销售实务［M］．镇江：江苏大学出版社，2019．
［6］张红伟，刘晓光．汽车销售技术［M］．北京：教育科学出版社，2019．
［7］汪海红，代忠飞，王玉平．汽车销售与服务流程［M］．成都：电子科技大学出版社，2020．
［8］孙路泓．汽车销售的第一本书［M］．北京：中国人民大学出版社，2010．

高等职业教育汽车类专业校企合作
"互联网+" 创新型教材

# 汽车顾问式销售
## 学习工作页

姓　　名＿＿＿＿＿＿＿＿＿＿＿＿＿＿＿
专　　业＿＿＿＿＿＿＿＿＿＿＿＿＿＿＿
班　　级＿＿＿＿＿＿＿＿＿＿＿＿＿＿＿
学　　号＿＿＿＿＿＿＿＿＿＿＿＿＿＿＿
任课教师＿＿＿＿＿＿＿＿＿＿＿＿＿＿＿

＿＿＿＿＿年＿＿＿月～＿＿＿＿＿年＿＿＿月

# 目　　录

**项目1　汽车销售认识** ··············································································· 1
　任务1　汽车顾问式销售岗位认识 ··························································· 1
　　一、测试题 ······················································································ 1
　　二、技能训练　汽车销售名人案例分享会 ················································ 1

**项目2　售前准备** ····················································································· 3
　任务2-1　展厅准备 ············································································· 3
　　一、测试题 ······················································································ 3
　　二、技能训练　4S店走访 ··································································· 3
　任务2-2　个人准备 ············································································· 4
　　一、测试题 ······················································································ 4
　　二、技能训练　销售礼仪演练 ······························································ 6
　任务2-3　汽车专业术语与知识准备 ························································ 8
　　一、测试题 ······················································································ 8
　　二、技能训练　车型配置解读 ······························································ 9

**项目3　客户开发及管理** ·········································································· 11
　任务3-1　客户开发 ············································································ 11
　　一、测试题 ····················································································· 11
　　二、技能训练　拜访潜在客户 ····························································· 11
　任务3-2　客户管理 ············································································ 12
　　一、测试题 ····················································································· 12
　　二、技能训练　经销店短信回访话术强化练习 ········································· 13

**项目4　客户接待** ··················································································· 14
　任务4-1　电话客户接待 ······································································ 14
　　一、测试题 ····················································································· 14
　　二、技能训练　接听或拨打电话演练 ···················································· 14
　任务4-2　展厅客户接待 ······································································ 17
　　一、测试题 ····················································································· 17
　　二、技能训练　情景模拟——展厅客户接待演练 ····································· 18

**项目5　需求分析** ··················································································· 21
　任务5　需求分析应用 ········································································· 21
　　一、测试题 ····················································································· 21
　　二、技能训练　情景模拟——需求分析演练 ··········································· 22

**项目6　车辆推荐** ··················································································· 25
　任务6-1　选择车辆推荐方法 ································································ 25
　　一、测试题 ····················································································· 25
　　二、技能训练　FAB话术设计演练 ······················································ 26
　任务6-2　六方位绕车介绍 ··································································· 27

一、测试题 ································································································· 28
　　二、技能训练　六方位绕车介绍演练 ································································ 29

## 项目 7　试乘试驾 ································································································ 30
　任务 7-1　试乘试驾流程设计 ················································································· 30
　　一、测试题 ································································································· 30
　　二、技能训练　试乘试驾路线和体验内容设计 ····················································· 30
　任务 7-2　试乘试驾技巧 ························································································ 31
　　一、测试题 ································································································· 32
　　二、技能训练　情景模拟——试乘试驾演练 ························································ 33

## 项目 8　异议处理和议价成交 ················································································· 35
　任务 8-1　异议处理 ······························································································ 35
　　一、测试题 ································································································· 35
　　二、技能训练　异议处理话术设计 ···································································· 35
　任务 8-2　议价成交、签约 ···················································································· 36
　　一、测试题 ································································································· 36
　　二、技能训练　报价话术演练 ·········································································· 37
　任务 8-3　金融保险业务推荐 ················································································· 37
　　一、测试题 ································································································· 37
　　二、技能训练　成交签约演练 ·········································································· 38

## 项目 9　车辆交付 ································································································ 40
　任务 9　付款交车 ································································································· 40
　　一、测试题 ································································································· 40
　　二、技能训练　情景模拟——交车演练 ····························································· 41

## 项目 10　售后跟踪 ······························································································· 43
　任务 10　售后跟踪分析 ························································································· 43
　　一、测试题 ································································································· 43
　　二、技能训练　售后跟踪演练 ·········································································· 43

# 项目 1　汽车销售认识

## 任务 1　汽车顾问式销售岗位认识

| 教学目标 | 能力目标 | 职业素养 |
|---|---|---|
| | 1. 能够清楚销售顾问岗位职责<br>2. 能够清楚销售部岗位设置<br>3. 能够清楚汽车销售顾问应具备的素质 | 培养学生树立现代汽车销售及服务意识 |

### 一、测试题

1. 解释汽车销售顾问的概念。
   _____
   _____

2. 解释顾问式销售的含义。
   _____
   _____

3. 汽车销售的基本业务，可归纳为以下几个方面，请补充完整。

（中心：汽车销售业务内容；1. 售前准备；其余待补充）

### 二、技能训练

#### 汽车销售名人案例分享会

在汽车销售界，乔·吉拉德是一位传奇人物。他连续 12 年荣登世界吉尼斯世界纪录大全——全世界销售第一的宝座，他所保持的世界汽车销售纪录至今无人打破，被吉尼斯世界纪录大全称为"世界上最伟大的推销员"！乔·吉拉德创造了 5 项吉尼斯世界汽车零售纪录：平均每天销售 6 辆车，最多一天销售 18 辆车，一个月最多销售 174 辆车，一年最多销售 1425 辆车，在 15 年的销售生涯中总共销售了 13001 辆车。销售是需要智慧和策略的事业，在每位成功的汽车销售人员背后，都有自己独特的成功诀窍，那么乔·吉拉德的销售业绩如此辉煌，他的秘诀是什么呢？

【实训要求】

1. 各小组利用课后时间了解乔·吉拉德事迹，归纳总结其值得当今销售顾问学习的销售精神，讨论销售顾问应该具备哪些技能和素质，制作成 PPT 与同学分享。

2. 教师和学生进行效果评价。

【评分表】

| 序号 | 项 目 | 分 值 | 小组互评 | 教师评分 |
| --- | --- | --- | --- | --- |
| 1 | PPT 完整性和美观性（PPT 必须图文并茂） | 30 | | |
| 3 | 现场演讲分（表述分）（肢体语言、礼仪、对内容的熟练程度、表达能力） | 30 | | |
| 4 | 突出印象分 | 30 | | |
| 5 | 总结能力 | 10 | | |
| | 共计 | 100 | | |

# 项目 2　售 前 准 备

## 任务 2-1　展 厅 准 备

| 教学目标 | 能力目标 | 职业素养 |
|---|---|---|
| | 1. 明确展厅管理的目的<br>2. 了解展厅环境营造的细节<br>3. 熟悉 6S 管理的内容 | 1. 培养"客户至上"的服务意识<br>2. 培养敬业精神 |

### 一、测试题

1. 展厅管理的目的是指：_____
   _____。
2. 展车标准展示牌内容：_____
   _____。
3. 展车布置应注意：_____
   _____
   _____。
4. 展厅功能区划分为：_____。
5. 销售顾问应请客户坐在_____。
6. 展厅内各种灯的作用：_____
   _____
   _____。
7. 展厅 5S 管理包括_____。

### 二、技能训练

#### 4S 店走访

【实训要求】

各小组根据利用课余时间进行 4S 店走访，感受 4S 店环境。

1. 重点观察以下几个区域的环境。
1）展厅大堂（包括展厅顶部天花）。
2）咨询接待台（接待前台、形象墙）。
3）客户接洽区（洽谈室、等候休息室）。
4）业务区。
5）公共空间（咖啡台、洗手间、吸烟室、餐厅）。

2. 至少走访3个品牌，便于对比，提交报告。

## 任务2-2　个人准备

| 教学目标 | 能力目标 | 职业素养 |
|---|---|---|
| | 掌握销售礼仪的规范 | 1. 培养观察能力<br>2. 培养学生自觉遵守职业礼仪的习惯 |

### 一、测试题

(1) 站姿
① 挺胸、抬头、收腹、提臀、肩平、脖子直、眼光平视、面带微笑。
② 女性双腿_____，脚尖张开呈_____°左右（男性双腿可分开，与肩_____）。
③ 五指_____，_____手放在_____手上，双手叠放在大约_____位置（男性可双手自然垂放，在裤线位置，不可握拳、手掌伸直）。

(2) 走姿
① 在标准站姿基础上向前行走。起步时，上身略向前倾，身体重心落在_____。
② 手臂自然摆动，摆动幅度以_____°为宜。
③ 男性走_____，女性走_____，每步步频不超_____。

(3) 坐姿
① 以标准走姿走到椅子前面，坐满椅子的_____，上半身与桌子保持_____的距离。
② 男性双腿_____，双手自然放在_____上（腿不可过于靠前）；女性需双腿_____，向一侧倾斜，双手叠放在左腿或右腿上（女性着裙装入座需把裙摆拢一下再坐下）。
③ 人多时注意_____入_____出。

(4) 蹲姿
① 在标准站姿基础上，_____向前半步，身体自然下落。
② 蹲下时上身要_____，双手放在_____上，男性双腿可稍微_____，女性要双腿_____（女性着裙装下蹲时应先拢裙摆再蹲下）。

(5) 表情
① 表情真诚、自然。
② 得体的微笑露_____颗牙齿（牙龈尽可能不露）。
③ 与对方交流，看_____，注视时间大概占整个交流时间的_____。
④ 整个面部表情协调。

(6) 握手
① 右手除拇指外四指_____，拇指_____，在_____处相握。

② 握手时力度适当，不宜过猛或毫无力度。上下摇动_____。要注视对方并面带微笑。
③ 注意握手的顺序（_____先伸手；多人时，从高到低依次握手）。

(7) 递接名片
① 递名片时，_____。
② 接受名片时，_____。
③ 注意递送名片的顺序（卑者先递名片；多人时，从高到低依次递名片）。

(8) 自我介绍
① 注意介绍的时机。
② 自我介绍包括_____。
③ 注意自我介绍的顺序（卑者先自我介绍；多人时，从高到低依次自我介绍）。

(9) 介绍他人
① 被介绍者的先后顺序是_____。即男士应被介绍给女士、晚辈应被介绍给长辈、下级应被介绍给上级、客人应被介绍给主人、迟到者应被介绍给先到者、熟悉的人应被介绍给不熟悉的人。
② 作为第三者介绍他人相识时，要先向双方打一声招呼，让被介绍的双方都有所准备。

(10) 鞠躬
① 在标准站姿基础上，面带微笑，头自然下垂，带动上身前倾，呈_____°角，时间持续_____。
② 表情要真诚自然。

(11) 引导客户
① 五指_____，手臂自然伸出，大概在胸部位置。
② 引导时，目光注视对方，热情指引方向。
③ 使用_____那条手臂。

(12) 饮品供应
① 站在客人旁边，询问所需饮品种类（注意用封闭式问题提问），并确认。
② 从客人的_____双手递送饮品。
③ 客户众多时应按_____方向将饮料放于客户_____。
④ 随时注意客户饮料是否需要添加，但不要在交谈的关键时刻添加饮料。

(13) 递送资料
① 在客人身旁，双手把_____，递向客人。
② 如果有必要，帮助客户找到其关心的页面，并做指引。忌_____。
话术举例：_____在客人身旁，双手把_____，递向客人。

(14) 开车门
① 若开驾驶室车门时，_____手先拉车门。
② 在客人进入驾驶室时，从_____，_____手挡在_____下。
③ 采用_____姿，帮客人_____。

(15) 送别礼仪
① 握手致意,感谢光临,并欢迎再次来店。
② 提醒客户_____。
③ 送到展厅外,如果客户开车前来要送至车前,为客户打开车门。
④ 微笑,挥手送别,直至客户从视线中消失。

(16) 接待三声
① 来有迎声:_____。
② 问有答声:_____。
③ 去有送声:_____。

(17) 文明五句
① 问候语:_____。
② 请求语:_____。
③ 感谢语:_____。
④ 抱歉语:_____。
⑤ 道别语:_____。

## 二、技能训练

### 销售礼仪演练

【实训要求】
1. 各小组利用课余时间进行内部演练,对照项目拍照片。
2. 教师和学生进行效果评价。

销售礼仪演练

| 项目 | 执行标准 | 分数 | 照片 | 教师评分 | 小组互评 |
| --- | --- | --- | --- | --- | --- |
| 站姿 | 1. 挺胸、抬头、收腹、提臀、肩平、脖子直、眼光平视、面带微笑<br>2. 双腿靠拢,脚尖张开呈30°左右(男性双腿可分开,不超肩宽)<br>3. 五指并拢,右手放在左手上,双手叠放在大约腹部位置(男性可双手自然垂放,在裤线位置,不可握拳、手掌伸直) | 5 | | | |
| 走姿 | 1. 在标准站姿基础上向前行走<br>2. 手臂自然摆动,摆动幅度前不超30°,后不超15°<br>3. 男性走平行步,女性走一字步,每步步频不超肩宽 | 5 | | | |
| 坐姿 | 1. 以标准走姿走到椅子前面,坐满椅子的2/3<br>2. 男性双腿可分开,双手自然放在膝盖上(腿不可过于靠前);女性需双腿并拢,向一侧倾斜,双手叠放在左腿或右腿上(女性着裙装入座需把裙摆拢一下再坐下)<br>3. 人多时注意左入左出 | 5 | | | |

(续)

| 项目 | 执行标准 | 分数 | 照片 | 教师评分 | 小组互评 |
|---|---|---|---|---|---|
| 蹲姿 | 1. 在标准站姿基础上，左脚向前半步，身体自然下落<br>2. 蹲下时上身要挺直，双手放在膝盖上，男性双腿可稍微分开，女性要双腿并拢（女性着裙装下蹲时应先拢一下裙摆再蹲下） | 5 | | | |
| 表情 | 1. 表情真诚、自然<br>2. 得体的微笑露 6 颗或 8 颗牙齿（牙龈尽可能不露）<br>3. 与对方交流，看眼睛、嘴巴组成的三角区，注视时间大概占整个交流时间的 30%~60%<br>4. 整个面部表情协调 | 10 | | | |
| 握手 | 1. 右手除拇指外四指并拢，拇指张开，在虎口处相握<br>2. 握手时力度适当（2kg 左右力量），上下摇动 1~3 下<br>3. 注意握手的顺序（尊者先伸手；多人时，按地位从高到低依次握手） | 5 | | | |
| 递接名片 | 1. 递名片时，双手握住名片的两个角，正面朝向对方，在胸部位置递送<br>2. 接受名片时，双手接过，仔细阅读名片信息，适当表达，并回敬对方名片<br>3. 注意递送名片的顺序（地位低者先递名片；多人时，按地位从高到低依次递名片） | 5 | | | |
| 自我介绍 | 1. 注意介绍的时机<br>2. 自我介绍包括本人的姓名、单位、职务<br>3. 注意自我介绍的顺序（地位低者先自我介绍） | 5 | | | |
| 鞠躬 | 1. 在标准站姿基础上，头前倾 15°，持续 1~3s<br>2. 表情要真诚自然 | 5 | | | |
| 引导 | 1. 五指并拢，手臂自然伸出，大概在胸部位置<br>2. 引导时，目光注视对方，热情指引方向<br>3. 使用离客人远的那条手臂 | 5 | | | |
| 饮品供应 | 1. 站在客人旁边，询问所需饮品种类（注意用封闭式问题提问），并确认<br>2. 从客人的右侧双手递送饮品<br>3. 多人时，先尊后卑，依次递送 | 5 | | | |
| 递送资料 | 1. 在客人身旁，双手把资料正面递向客人<br>2. 如果有必要，帮助客户找到其关心的页面，并做指引 | 5 | | | |
| 介绍手势 | 1. 动作规范，手势柔和<br>2. 忌单指指点 | 5 | | | |

(续)

| 项目 | 执行标准 | 分数 | 照片 | 教师评分 | 小组互评 |
|---|---|---|---|---|---|
| 开车门 | 1. 若开驾驶室车门时，左手先拉车门<br>2. 在客人进入驾驶室时，从客人身后绕过，右手挡在车门框下<br>3. 用蹲姿帮客人调整座椅 | 5 | | | |
| 接待三声 | 1. 来有迎声：欢迎光临、您好、早上好<br>2. 问有答声：您问到的操控性，是这样的……<br>3. 去有送声：感谢您的光临，欢迎您再来，再见 | 10 | | | |
| 文明五句 | 1. 问候语：您好！早上好<br>2. 请求语：请<br>3. 感谢语：谢谢！多谢<br>4. 抱歉语：对不起，抱歉<br>5. 道别语：再见，欢迎再来 | 10 | | | |
| 热情"三到" | 1. "眼到"：与人交流，友善地注视对方<br>2. "口到"：讲普通话，表达方式因人而异<br>3. "意到"：表情与表达意思相配合 | 5 | | | |
| 总计 | | 100 | | | |

## 任务2-3　汽车专业术语与知识准备

| 教学目标 | 能力目标 | 职业素养 |
|---|---|---|
| | 能解读车型配置表 | 1. 培养对自主品牌汽车的认同感，增强爱国情怀<br>2. 培养信息处理、归纳的能力 |

### 一、测试题

解释以下汽车术语：

1. 轴距：_____

2. 最大功率：_____

3. 最大转矩：_____

4. 涡轮增压（Turbo）：_____

5. 电子制动力分配系统：＿＿＿＿＿＿＿＿＿＿＿＿＿＿＿＿＿＿＿＿＿＿＿

　＿＿＿＿＿＿＿＿＿＿＿＿＿＿＿＿＿＿＿＿＿＿＿＿＿＿＿＿＿＿＿＿＿

6. 牵引力控制系统：＿＿＿＿＿＿＿＿＿＿＿＿＿＿＿＿＿＿＿＿＿＿＿＿

　＿＿＿＿＿＿＿＿＿＿＿＿＿＿＿＿＿＿＿＿＿＿＿＿＿＿＿＿＿＿＿＿＿

7. 多连杆式悬架：＿＿＿＿＿＿＿＿＿＿＿＿＿＿＿＿＿＿＿＿＿＿＿＿＿

　＿＿＿＿＿＿＿＿＿＿＿＿＿＿＿＿＿＿＿＿＿＿＿＿＿＿＿＿＿＿＿＿＿

8. 麦弗逊式悬架：＿＿＿＿＿＿＿＿＿＿＿＿＿＿＿＿＿＿＿＿＿＿＿＿＿

　＿＿＿＿＿＿＿＿＿＿＿＿＿＿＿＿＿＿＿＿＿＿＿＿＿＿＿＿＿＿＿＿＿

## 二、技能训练

### 车型配置解读

【实训要求】

1. 教师选取一款车型，要求学生上网查询该车型相关资料，了解该车型配置参数，完成下表。
2. 各小组进行内部讨论与分析，推选小组成员上台解说车型。
3. 教师和学生进行评价。

＿＿＿＿＿＿＿＿配置差异表

| 项目 | |
|---|---|
| 长×宽×高 | |
| 室内长、宽、高 | |
| 轴距 | |
| 最小离地间隙 | |
| 最小转弯半径 | |
| 整备质量 | |
| 行李舱容积 | |
| 轮胎规格 | |
| 发动机动力 | |
| 最高车速 | |
| 百公里加速 | |
| 油箱容积 | |
| 综合油耗 | |
| 变速器形式 | |
| 制动系统 | |
| 悬架系统 | |
| 驱动方式 | |

（续）

| | _____配置差异表 | | | |
|---|---|---|---|---|
| | _____版 | _____版 | _____版 | _____版 |
| 配置差异 | | | | |

# 项目 3　客户开发及管理

## 任务 3-1　客　户　开　发

| 教学目标 | 能 力 目 标 | 职 业 素 养 |
|---|---|---|
| | 1. 能够掌握潜在客户开发的途径<br>2. 能够熟练掌握拜访客户步骤<br>3. 能够掌握并应用拜访客户礼仪 | 1. 培养创新意识<br>2. 培养积极乐观的心态<br>3. 培养与人沟通的能力 |

### 一、测试题

1. 请介绍漏斗原理。
   _____
   _____
   _____

2. 客户的四种类型：
   _____
   _____
   _____
   _____

3. 列举3种不同形式的开场白。
   _____
   _____
   _____
   _____

### 二、技能训练

#### 拜访潜在客户

【实训要求】

1. 每两人一组，自行设计一个直接拜访潜在客户的情景。内容包括：①拜访前的准备工作；②拜访中（设计情景及对话内容）；③拜访后的注意事项。
2. 两人分别扮演销售顾问和客户，做直接拜访潜在客户的情景演练。
3. 教师和学生进行评价。

拜访评估表

拜访目标：

评分标准：1 分不达标，2 分部分达标，3 分达标，4 分超标，5 分优秀

| 技　能 | | 达标行为 | 评　分 |
|---|---|---|---|
| 分析和计划 | | 优选出客户 | |
| | | 恰当的拜访频率/覆盖率 | |
| | | 匹配销售活动 | |
| 准备和预约 | | 回访客户分级、竞品、上次拜访和分析客户需求 | |
| | | 设定拜访目标并进行客户预约 | |
| | | 制订拜访流程、准备针对性的推广资料 | |
| 拜访中 | 开场 | 创造氛围，能引起客户的兴趣 | |
| | | 表明拜访来意并获得客户认可 | |
| | | 过渡到与拜访目标相关的领域 | |
| | 探询 | 结合拜访目标提问，使用开放式/封闭式的问题 | |
| | | 运用有效倾听的技巧鼓励客户表达 | |
| | | 探寻客户行为背后的原因 | |
| | 提供解决方案 | 提供符合客户需求的产品信息并进行利益陈述 | |
| | | 选择恰当的时机，规范使用推广资料 | |
| | | 积极解答客户的疑虑，并获得客户认可 | |
| | 缔结 | 取得共识，把握时机缔结 | |
| | | 概述利益和提出具体的一些建议 | |
| | 态度回应 | 对客户不同的态度做出反应 | |
| | | 按照相应的步骤进行态度回应 | |
| | | 传递正确的信息并解答客户的问题 | |
| 表现优异之处 | | | |
| 表现不足之处 | | | |

## 任务 3-2　客户管理

| 教学目标 | 能力目标 | 职业素养 |
|---|---|---|
| | 能够熟练运用相关表卡进行客户管理 | 1. 培养语言组织能力<br>2. 培养应变能力<br>3. 培养积极乐观的心态 |

### 一、测试题

假如你要对以下类别情况的客户发送相关短信/微信进行意向促进，请思考短信/微信的表述内容。

| 序号 | 类别 | 短信/微信范例 |
|---|---|---|
| 1 | 客户打电话询问（第一次）后感谢 | 先生/女士/大哥/老师，您好，我是刚才接电话的销售顾问××，非常感谢您对××车的关注以及选择我的服务，我们店的地址是××，我在此恭候您的光临。祝您：心情愉快！万事如意…… |
| 2 | 客户离店后一个小时感谢 | |
| 3 | 与客户初次接触而客户意向不强时的邀约 | |
| 4 | 客户再次接触后的邀约 | |
| 5 | 与客户谈完价格后客户说回去考虑的再次邀约 | |
| 6 | 谈完价格后客户不满意的应对 | |
| 7 | 客户说要去竞品店看看时的应对 | |
| 8 | 客户说要去买竞品时的应对 | |

## 二、技能训练

### 经销店短信回访话术强化练习

**【实训要求】**

1. 每人针对下面的客户情况，进行短信回访话术练习。
2. 教师和学生进行评价。

经销店短信回访话术强化练习

| 序号 | 类别 | 短信/微信话术 |
|---|---|---|
| 1 | B级客户回访 | |
| 2 | H级、A级客户回访 | |
| 3 | 促销活动邀约 | |
| 4 | 订单客户 | |
| 5 | 战败客户 | |
| 6 | 交车客户24h的跟踪短信 | |
| 7 | 保有客户节假日关怀短信 | |
| 8 | 保有客户特殊天气关怀短信 | |

# 项目 4　客户接待

## 任务 4-1　电话客户接待

| 教学目标 | 能 力 目 标 | 职 业 素 养 |
| --- | --- | --- |
| | 1. 能够严格执行电话拨打和接听标准<br>2. 能够熟练应用拨打和接听电话话术<br>3. 能够掌握并应用电话接待礼仪 | 1. 培养语言组织能力<br>2. 培养应变能力<br>3. 培养积极乐观的心态 |

### 一、测试题

1. 请画出客户电话接待流程图。

2. 请列出接听电话的执行要点。

3. 请列出拨打电话的执行要点。

### 二、技能训练

#### 接听或拨打电话演练

【实训要求】

1. 各小组抽取演练背景卡，利用 30min 进行演练，教师指导。

2. 利用25min，各组内部进行演示、打分，教师从每组里随机抽选组员出来抽查。
3. 利用5min，教师点评。

---

**背景卡1**

**客户背景：**
- 客户为年轻女性。
- 未来过店，客户通过网络途径知道本店联系方式后，打电话到经销店，咨询车型的价格优惠。
- 首次购车。

**演练要求：**
- 学生扮演销售顾问接听电话。

---

**背景卡2**

**客户背景：**
- 客户为夫妻，之前带了孩子，全家来店看过车。
- 家庭用车。
- 对车的一些性能有担忧。

**演练要求：**
- 学生扮演销售顾问拨打电话。
- 表明致电目的，主动邀约客户再次来店。
- 解决客户异议。

---

**背景卡3**

**客户背景：**
- 客户为夫妻，来店2次看车。
- 意向车型明确。
- 主要关心价格。

---

**背景卡4**

**客户背景：**
- 客户在网上留下咨询电话。
- 未来过店。

**演练要求：**
- 学生扮演销售顾问拨打电话。
- 表明致电目的，主动邀约客户来店看车。
- 解决客户异议。

接听电话演练

| 环节 | 步骤 | 满分 100 | 执 行 要 点 | 参考话术或参考动作 | 评 分 |
|---|---|---|---|---|---|
| 接听电话 | 标准问候语 | | | | |
| | 三声接听 | 5 | 电话在三声铃声内被接听/彩铃 6~10s | | |
| | 分时问候 | 5 | 您好/上午好/中午好/下午好（接起电话说"喂"不得分） | | |
| | 自报家门 | 5 | 包含公司名、职位名、自己姓名（以上三项缺一项扣 1 分） | | |
| | 表达服务意愿 | 5 | 类似"很高兴为您服务，有什么可以帮您"（无则不得分） | | |
| | 基本信息 | | | | |
| | 主动询问客户姓氏 | 5 | "请问您怎么称呼？""×先生，您好！" | | |
| | 项目 | | | | |
| | 听取对方来电用意 | 3 | 客户表明来电目的时，会用"是""好的"等回答 | | |
| | | 3 | 右手拿笔，必要时应进行记录，对于客户的问题应热情回答 | | |
| | 努力获取客户的需求信息 | 10 | 简单了解客户的购车需求，如购买用途、车型、价格预期等 | | |
| | 总结关键信息 | 3 | 重要事项进行确认，适时总结 | | |
| | 主动询问客户联系方式 | 5 | 有来显电话的，要主动核对客户的电话号码。若无，以适当的理由获得客户的联系方式 | | |
| | 主动邀约 | 3 | 邀请来店 | | |
| | | 3 | 邀请试驾 | | |
| | | 3 | 努力确定来访时间 | | |
| | 告知地址 | 3 | 主动告知客户 4S 店的地址和开车或乘公交车的路线 | | |
| | 道别 | | | | |
| | 询问有无其他需求 | 3 | 还有其他可以帮到您吗 | | |
| | 道别 | 3 | 感谢来店，请客户先挂机 | | |
| | 放回电话听筒 | 3 | 待对方挂断电话后再轻轻挂断电话 | | |

(续)

| 环节 | | 步骤 | 满分100 | 执行要点 | 参考话术或参考动作 | 评 分 |
|---|---|---|---|---|---|---|
| 接听电话 | 后续工作 | 短信致谢 | 4 | 客户挂断电话后,随即发送统一的短信以感谢客户致电 | | |
| | | 及时记录 | 4 | 填写"来店(电)客户登记表",记录客户信息 | | |
| | 沟通技巧 | 保持微笑,保持称呼 | 4 | 全程应保持微笑(1分),保持称呼(1分) | | |
| | | 表达流畅,熟练、准确 | 4 | 表达熟练流畅(2分),用词句准确(2分) | | |
| | | 积极倾听,语速、语调恰当及其他亮点表现 | 4 | 积极倾听(1分),语速语调恰当(1分),特别亮点(2分) | | |
| 整体评价 | | | 10 | | | |

## 任务 4-2　展厅客户接待

| 教学目标 | 能力目标 | 职业素养 |
|---|---|---|
| | 1. 能够熟练运用客户接待执行标准<br>2. 能够灵活应对客户<br>3. 能够做到礼仪规范 | 1. 培养表达能力<br>2. 培养信息处理、归纳的能力<br>3. 培养"客户至上"的服务意识 |

### 一、测试题

1. 与客户初次见面的时候,谈论哪些问题,可以起到拉近距离的作用?(男性、女性)

2. 客户在看车的时候不希望被打扰,而在需要帮助的时候,又希望能够得到及时的帮助。请思考:客户表现出什么样的动作时是销售顾问拉近与客户的距离的最好时机?

3. 请画出展厅接待流程图。

4. （1）销售顾问随身携带_____，第一时间_____，并递上_____，请教客户的称谓。
   （2）经销店的所有员工在接近客户至_____m 内时都主动问候来店客户"您好"。
   （3）客户自行参观车辆时，销售顾问应与客户保持_____m 的距离，在_____范围内关注客户动向和兴趣点。
   （4）客户表示想问问题时和对商品有兴趣时，销售顾问应_____。
   （5）向客户提供可选择的免费饮料（_____种以上），征求客户同意后入座于客户_____，保持适当的身体距离（_____m）。
   （6）客户离去时，销售顾问应微笑、目送客户离去（至少_____s）。

## 二、技能训练

### 情景模拟——展厅客户接待演练

**【实训要求】**
1. 各小组利用 30min 进行演练，教师指导。
2. 利用 25min，各组内部进行演示、打分，教师从每组里随机抽选组员出来抽查。
3. 利用 5min，教师点评。

**客户接待背景卡**
**客户背景：**
- 客户为年轻男性（或女性）。
- 未来过店，首次到店看车。

**演练要求：**
- 学生扮演销售顾问接待客户。
- 做到客户接待的规范要求。
- 无须探寻客户需求，无须进行产品介绍。

## 项目 4 客户接待

### 情景模拟——展厅客户接待演练

| 步　　骤 | | 满分100 | 执 行 要 点 | 参考话术或参考动作 | 评　　分 |
|---|---|---|---|---|---|
| 客户进店时 | 迎接客户 | 6 | 自然走向展厅门口或到展厅外迎接客户 | | |
| | | | 微笑向客户问候，声音洪亮 | | |
| | | | 礼貌询问客户称呼 | | |
| | 自我介绍 | 10 | 给客户及同行人员派发名片 | | |
| | | | 递交名片姿势正确 | | |
| | | | 介绍自身职务 | | |
| | | | 介绍自身姓名 | | |
| | | | 在开始接待5min内递交名片，自我介绍 | | |
| 仪表规范 | 简单招呼 | 8 | 询问客户的来店意图 | | |
| | | | 提供3个选择：（随便看/听讲解/洽谈桌旁休息） | | |
| | | | 根据客户的需要提供服务 | | |
| | 使用尊称 | 2 | 在交谈过程中使用客户的尊称 | | |
| 客户自行参观车辆时 | 时刻关注（如果客户表示先自行看车） | 4 | 与客户保持5m的距离，在客户目光所及的范围内关注客户动向和兴趣点 | | |
| | | | 客户有需要时能立刻上前提供服务 | | |
| | 服务过程中的中途离开 | 4 | 和客户打招呼后离开 | | |
| | | | 就离开时间（几分钟）征得客户的同意 | | |
| | | | 没有中途离开过（如未离开，直接得分） | | |
| 洽谈桌旁 | 主动引导客户到洽谈桌 | 6 | 主动引导客户到洽谈桌入座 | | |
| | | | 客户入座的座位可观赏到感兴趣的车辆 | | |
| | | | 姿势正确，为客户指示席位、拉扶座椅 | | |

（续）

| 步 骤 | | 满分100 | 执 行 要 点 | 参考话术或参考动作 | 评 分 |
|---|---|---|---|---|---|
| 洽谈桌旁 | 提供饮料 | 4 | 客户入座后，及时提供饮料（3种以上）的选择 | | |
| | | | 饮料提供时，使用了概述性词汇"免费" | | |
| | 销售顾问礼仪 | 6 | 征求客户同意后入座 | | |
| | | | 坐于客户右侧 | | |
| | | | 保持适当的身体距离（0.8~1.2m） | | |
| | 搭讪 | 10 | 先从礼貌寒暄（如天气、温度、交通、路程等话题展开寒暄互动） | | |
| | | | 介绍汽车企业、本经销店及销售顾问个人的背景与经历，增强客户信心 | | |
| | | | 倾听、不打断客户谈话 | | |
| | | | 随时关注客户的同伴 | | |
| | | | 客户留下客户信息 | | |
| | 递交资料 | 4 | 资料正面面向客户 | | |
| | | | 双手递送 | | |
| 客户离开时 | 约定客户的下次来店 | 4 | 主动约定客户的下次来店 | | |
| | | | 方式委婉，易于被客户接受 | | |
| | 送到展厅门外并与客户道别 | 10 | 提醒客户清点随身携带的物品 | | |
| | | | 送别客户并与客户道别 | | |
| | | | 送别至展厅门外 | | |
| | | | 向客户挥手致意 | | |
| | | | 目送客户远离视线（至少5s） | | |
| 客户离去后 | 整理展厅 | 4 | 整理洽谈区，恢复原状 | | |
| | | | 整理展车，恢复原状 | | |
| | 整理客户信息 | 4 | 填写"来店（电）客户登记表" | | |
| | | | 划分客户类型，并填写"意向客户跟进表" | | |
| 个人魅力 | 销售顾问装容 | 4 | 装容整洁 | | |
| | | | 精神饱满，声音富有激情 | | |
| | 手势、肢体动作正确 | 4 | 站姿、坐姿、走姿正确 | | |
| | | | 不用单指指点 | | |
| 整体表现 | | 6 | | | |

# 项目 5　需 求 分 析

## 任务 5　需求分析应用

| 教学目标 | 能力目标 | 职业素养 |
|---|---|---|
| | 1. 能够对到店客户进行购买行为观察<br>2. 能够运用正确的提问方式对客户进行需求分析<br>3. 能够对客户的表述进行积极的倾听 | 1. 培养专注的敬业精神<br>2. 培养信息处理、归纳能力<br>3. 培养沟通和交流能力 |

### 一、测试题

1. 需求分析是指：_____
   _____。
2. 请解释冰山理论：_____
   _____
3. 需求分析的方法主要有_____、_____、_____。
4. 观察包括_____和_____。
5. 常用的提问方式有_____和_____两种。
6. 开放式提问是指_____
   _____。
   开放式提问使用时机：_____
   _____
   _____。
7. 封闭式提问是指_____
   _____。
   封闭式提问的使用时机：_____
   _____
   _____。
8. 倾听的五个层次：_____、_____、_____、_____、_____。
9. 倾听的类型包括：_____、_____。

10. 知识应用。

1) 在客户接待过程中，我们可以观察到客户的哪些信息？

_____
_____
_____

2) 在与客户交谈过程中，如何做一个积极的"倾听者"？

_____
_____
_____
_____
_____

## 二、技能训练

### 情景模拟——需求分析演练

【实训要求】

1. 各小组利用 10min 进行内部演练并分析脚本内容。
2. 各组推选小组成员上台进行演练，时间为 5min。
3. 在演练的同时，其他同学认真听讲，记录演练成员的演练过程。

| 演练过程记录 | |
|---|---|
| 销售顾问使用了哪些技巧 | |
| 销售顾问获得了哪些信息 | |

4. 教师和学生进行演练效果评估。

---

**需求确认背景卡 1**

**客户背景：**
- 客户为一家三口来店
- 客户为某中学教师
- 客户通过网络途径知道本店

**演练要求：**
- 学生扮演销售顾问接待客户
- 已经与客户落座洽谈
- 探寻客户需求，更多地探寻客户购车要点

## 项目 5　需 求 分 析

**需求确认背景卡 2**
**客户背景：**
- 客户为父母带着大学刚毕业的孩子
- 客户家里原有车辆在本店购买
- 客户想分期购车

**演练要求：**
- 学生扮演销售顾问接待客户
- 已经与客户落座洽谈
- 探寻客户需求，更多地探寻客户购车要点

**需求确认背景卡 3**
**客户背景：**
- 客户为中年男性独自来店
- 客户是为公司看车
- 客户意向车辆为领导用车

**演练要求：**
- 学生扮演销售顾问接待客户
- 已经与客户落座洽谈
- 探寻客户需求，更多地探寻客户购车要点

情景模拟——需求分析演练

| 步骤 | | 满分 100 | 执行要点 | 参考话术 | 评分 |
|---|---|---|---|---|---|
| 商务礼仪 | 语言表达 | 3 | 始终使用普通话进行交流 | | |
| | | 3 | 始终注意礼节性用语的使用，如"请""谢谢"等 | | |
| | 表情动作 | 3 | 始终面带微笑，眼神充分关注客户 | | |
| | | 3 | 始终注意规范性动作的使用 | | |
| 标准流程执行 | 必问问题 | 18（每项3分） | ○购车预算（询问客户意向车型或者购车预算）<br>○购车时间<br>○购车使用人<br>○购车方式<br>○购车用途<br>○购车关注点（比如操控、舒适、安全、油耗、质量等） | | |
| | 拓展问题 | 15（问1个得3分，5个以上得满分） | ○信息渠道<br>○对比竞品<br>○用车经历（车型、年限、车况）<br>○使用感受（满意或不满意之处）<br>○出入场所<br>○兴趣爱好<br>○驾驶习惯<br>○常开路段<br>○职业信息<br>○行业信息<br>○家庭状况<br>○财务状况 | | |

（续）

| 步骤 | | 满分100 | 执行要点 | 参考话术 | 评分 |
|---|---|---|---|---|---|
| 标准流程执行 | 需求总结 | 5 | 及时口头总结客户的购车需求，并寻求客户的认同 | | |
| | 适时推介 | 3 | 结合客户需求，适时推介具体车型，并阐述原因 | | |
| | | 3 | 结合客户需求，适时推介二手车置换业务，并阐述原因 | | |
| | | 3 | 结合客户需求，适时推介贷款业务，并阐述原因 | | |
| | 辅助工具 | 3 | 第一时间主动提供车型资料 | | |
| | | 3 | 使用了"销售顾问手册"或平板电脑等工具来辅助说明 | | |
| | | 3 | 采用了记录工具记录客户需求 | | |
| 进阶技巧运用 | 寒暄技巧 | 6 | 1. 通过天气、温度、交通、路程等话题展开寒暄互动，让客户迅速进入舒适区<br>2. 可以聊公共话题（社会新闻、财经新闻、生活休闲、娱乐等），创造轻松的氛围，消除客户的压力 | | |
| | 赞美技巧 | 6 | 1. 赞美时机自然而及时，能够适时捕捉客户言谈信息或对客户进行细致观察继而提出赞美<br>2. 赞美客户的用词贴切、自然，符合客户身份背景、沟通语境等<br>3. 赞美客户的内容具体到点，可以表达对客户的细致关注<br>4. 赞美客户时的表达真诚、热忱，能够匹配恰当的语气、眼神与肢体动作 | | |
| | 提问技巧 | 8 | 1. 提问的时机恰当而自然，善于捕捉客户信息反问，或可创造话题进行铺垫后而发问<br>2. 提问多元，对于信息不全的客户回答，善用开放式问题展开纵深追问，使答案具体<br>3. 提问多元，对于信息不清楚的客户回答，善用封闭式问题提供有限选择，使答案明确<br>4. 提问反馈及时而恰当，善于承接客户的表述给予回应，表示关注、尊重 | | |
| | 聆听技巧 | 6 | 1. 客户表达过程中不打断客户、不臆断客户的想法<br>2. 在客户表达过程中有恰当回应：偶尔点头、眼神关注、语气组词等<br>3. 善于捕捉客户表述重点，适时进行重复确认、总结归纳 | | |
| | 抗拒承接技巧 | 6 | 1. 承接及时，第一时间承接客户抗拒、不滞后<br>2. 善用同理心、赞美、羊群效应、反问等方法认同客户情感而非观点 | | |
| 点评 | | 优点： | | | |
| | | 提升点： | | | |

# 项目6 车辆推荐

## 任务6-1 选择车辆推荐方法

| 教学目标 | 能力目标 | 职业素养 |
|---|---|---|
| | 1. 能够熟练操作车辆说明的基本流程<br>2. 能够熟练地运用"FAB"的方法对车辆进行说明<br>3. 熟练运用"ACE""CPR"、构图讲解法、道具讲解法等对车辆的优势、利益和好处进行说明 | 1. 培养信息处理、归纳的能力<br>2. 培养学生的家国情怀 |

### 一、测试题

1. 车辆展示包括：_____
   _____。

2. 车辆的静态展示——产品说明是指：_____
   _____
   _____。

3. 画出车辆展示流程图。

4. 请解释"FAB"的方法。其中F是指_____，A是指_____，B是指_____。
   如果用"FAB"的方法介绍"360°全景影像"，那么可以这样介绍_____
   _____
   _____。

5. 竞品比较技巧ACE中，A是指_____，C是指_____，E是指_____。

6. 解决客户疑问技巧CPR中，C是指_____，P是指_____，R是指_____。

## 二、技能训练

### FAB 话术设计演练

【实训要求】
1. 每个组随机抽取一个项目，进行 FAB 话术设计。
2. 各组推选组内最佳话术设计上台进行展示。
3. 教师和学生进行演练效果评估。

| 项　　目 | 话　术　设　计 | 评分 |
|---|---|---|
| 双区自动独立空调 | F（属性、特性）<br>话术：<br><br>A（优势、优点）：<br>话术：<br><br>B（好处、利益）：<br>话术： | |
| 高热效率发动机 | F（属性、特性）<br>话术：<br><br>A（优势、优点）：<br>话术：<br><br>B（好处、利益）：<br>话术： | |
| ACA弯道转向辅助系统 | F（属性、特性）<br>话术：<br><br>A（优势、优点）：<br>话术：<br><br>B（好处、利益）：<br>话术： | |

FAB 话术设计演练（以丰田荣放产品配置为例）

(续)

| 项 目 | 话 术 设 计 | 评分 |
|---|---|---|
| PVM全景监控 | F（属性、特性）<br>话术：<br><br>A（优势、优点）：<br>话术：<br><br>B（好处、利益）：<br>话术： | |
| TSS智行安全系统 | F（属性、特性）<br>话术：<br><br>A（优势、优点）：<br>话术：<br><br>B（好处、利益）：<br>话术： | |
| Autohold&EPB自动驻车及电子驻车制动 | F（属性、特性）<br>话术：<br><br>A（优势、优点）：<br>话术：<br><br>B（好处、利益）：<br>话术： | |

## 任务6-2  六方位绕车介绍

| | 能力目标 | 职业素养 |
|---|---|---|
| 教学目标 | 1. 学生能够熟练的运用"六方位"绕车法<br>2. 能够熟练掌握车辆说明的执行要点 | 1. 培养信息处理、归纳的能力<br>2. 培养敬业精神 |

## 一、测试题

1、"六方位绕车法"的六个方位指的是_____、_____、_____、_____、_____、_____。

在第一个方位_____,可以介绍车辆的_____
_____
_____。

在第二个方位_____,可以介绍车辆的_____
_____
_____。

在第三方位_____,可以介绍车辆的_____
_____
_____。

在第四方位_____,可以介绍车辆的_____
_____
_____。

在第五方位_____,可以介绍车辆的_____
_____
_____。

在第六方位_____,可以介绍车辆的_____
_____
_____。

2. 根据车辆介绍的关键时刻执行要点,请填写下表。

| 序号 | 关键时刻 | 执行要点 |
| --- | --- | --- |
| 1 | | |
| 2 | | |
| 3 | | |
| 4 | | |
| 5 | | |
| 6 | | |

3. 在"商品说明"这个阶段如何体现"客户第一"的理念?你认为应该如何做?
_____
_____
_____
_____
_____。

## 二、技能训练

### 六方位绕车介绍演练

**【实训要求】**

1. 教师拟定意向车型,学生准备资料。
2. 学生扮演销售顾问接待客户,结合客户关注要点,模拟在展车旁介绍产品。
3. 教师和学生进行演练效果评估。

<table>
<tr><td colspan="4" align="center">六方位绕车介绍演练-丰田荣放</td></tr>
<tr><td colspan="2">考核要点</td><td>评分要求与细则</td><td>配分</td><td>得分</td></tr>
<tr><td colspan="2" rowspan="2">仪容仪表</td><td>声音清晰、洪亮</td><td>2</td><td></td></tr>
<tr><td>活力充沛、举止大方</td><td>2</td><td></td></tr>
<tr><td colspan="2" rowspan="2">销售礼仪</td><td>在介绍过程中使用规范的站姿、走姿、蹲姿、手势</td><td>2</td><td></td></tr>
<tr><td>在沟通过程中,时刻保持微笑,态度亲切</td><td>2</td><td></td></tr>
<tr><td colspan="2" rowspan="4">话术使用</td><td>对于各项参数、配置或功能的介绍准确(数据准确、技术原理无原则性错误)</td><td>2</td><td></td></tr>
<tr><td>在讲解时能够说明参数、配置或功能对于客户的利益</td><td>2</td><td></td></tr>
<tr><td>对于某些技术、配置或功能能够使用道具、实例或者第三方证据进行强化说明</td><td>3</td><td></td></tr>
<tr><td>对于某些技术、配置或功能能够使用生活化案例进行讲解,通俗易懂</td><td>3</td><td></td></tr>
<tr><td rowspan="13">产品介绍</td><td>介绍顺序</td><td>按照顺时针的顺序介绍车辆的六个方位</td><td>6</td><td></td></tr>
<tr><td>介绍方位</td><td>六个方位都要介绍到。遗漏任何一个方位,扣1分</td><td>6</td><td></td></tr>
<tr><td>车前方45°角</td><td>说明车辆整体感觉,品牌荣誉,造车品质,车辆尺寸(长×宽×高)。正面设计、前照灯、前雾灯、PVM全景监控。与需求无对应且按FABI介绍</td><td>10</td><td></td></tr>
<tr><td>车侧面</td><td>侧面设计、车身尺寸、最小离地间隙、最小转弯半径、悬架系统、GOA车身、欧洲NCAP五星级安全认可(提到不少于2项)</td><td>10</td><td></td></tr>
<tr><td>车辆后部</td><td>尾部造型、LED尾灯组、行李舱、6:4分割放倒后排座椅、行李舱盖板干湿分离两面设计</td><td>10</td><td></td></tr>
<tr><td>后排座椅</td><td>乘坐空间、后排座椅、后排空调出风口、被动安全装备宽大实务C柱三角窗</td><td>10</td><td></td></tr>
<tr><td rowspan="4">驾驶座</td><td>左手拉车门,右手护头,提醒小心碰头。没有做到或做错,扣1分</td><td>2</td><td></td></tr>
<tr><td>第一时间调整座椅,蹲姿正确,请客户动手。没有采用蹲姿或蹲姿不正确,扣1分;没请客户动手,扣1分</td><td>2</td><td></td></tr>
<tr><td>告知转向盘可调,并请客户动手。少一项扣1分</td><td>2</td><td></td></tr>
<tr><td>内部设计风格、驾驶视野、主副驾驶座椅、储物空间、AUTO HOLD/EPB、三种驾驶模式、双区恒温空调、TPMS胎压检测、安全气囊。与需求无对应且没有FAB介绍的任何一项,扣1分</td><td>10</td><td></td></tr>
<tr><td rowspan="3">发动机舱</td><td>打开发动机舱盖时,保持头在车外,面向客户,并叮嘱客户注意。每少做一项,扣1分</td><td>2</td><td></td></tr>
<tr><td>发动机舱布局整洁、液压挺杆、发动机与变速器黄金动力组合、提供最高车速、最大功率、油耗具体数据等。与需求无对应且没有FAB介绍的任何一项,扣1分</td><td>10</td><td></td></tr>
<tr><td>说明完毕后,关闭发动机舱盖。否则,扣2分</td><td>2</td><td></td></tr>
<tr><td colspan="3" align="center">总分</td><td>100</td><td></td></tr>
</table>

# 项目 7　试 乘 试 驾

## 任务 7-1　试乘试驾流程设计

| 教学目标 | 能力目标 | 职业素养 |
|---|---|---|
| | 1. 熟练操作"试乘试驾"流程<br>2. 能够根据车辆特性进行"试乘试驾"的路线设计<br>3. 能够依据车辆特性进行动态说明 | 1. 培养学生具有安全意识<br>2. 培养一丝不苟的工匠精神 |

### 一、测试题

1. 试乘试驾的主要目的包括：_____
_____
_____。

2. 请填写下列表格

| 序号 | 关键时刻 | 操作流程 |
|---|---|---|
| 1 | 试乘试驾前 | |
| 2 | 试乘试驾中 | |
| 3 | 试乘试驾后 | |

### 二、技能训练

#### 试乘试驾路线和体验内容设计

【实训要求】

1. 对下面路线进行体验项目和体验点设计，完成下表。

2. 教师和学生进行演练效果评估。

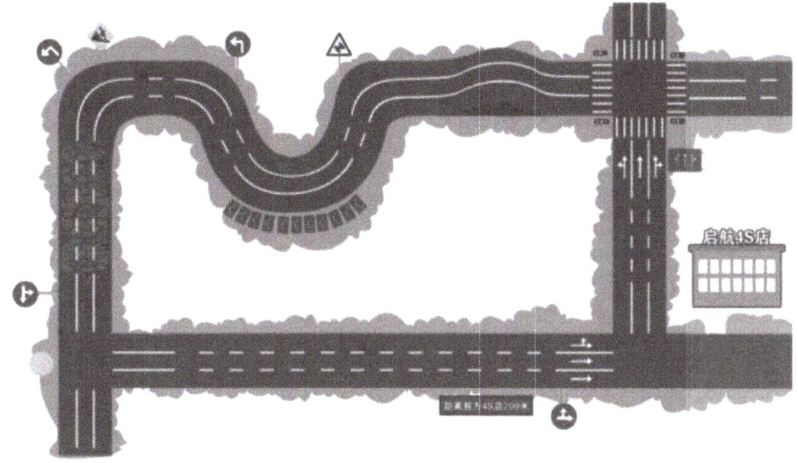

_____车型试乘试驾要点

| 序号 | 项 目 | 商 品 点 | 体 验 点 | "预告-演示-反馈"话术设计 |
|---|---|---|---|---|
| 1 | | | | |
| 2 | | | | |
| 3 | | | | |
| 4 | | | | |
| 5 | | | | |
| 6 | | | | |
| 7 | | | | |
| 8 | | | | |
| 9 | | | | |

## 任务 7-2  试乘试驾技巧

| 教学目标 | 能 力 目 标 | 职 业 素 养 |
|---|---|---|
| | 针对不同客户要求，带领客户进行试乘试驾 | 1. 培养学生具有安全意识<br>2. 培养沟通能力 |

## 一、测试题

以带客户体验_____车型为例,通过试乘试驾体验车辆的全方面性能。

1. 试乘试驾前:汽车销售顾问和客户之间的话术。

2. 试乘试驾环节:带客户进行试乘试驾体验,请编写整个过程销售顾问(或试驾专员)的动作及相关话术。

3. 试乘试驾后:请编写试乘试驾后销售顾问与客户的动作及相关话术。

## 二、技能训练

### 情景模拟——试乘试驾演练

**【实训要求】**

1. 各小组利用 20min 进行内部演练并分析脚本内容。
2. 各组推选小组成员上台进行演练、考核，时间为 90min。
3. 演练的同时，其他同学认真听讲，记录演练成员的演练过程。
4. 教师和学生进行演练效果评估。

> **试乘试驾演练情景卡**
>
> 周六，天气晴。
>
> 客户王先生前一天已在本店了解过相关车型，并与 4S 店销售顾问相识，来店前已经电话预约试乘试驾，希望通过本次试驾体验车辆的全方面性能。

情景模拟——试乘试驾演练

| | 项目 | 满分 100 | 参考评分依据 | 评分 |
|---|---|---|---|---|
| 客户应对 | 1. 个人仪容仪表及亲和力 | 2 | 妆容整洁<br>精力充沛、笑容可掬 | |
| | 2. 礼仪 | | | |
| | 寒暄 | 2 | 客户进门时，主动向客户打招呼<br>声音洪亮、充满朝气 | |
| | 提供饮料 | 2 | 客户入座后，及时提供饮料<br>询问客户所需的饮料种类 | |
| | 递交资料 | 2 | 资料正面面向客户<br>双手递交 | |
| | 手势、肢体动作 | 2 | 正确的坐姿、走姿、手势<br>动作充分体现对客户的尊重 | |
| | 送别客户 | 2 | 对客户来店表示感谢<br>要请客户再次光临 | |
| 试乘试驾前说明 | 1. 试乘、试驾流程说明 | 3 | 完整、清晰地说明试乘试驾流程<br>语气委婉、有说服力 | |
| | 2. 试乘试驾路线说明 | 4 | 完整、清晰地说明试乘、试驾路线<br>语气委婉、态度明确地请客户严格遵守 | |
| | 3. 证件检查、相关文件签署 | 3 | 查验客户的驾驶执照；复印存档<br>签署安全协议<br>使用恰当的语言，有效地回答客户问题 | |

（续）

| 项　　目 | | 满分100 | 参考评分依据 | 评分 |
|---|---|---|---|---|
| 试乘试驾时 | 1. 客户试乘时 | | | |
| | 引导 | 2 | 开车门、调整座椅等 | |
| | 安全提醒 | 3 | 安全驾驶事项说明 | |
| | 车辆使用简要说明 | 3 | 相关操作的说明，试音响、空调（起动、档位、制动、其他配备等） | |
| | 车辆动态说明 | 10 | 根据客户关注点进行动态说明，突出性能（静谧性、加速性、直线加速、转向、制动等） | |
| | 2. 换手 | 5 | 确保安全、帮助客户调整相关配备、提醒安全驾驶等 | |
| | 3. 客户试驾时 | | | |
| | 客户体验车辆性能 | 5 | 主要让客户自己体验车辆性能，销售顾问不进行过多干扰 | |
| | 提醒客户体验要点 | 10 | 根据客户关注点、适时提示客户体验重点和提示路线（静谧性、加速性、直线加速、转向、制动、停车便利性等） | |
| | 客户问题应对 | 5 | 采用客户可接受的方式、合理、有说服力 | |
| 试乘试驾后 | 1. 引导客户回洽谈区 | 5 | 采用客户可接受的方式、委婉引导客户返回洽谈区 | |
| | 2. 试乘效果确认 | 5 | 总结试乘试驾过程、并填写"试乘试驾意见表"确认效果，寻求客户对车辆的认同 | |
| | 3. 确认客户签约意向 | 5 | 采用客户可接受的方式确认客户的签约意向（确认客户签约意向、及时促成签约） | |
| | 4. 客户疑虑应对（颜色、库存、交期、价格等） | 10 | 能较好地解决客户异议，促成交易 | |
| 整体表现 | | 6 | 充分倾听客户感受，专业、热情、亲和力、信赖感 | |
| 特别印象加分 | | 4 | 有无特别的亮点（0　1　2　3　4） | |

注：所需文件包括试乘试驾路线图、试乘试驾同意书、试乘试驾意见表。

# 项目 8　异议处理和议价成交

## 任务 8-1　异　议　处　理

| 教学目标 | 能力目标 | 职业素养 |
|---|---|---|
| | 1. 能够正确认识客户异议<br>2. 能够运用基本方法解决客户异议 | 1. 培养解决问题的能力<br>2. 培养信息处理、归纳的能力<br>3. 培养与客户无障碍交流的能力 |

### 一、测试题

1. 客户异议是指：_____
_____。

2. 客户异议产生的原因主要有：_____
_____
_____
_____。

3. 下面左边是客户常见的异议；右边是对应的异议类型，请完成连线。

我们现在不需要用车。　　　　　　　　　　　　　　权力
对不起，请贵公司另派一名销售人员来。　　　　　　价格、财力
这车外形不错，就是做工不太好。　　　　　　　　　服务
现在不想买，让我考虑一下，过几天再答复你。　　　产品
我回去跟我老婆商量一下吧。　　　　　　　　　　　时间
太贵了，我现金不够。　　　　　　　　　　　　　　需求

4. 解释异议处理技巧：
L：_____　S：_____　C：_____　P：_____　A：_____

### 二、技能训练

#### 异议处理话术设计

【实训要求】

1. 对下面客户异议处理进行话术设计，完成下表。

**2. 教师和学生进行演练效果评估。**

| 序号 | 处理方法 | 举例 | 话术设计 |
|---|---|---|---|
| 1 | 转折处理法 | 我不喜欢车辆的外观 | |
| 2 | 转化处理法 | 这辆车听说重量很重，开起来肯定很费油 | |
| 3 | 以优补劣法 | 这车坐起来没有××车舒服 | |
| 4 | 委婉处理法 | 价格比去年高多啦，怎么涨幅这么高 | |
| 5 | 反驳法 | 听说你们的车选用的内饰材料质量不过关，味道很大，对人体有害 | |
| 6 | 冷处理法 | 原来你们的经销店是××老板开的呀？他的名声可不怎么好呀 | |

## 任务 8-2 议价成交、签约

| 教学目标 | 能力目标 | 职业素养 |
|---|---|---|
| | 1. 能够准确把握价格商谈的时机<br>2. 能够用"三明治"报价法进行合理报价<br>3. 能够熟练办理签约 | 1. 培养观察能力<br>2. 培养应变能力<br>3. 培养沟通能力 |

### 一、测试题

根据讲解内容填写下表：

| 序号 | 执行要点 | 执行标准 |
|---|---|---|
| 1 | 说明销售价格 | |
| 2 | 制作合同 | |
| 3 | 签约与订金手续 | |
| 4 | 履约与余款处理 | |
| 5 | 若交车有延误时 | |
| 6 | 当客户决定不成交时 | |

## 二、技能训练

### 报价话术演练

【实训要求】

1. 两人一组,进行报价话术练习。
2. 教师和学生进行演练效果评估。

| 组别 | 价值提升 | 报价前的一句话 | 价值支撑 | 讨价还价技巧 |
| --- | --- | --- | --- | --- |
| 1 | | | | |
| 2 | | | | |
| 3 | | | | |
| 4 | | | | |
| 5 | | | | |
| 6 | | | | |
| 7 | | | | |
| 8 | | | | |

## 任务 8-3　金融保险业务推荐

| | 能力目标 | 职业素养 |
| --- | --- | --- |
| 教学目标 | 1. 熟悉新车税费及上牌手续<br>2. 熟悉新车保险业务相关内容<br>3. 熟悉二手车置换业务相关内容<br>4. 熟悉汽车贷款相关内容 | 1. 培养观察能力<br>2. 培养信息处理、归纳的能力<br>3. 培养沟通能力 |

### 一、测试题

1. 29 岁的王小姐,去年刚拿到驾驶证,今年新买了一辆比亚迪·宋,平时喜欢和朋友一起驾车出游。打算贷款购买。

1）请根据客户需求，为其推荐适合的保险方案，编写销售顾问与客户之间的话术。

_____

_____

_____

2）请根据客户需求，为其推荐本店金融业务，编写销售顾问与客户之间的话术。

_____

_____

_____

2. 张先生今年40岁，已经有8年驾龄，拥有一辆卡罗拉轿车，已经使用了5年。此时预算30万元左右，想购买一辆新车，并且希望能处理原有的旧车。请根据客户需求，为其推荐本店二手车置换业务，编写销售顾问与客户之间的话术。

_____

_____

_____

_____

_____

_____

## 二、技能训练

### 成交签约演练

【实训要求】

1. 各小组利用20min的时间进行内部演练并分析脚本内容。
2. 教师和学生进行演练效果评估。

| 方位 | 满分100 | 执行要点 | 参考话术或参考动作 |
| --- | --- | --- | --- |
| 异议处理 | 5 | 当客户有疑虑时，认同客户感受，向客户说明产品优势 | |
| | 5 | 在不诋毁竞争车型的前提下，着重介绍本品相对于竞品车型的优势 | |
| | 5 | 寻求客户认同，采用合适的方式询问购车意向 | |
| 贷款和保险 | 3 | 主动提出贷款、保险等 | |
| | 5 | 主动提及贷款购车对客户的好处 | |
| | 5 | 主动介绍贷款购车产品 | |
| | 10 | 主动介绍车辆保险 | |

（续）

| 方位 | 满分100 | 执行要点 | 参考话术或参考动作 |
|---|---|---|---|
| 报价 | 15 | 使用三明治报价法报价 | |
| | 15 | 面对客户到家还价，都够灵活应对，说法能让人接受 | |
| | 15 | 正确制作销售合同 | |
| | 10 | 确认客户对报价内容及合同条款完全理解，并且签字 | |
| 送客 | 2 | 感谢客户光临（购买车辆） | |
| | 5 | 送客户出门，符合标准 | |

# 项目 9　车 辆 交 付

## 任务 9　付 款 交 车

| 教学目标 | 能力目标 | 职业素养 |
| --- | --- | --- |
| | 1. 正确认识"交车"的重要性<br>2. 能够熟练操作"交车"流程 | 1. 培养观察能力<br>2. 培养信息处理、归纳的能力<br>3. 培养沟通能力 |

### 一、测试题

1. 在交车等待期间，销售顾问可以采用哪些方法来维护与客户的关系？

2. 请你打个电话通知客户交车延误，把你要说的话写在下面。

3. "交车"时，客户有哪些期望？同时，客户会有哪些担心？

   客户的期望：

   客户的担心：

4. 根据学习内容，填写下表：

| 序　号 | 关键时刻 | 执行标准 |
| --- | --- | --- |
| 1 | 交车前的准备 | |
| 2 | 交车客户接待 | |

（续）

| 序号 | 关键时刻 | 执行标准 |
|---|---|---|
| 3 | 费用说明及文件交付 | |
| 4 | 车辆验收与操作说明 | |
| 5 | 交车仪式 | |
| 6 | 与交车客户道别 | |

## 二、技能训练

### 情景模拟——交车演练

【实训要求】（详细内容见实训项目训练卡）
1. 各小组利用10min进行内部演练并分析脚本内容。
2. 学生在课堂上利用20min进行演练，并利用课余时间进行演练。
3. 各小组代表在课堂上进行展示考核。
4. 教师和学生进行演练效果评估。

情景模拟——交车演练

| | 项目 | 满分100 | 参考评分依据 | 评分 |
|---|---|---|---|---|
| 客户应对 | 1. 个人仪容仪表及亲和力 | 3 | 妆容整洁<br>活力充沛、精神饱满 | |
| | 2. 礼仪 | | | |
| | 寒暄 | 4 | 对客户表示恭贺道喜<br>为客户带上贵宾牌 | |
| | 提供饮料 | 2 | 客户入座后，及时提供饮料<br>询问客户所需的饮料种类 | |
| | 递交资料 | 2 | 资料正面面向客户<br>双手递交 | |
| | 手势、肢体动作正确 | 5 | 正确的坐姿、走姿、手势<br>肢体动作充分体现对客户的尊重 | |
| | 交车概述 | 4 | 对交车流程、时间等进行概述 | |

（续）

| 项目 | | 满分100 | 参考评分依据 | 评分 |
|---|---|---|---|---|
| 费用、文件交付 | 1. 费用说明 | 10 | 利用单据清楚说明各项费用 | |
| | 2. 文件移交 | 4 | 清晰、明确地向客户说明车辆相关费用（总车款、首期付款、以后每月支付金额等） | |
| | | | 请客户签字确认 | |
| | 3. 向客户介绍SA | 4 | 将服务部门的SA介绍给客户 | |
| | 4. 保修说明 | 6 | 就保修期限和保修项目、清晰准确地做出说明 | |
| | 5. 维护说明 | 6 | 说明车辆维护的日程、项目、费用等做出清晰准确的说明 | |
| | 6. 售后服务体系说明 | 4 | 售后服务网络、工作时间、救援体制 | |
| 实车说明 | 1. 实车检验，车辆外部、内部确认 | 2 | 陪同客户进行车辆外观、内饰的清洁、完整状况确认 | |
| | | 1 | 提示客户经销店对客户新车所做的工作 | |
| | 2. 车辆说明 | 10 | 根据客户需求和实际状况，有针对性地进行实车说明<br>实车说明逻辑性强、易于理解和接受<br>必须说明车辆的关键配备及安全注意事项。如自动变速器、倒车雷达等<br>参考：<br>门窗开关及上锁方法（车门儿童安全锁）<br>驾驶位置的调整方法（座椅、转向盘）<br>安全带的使用方法<br>外后视镜及内后视镜的调整方法<br>钥匙和发动程序<br>组合开关的操作方法（前照灯、雾灯、转向灯、刮水器等）<br>仪表盘及各项指示灯说明<br>变速器的操作方法<br>各类开关的操作方法和位置指示（发动机盖、燃油箱盖等）<br>空调、音响系统操作说明<br>后排座椅调整方式<br>天窗的操作说明<br>丰田汽车的防盗系统<br>五油三水及胎压检查说明<br>随车工具和附件确认<br>确认汽油量（说明赠送1/4箱燃油） | |
| | 3. 新车交接确认表 | 3 | 请客户确认实车说明完毕、并请客户在"新车交接确认表"及"交车过程及文件确认表"上签字 | |
| 道别 | 1. 交车仪式 | 10 | 举办简短、热烈的交车仪式；介绍相关领导出席 | |
| | 2. 确认售后跟踪方式 | 5 | 确认客户可接受的售后跟踪和联系方式，简要告知跟踪内容 | |
| | 3. 送别客户 | 5 | 送别客户、目送客户离去 | |
| 整体表现 | | 6 | 充分倾听客户感受、专业、热情、亲和力、信赖感 | |
| 特别印象加分 | | 4 | 有无特别的亮点（0 1 2 3 4） | |

# 项目 10　售后跟踪

## 任务 10　售后跟踪分析

| 教学目标 | 能力目标 | 职业素养 |
|---|---|---|
| | 1. 能够明确售后跟踪的意义<br>2. 能够运用正确的方法对客户进行售后跟踪<br>3. 能够了解常见的客户关怀方式 | 1. 培养信息处理、归纳的能力<br>2. 培养沟通能力 |

## 一、测试题

1. 画出 3 日跟踪回访流程图。

2. 画出首次维护邀约流程图。

## 二、技能训练

### 售后跟踪演练

【实训要求】（详细内容见实训项目训练卡）
1. 每个学生根据售后跟踪背景卡中客户的情况，制订该客户的售后跟踪方案。
2. 各组小组成员互相分享、讨论，综合为一份客户售后跟踪方案上台展示。
3. 教师和学生进行演练效果评估。

**售后跟踪背景卡**
**客户背景：**
张先生，28 岁，医生，已婚，有一个五岁儿子，购车的主要用途是接送孩子上学。经过多次来店，看车，试乘试驾，价格商谈，对车辆比较满意，最后在本店购买了车辆。

| 序号 | 流程 | 形式（如短信或电话） | 话术或行为规范 | 点评 |
| --- | --- | --- | --- | --- |
| 1 | 交车后 2h 内关怀 | | | |
| 2 | 交车后 3 日跟踪回访 | | | |
| 3 | 交车后 7 日跟踪回访 | | | |
| 4 | 交车后 1 个月跟踪回访 | | | |
| 5 | 交车后 3 个月首次维护邀约 | | | |
| 6 | 定期关爱客户，拉近与客户的距离，赢得客户的满意 | | | |